Der Unternehmer als Chef, Manager und Privatperson

Prof. Dr. Peter May (geboren 1958) leitete sechs Jahre lang das eigene Familienunternehmen. Heute ist er Chef der INTES-Akademie für Familienunternehmen, einer Seminar- und Beratungsorganisation, die sich auf den Mittelstand spezialisiert hat. May berät führende Unternehmer und Unternehmerfamilien in Deutschland und gilt als begeisternder Referent. Mehr Informationen finden Sie unter: www.intes-akademie.de.

Peter May

Der Unternehmer als Chef, Manager und Privatperson

Campus Verlag
Frankfurt/New York

Bibliografische Information der Deutschen Nationalbibliothek:
Die Deutsche Nationalbibliothek verzeichnet diese Publikation in der
Deutschen Nationalbibliografie. Detaillierte bibliografische Daten
sind im Internet über http://dnb.ddb.de abrufbar.
ISBN 13: 978-3-593-38115-2
ISBN 10: 3-593-38115-X

Das Werk einschließlich aller seiner Teile ist urheberrechtlich geschützt.
Jede Verwertung ist ohne Zustimmung des Verlags unzulässig. Das gilt
insbesondere für Vervielfältigungen, Übersetzungen, Mikroverfilmungen
und die Einspeicherung und Verarbeitung in elektronischen Systemen.
Copyright © 2006 Campus Verlag GmbH, Frankfurt am Main
Umschlaggestaltung: Guido Klütsch, Köln
Druck und Bindung: Druckhaus »Thomas Müntzer«, Bad Langensalza
Gedruckt auf säurefreiem und chlorfrei gebleichtem Papier.
Printed in Germany

Besuchen Sie uns im Internet: www.campus.de

Inhalt

**Einleitung:
Unternehmer sein – Unternehmer bleiben** 9

Einführung 11

   Der Inhaber schafft den Vorsprung im Wettbewerb 14
   Manche Unternehmer sind länger erfolgreich als jeder
   Börsenkonzern 15
   Herausforderung Generationswechsel 16
   Inhabergeführte Unternehmen sind anders 18
   Familie und Unternehmen sind nur selten zu trennen 19
   In der Firma fokussiert – im Vermögen diversifiziert 21
   Der Inhaber ist die Energiequelle des Geschäfts 24
   Inhaber-Unternehmer haben einen natürlichen Startvorteil 28
   Mehr Erfolg mit der Integrierten Eignerstrategie 29
   Nicht nur das Unternehmen braucht den Profi 31

Die Unternehmensstrategie 33

   Erst die Fokussierung bringt den Erfolg 33
   Jeder Unternehmer muss lernen, »Nein« zu sagen,
   und zwar oft 35
   Setzen Sie sich für Ihre unternehmerische Tätigkeit
   hohe Ziele! 38
   Energie von außen kann das Wachstum beschleunigen 39

Für Inhaber-Unternehmen gelten andere Regeln 42
Der Unternehmer als Wettbewerbsvorteil 43
Lassen Sie sich vom gesunden Menschenverstand leiten 47
Durch Verzicht zum Erfolg 51
Begrenzte Ressourcen zur Quelle des Vorsprungs machen 53
Bestimmen Sie die Gesetze Ihres Marktes 58
So vermeiden Sie die strategische Starre 62
Innovative Ideen können Ihre Finanzierung sichern 70

Das Vermögen des Unternehmers 77

Begrenzen Sie das Klumpen-Risiko 77
So schützen Sie Firma und Familie 79
Diesen Risikokatalog sollte jeder Unternehmer kennen 82
Freies Vermögen in ausreichender Höhe schaffen – das
ist das Ziel! 89
So stellen Sie Ihre Vermögensbilanz auf 90
Erarbeiten und Umsetzen der Vermögensstrategie 93
Guten Rat gibt es nicht umsonst – nur was etwas kostet,
hat auch Wert 96
Ihr Vermögen wächst wie eine Pyramide 97
Wie sich das Ausgabenrisiko auf das Vermögen auswirkt 100
Steuern und Unternehmervermögen 103

Die Person des Unternehmers 106

Unternehmer-Energie macht den Unterschied 106
Der Unternehmer und seine Persönlichkeit prägen
das Unternehmen 109
Die eigenen Grenzen erkennen – und managen 111
Wählen Sie die Rolle, die zu Ihrer Person passt 113
Die Kraft des Teams nutzen 116
Sie und Ihr Ehepartner sind gemeinsam Unternehmer 118

Zeit als Risikofaktor 121
Rendite ist nicht das Maß aller Dinge 123
Für geistige Hygiene sorgen 125
Mut als Erfolgsfaktor 129
Gesunder Unternehmer = guter Unternehmer 182

Die Familie 138

Was eine einfache Regel alles bewirken kann 138
Die Familie braucht Management 140
Die richtige Strategie geht alle in der Familie an 141
Familienkrieg: Dallas und die Folgen 143
Die Familie als Wettbewerbsvorteil 144
Inaktive Gesellschafter nutzbringend einbinden 146
So behandeln Sie angeheiratete Familienmitglieder richtig 152
Wie Family Education den Gemeinsinn der Eigentümer stärkt 156
Schaffen Sie Anlässe, die Raum für Gemeinsamkeiten bieten 160
Einige Vorgaben, die jeder Inhaberfamilie helfen 166
Der Nutzen einer Familienverfassung 169
Die Nachfolgeregelung 171
Wie der Familienmanager dem Unternehmer viel Arbeit
abnehmen kann 174
Die Familie ist das wichtigste Kapital des Inhaber-Unternehmens 175

Fazit 177

Literatur 179

Register 182

Einleitung:
Unternehmer sein – Unternehmer bleiben

Wie Sie das nächste Viertelprozent Rendite herausholen, erfahren Sie hier nicht. Es wird auch nicht die Rede davon sein, wie Sie noch zwei Kunden mehr bekommen oder Ihren Vertrieb verbessern. Für all das gibt es an anderem Ort und in anderen Büchern Rat genug.

Hier geht es mir um Ihre nächsten 20 Jahre. Sie wollen Unternehmer sein und bleiben. Sie wollen Ihre Schaffenskraft erhalten, mit Freude in Ihrem anspruchsvollen Beruf wirken können und Erfolge haben, die weit über den Jahresabschluss hinausgehen.

Deshalb sollen die Gedanken und Ideen dieses Buches Sie über ein ganzes Unternehmerleben begleiten. Es enthält nützliche Einsichten, die Ihnen an anderer Stelle nicht oder kaum offen gelegt werden, nämlich wie man sich als Unternehmer so aufstellt, dass einem Konjunkturen, Krisen und Konkurrenten nichts anhaben können. Zudem zeigen wir Ihnen, wie Sie nicht nur als Unternehmer, sondern auch als Ehepartner, Familienmitglied, Anteilseigner und als ehemaliger Unternehmer ein glückliches Leben in Wohlstand führen können.

Dafür greifen wir auf einfache, für jedermann verständliche Einsichten zurück. Dabei geht es weder um Magie noch eine neue Management-Mode, die schon morgen wieder überholt ist. Wir beschränken uns vielmehr auf bewährte Einsichten, die viele Ihrer Unternehmerkollegen schon mit Erfolg erprobt haben und die einfach und sofort umsetzbar sind.

Das Besondere an diesem Buch ist die langfristige Sichtweise. Wir wollen Ihnen nicht zum nächsten Sieg, sondern zu langfristigem und dauerhaftem Erfolg verhelfen, der Sie, Ihre Familie und Ihr Unternehmen über Jahre und Jahrzehnte begleiten soll. Aus diesem Grund werden hier Erfahrungen von Unternehmern und Unternehmen vermittelt, die jedem Inhaber, jedem Geschäftsführer und jedem Anteilseigner sofort nützlich sein können. Sie lernen Unternehmertum so zu verstehen, dass Sie sich selbst helfen können.

Die Regeln dafür sind in ein einfaches System gebettet, das INTES-Prinzip. In einfacher Alltagssprache erfahren Sie hier, wie Sie Ihr Unternehmen, sich selbst, Ihr Vermögen und Ihre Familie so steuern, dass alle gewinnen.

Dieses Prinzip hat schon vielen Anwendern zum Erfolg verholfen. Sie bekommen den Schlüssel dafür, sich selbst in eine deutlich bessere Position zu bringen. Sie machen den Schritt von einem unübersichtlichen Alltagsgeschäft zu strategischer Klarheit und einem langfristig tragfähigen Geschäftsmodell, vom Kampf gegen das Überlastungssyndrom und Verzicht auf Freizeit zu einem entspannten, fast als Hobby erlebten Berufsalltag, von einer Familie, die bestenfalls Ihr Geschäft nicht stört, zu einem Zusammenleben, das zur Kraftquelle für Sie und das Unternehmen wird, und von einem Alltag mit materiellen Zukunftsängsten hin zu einem Leben, das Wohlstand auch in unsicheren Zeiten erwarten lässt.

Wenn Sie zweifeln, dass das alles möglich ist, sind vielleicht gerade Sie der richtige Leser für dieses Buch. Die Entfernung von einem Alltag mit Sorgen, dem Kampf um Kunden und Verzicht auf Lebensqualität hin zu einem erfüllten Leben mag manchmal weit erscheinen. Aber andere haben das auch geschafft – man muss nur einmal den Anfang machen. Dieses Buch wird Ihnen dabei helfen. Ich wünsche Ihnen viel Spaß und Nutzen bei der Lektüre. Eines aber ist jetzt schon sicher: Sie werden so manches Aha-Erlebnis haben.

Bonn, im März 2006 *Peter May*

Einführung

In diesem Kapitel werden folgende Themen behandelt:

- ▶ Die Triebkräfte des Unternehmertums
- ▶ Der Inhaber-Bonus als Vorsprung im Wettbewerb
- ▶ Die Rolle der Familie
- ▶ Warum das Vermögen Betrieb und Familie stabilisiert
- ▶ Unternehmer-Strategie ist mehr als Unternehmens-Strategie

Hellmut Wempe streicht behutsam über die glatte Oberfläche. Sein Stolz scheint bis in die Fingerspitzen zu reichen, als er vorsichtig den Deckel öffnet. Der schwarz lackierte Kasten ist quadratisch und hat etwa die Maße einer Zigarrenkiste, innen drin tickt es leise. Eine Schiffsuhr – echte Wertarbeit, in fein poliertes Holz gebettet. Ihre Zahnrädchen rotieren präzise und messen die Zeit auf Stunde und Minute exakt, ohne jede Abweichung.

Der Zeitmesser ist nicht größer als eine Untertasse, aber er erzählt fast die ganze Geschichte von Wempes Unternehmen: So eine Schiffsuhr muss langlebig sein, robust und zuverlässig, ihre Arbeit darf sich durch das Auf und Ab nicht beirren lassen. Denn die Seefahrer brauchen die Zeit immer ganz genau, nur damit können sie bestimmen, wo sie sich gerade befinden in der Weite der Weltmeere. Schiffe sollen sich nicht verirren.

Die Schiffschronometer sind so etwas wie die Seele der Firma Gerhard D. Wempe. Sie verkörpern die unternehmerische Leistung des Vaters von Hellmut Wempe: Der Senior hatte die Hamburger Chronometerwerke 1938 gekauft, seither gehören sie einfach dazu. Dass Schiffe heute ihren Weg längst ohne die 12 500 Euro teuren Geräte finden, spielt dabei keine Rolle. Das Geschäft mit den kostbaren Uhren lebt weiter, es läuft sogar viel besser, als das vor 70 Jahren vorstellbar gewesen wäre.

Mit Liebe, Leidenschaft und Hartnäckigkeit hat dieses Geschäft seinen Weg in die Jetzt-Zeit geschafft. Die Schiffschronometer, die heute, streng genommen, keiner mehr braucht, sind ein Geschäft, weil ein Unternehmer daran glaubt. Er hatte eine Idee, deren Strahlkraft bis heute andauert.

Auch die Firma Wempe hat etwas von den Schiffschronometern, die heute wie vor 100 Jahren in Hamburg hergestellt werden. Sie läuft stabil, trotzt manchen Widrigkeiten, zeigt sich zuverlässig. Das Unternehmen hat schon zweimal eine Jahrhundertwende erlebt, hat Auf- und Abschwünge durchgemacht, ohne dass dies seine Lebenskraft bislang ernsthaft gefährdet hätte. In manchen Jahren wächst das Geschäft um über 10 Prozent, auch wenn die Konkurrenz Klage über eine Flaute führt.

Was ist die Kraftquelle dieses stetigen, lang andauernden Erfolgs, auf den Hellmut Wempe so stolz ist? Es gibt Unternehmen, die scheinbar spielend 100, 200 oder noch mehr Jahre Lebensdauer erreichen. Welches Rätsel hält diese Organismen so überaus lange am Leben, was genau steckt dahinter, dass ein 125-Jahre-Unternehmen heute jugendlicher, vitaler, erfolgreicher und der Zukunft zugewandter erscheint als mancher viel größere Konzern?

Die Frage ist durchaus berechtigt. Sehen wir uns nur den Lebenszyklus einer durchschnittlichen Firma an. Ein Unternehmen hat zu seiner Geburtsstunde eine äußerst schlechte Prognose. Von 100 neu gegründeten Betrieben sind nach fünf Jahren bereits 70 wieder verschwunden. Sie sind noch nicht einmal eine Episode im kurzlebigen Takt der Märkte, sie sind so schnell vergessen, wie sie gekommen sind.

Selbst Konzerne verschwinden, manchmal sogar recht schnell. Ein Traditionsname wie *Mannesmann* stand einst für erfolgreiche Produkte, er war Teil des deutschen Wirtschaftswunders. Aber es brauchte nur ein paar Monate, bis die ganze Geschichte des einst so stolzen Unternehmens ausgelöscht war. *Mannesmann* wurde verkauft, zerlegt, seine Existenz beendet. Name, Marke, Produkte – alles weg.

Auch Namen wie *AEG*, *Telefunken* oder *Hoesch* stehen für Unternehmen, die heute nur noch Fußnoten in der Geschichte des Geschäftslebens sind. Viele von ihnen waren noch nicht am Markt, als *Wempe* schon im Geschäft war, und sind schon wieder verschwunden, als bei *Wempe* gerade eine neue Generation die Führung übernimmt. Von den zehn größten Unternehmen des Jahres 1960 sind heute alle entweder ganz von der Bildfläche verschwunden, oder aber sie haben bis zur Unkenntlichkeit an Bedeutung verloren.[1] Ganze drei Betriebe aus dieser Liste existieren heute noch.

Ein sehr kurzes Leben scheint für viele Firmen normal zu sein, bis hin zu regelrechten Eintagsfliegen – denken Sie an die zahlreichen Internet-Unternehmen wie *Boo.com*, *Yopass* oder *Webvan*, deren Lebenszeit sich in Monaten bemaß.

Die Inhaber der Bäckerei *Pesch* in meiner Heimatstadt wissen von all dem wahrscheinlich wenig. »Seit 1893« steht in stolzen Lettern auf dem Firmenschild. Das Domizil ist ein unscheinbares Haus aus dem vorletzten Jahrhundert. Wahrscheinlich war die Bäckerei die ganze Zeit dort, wo schon seit über 100 Jahren Brot und Brötchen über die Theke gehen. Das Haus, der Laden und die Familie gehören zu den Konstanten des kleinen Stadtteils. Der Betrieb dürfte sich inzwischen in der fünften Generation in Familienhand befinden. Er hat den Gründern, ihren Kindern, Enkeln, Urenkeln und deren Nachkommen eine Existenz gegeben und sich gleichzeitig als überlebensfähig erwiesen, auch als die Umstände gar nicht danach aussahen, weil gerade Wirtschaftskrise, Inflation oder politisch schwierige Zeiten herrschten. Dieser kleine Organismus war offensichtlich so anpassungsfähig, dass er Kaiserzeit, Revolution, Weimarer Republik, Diktatur, Wirtschaftswunder und jeden Strukturwandel danach überleben konnte.

Wie man einen Betrieb so lange erfolgreich führt und alle Bedrohungen umgeht, steht in keinem Strategiebuch. Viele Managementratgeber befassen sich bestenfalls mit dem Zeitraum der kommenden fünf Jahre, dann sind sie veraltet. Die Bäcker aus der Familie Pesch haben wahrscheinlich nie eines der zahllosen Erfolgs- und Strategiebücher gelesen – und hatten dennoch Erfolg.

Mit der richtigen Anwendung bewährten Managementwissens allein sind langlebige Unternehmenserfolge wie die Firmen *Gerhard D. Wempe* oder *Pesch* also nicht zu erklären. Es muss mehr dazugehören, als am Ende jedes Monats mehr Geld eingenommen als ausgegeben zu haben, um Unternehmen zu schaffen, die gleichzeitig jugendlich und erneuerungsfähig, qua Alter aber längst Methusalems sind.

In der Umgebung der Bäckerei *Pesch* wechseln spätestens alle fünf Jahre die Firmenschilder. Filialbetriebe kommen und gehen, es gibt kaum einen, der länger als ein oder zwei Jahrzehnte überdauert hätte. Zwar wirken hier auch tüchtige Manager und Geschäftsführer – aber der Typ Pesch und Wempe hat offensichtlich eine andere Genetik, die ihn immun gegen gewisse Krankheiten des Wirtschaftslebens macht, die andere Unternehmen immer wieder zum Scheitern bringen. Streng ökonomische Kriterien scheinen dabei nur teilweise den Ausschlag zu geben.

Der Inhaber schafft den Vorsprung im Wettbewerb

Der Grund für Solidität und Langlebigkeit ist außerhalb des streng Wirtschaftlichen zu suchen. Nehmen wir die Hotelbranche, Sie kennen wahrscheinlich gute und weniger gute Hotels. Wenn ich in ein Hotel komme, kann ich auf Anhieb sagen, ob es sich um einen inhabergeführten Betrieb handelt. Denn diese Häuser haben oft ein gewisses Etwas. Wo Vater, Mutter, Tochter und Sohn gemeinsam wirken, oder auch die Großmutter manchmal noch eine umgeschlagene Tischdecke zurechtzupft, herrscht eine Kultur, die nicht imitierbar ist. Sie ist einmalig, weil sie durch den Charakter der Inhaber geprägt ist, deren Familie den Betrieb mitunter seit mehreren Generationen prägt. Meiner Erfahrung nach ist ein gut geführtes Hotel in der Hand einer Familie besser als jedes Kettenhotel.

Die filialisierten Großhotels verfügen zwar in der Regel über genügend Geld, um sich die neueste Architektur und die beste Technik zu leisten. Sie können investieren und das Mobiliar der Zimmer ersetzen, sobald sich die ersten Kratzer zeigen. Aber Hand aufs Herz: Was bestimmt darüber, dass wir uns in einem Hotel wohl fühlen? Klaus Kobjoll, der sein *Landhotel Schindlerhof* gemeinsam mit seiner Tochter führt, meint: »Wir müssen es schaffen, dem Gast eine heimliche Berührung zu geben.« Diesen Geist lebt die Familie – und sie hat ihn auf jeden der Mitarbeiter übertragen. Die Hardware des *Schindlerhofs* unterscheidet sich kaum von anderen guten Hotels, auch Filialbetrieben. Aber in den Details und vor allem in der Software, dem Geist und Stil des Hauses, ist der Betrieb jedem Kettenhotel überlegen.

Ein Inhaber-Unternehmen scheint also zwei Dinge zu beherrschen: Es stattet die Organisation mit einer schwer kopierbaren, aber erfolgsträchtigen Überlebensenergie aus. Überdies gelingt es ihm, das Leben der Firma von der Lebensspanne eines Menschen abzukoppeln. Die von der Familie geführten Unternehmen scheinen einen Ritus entwickelt zu haben, der es erlaubt, den Traum vom beständigen Lebenswerk zu realisieren. Sie existieren auch dann noch weiter, wenn eine einzelne Führungsperson längst im Ruhestand ist oder schon zu den Urahnen gehört.

Manche Unternehmer sind länger erfolgreich als jeder Börsenkonzern

Im Durchschnitt werden Firmen in Deutschland nur 18 Jahre alt. Bei erfolgreichen Familienunternehmen ist das ganz anders. Sie scheinen den Schlüssel zur Langlebigkeit gefunden zu haben. Gut geführt kann dieser Typ nicht nur der Familie ein Leben lang eine Existenz sichern, sondern auch den Generationen danach.

Wilfried Neuhaus-Galladé gehört dieser Gattung an. Er ist Inhaber und Geschäftsführer der Firma J. D. Neuhaus in Witten-Heven. Oberflächlich gesehen ist ihr Geschäft die Herstellung von Druckluft-Hebezeugen. Aus dem Westfälischen werden Kunden in 90 Ländern der Welt bedient. Gleichzeitig ist hier aber auch eine lange Geschichte zu Hause – sie begann im Jahr 1745. Die Firma wurde seither von Generation zu Generation weitergegeben. Der heutige Inhaber ist ein Nachkomme des Gründers in siebter Generation!

Auch andere Beispiele zeugen von außergewöhnlicher Langlebigkeit. *Faber-Castell*, das Bleistift-Unternehmen, ist 1761 gegründet worden und wird seither in Familienhand geführt. Die Porzellanfabrik *Villeroy & Boch* gibt es seit 1748, noch immer steht ein Nachkomme des Gründers an der Spitze. Wendelin von Boch ist Vorsitzender des Vorstands, weitere Mitglieder der Familie sind im Aufsichtsrat des Mettlacher Unternehmens vertreten. Der Pharmazie-Hersteller *Merck* wurde im Jahr 1668 gegründet.

Die Galerie der Langlebigen lässt sich fortsetzen. Auf ein Alter von 437 Jahren blickt zum Zeitpunkt, als dieses Buch verfasst wurde, die Glasmanufaktur von Poschinger zurück. Geschäftsführer Benedikt Freiherr Poschinger von Frauenau blickt zurück auf eine wechselvolle Geschichte – in den ersten 300 Jahren führte die Glasmanufaktur aus dem Bayerischen Wald eine vagabundische Existenz. Die Ahnen der heutigen Poschingers errichteten ihre Glashütte immer gerade dort, wo es Wald, also reichlich Brennholz, gab. 40, manchmal auch 60 Jahre konnten anschließend an einem Standort Kirchenfenster, Kelche und Trinkgläser hergestellt werden. Als alle Bäume im Umkreis verheizt waren, musste die Glasmanufaktur weiterziehen. Dennoch wirtschaftete die Familie so über drei Jahrhunderte erfolgreich, bis die Eisenbahn kam und die Kohle mitbrachte. Seither ist das Unternehmen sesshaft geworden, sein Kern hat alle Widrigkeiten überlebt, egal ob es Kriege, Konjunkturkrisen oder Kohlemangel waren. Der Inha-

ber beschäftigt 30 Mitarbeiter, der Geschäftszweck wurde über die Jahrhunderte immer wieder an das angepasst, was gerade marktfähig war und dem Können der von Poschingers entsprach. Inzwischen stellt die Glasmanufaktur keine Biergläser mehr her, wie das noch in den 30er Jahren der Fall war. Heute sind edle, hochwertige Trinkgläser die Umsatzträger im Sortiment.[2] Außerdem stellt von Poschinger Gläser für die Medizintechnik, Ersatzteile für Lampen und das so genannte Goethe-Glas her, das in historischen Häusern in die Fenster eingesetzt wird.

Egal ob die *Glasmanufaktur von Poschinger, Faber-Castell, Pesch* oder *Wempe*, viele Inhaber-Unternehmen gehören zu einer Art Erfolgsclub. Wer hier die wesentlichen Dinge richtig macht, hat gute Chancen, dass sein Betrieb von Generation zu Generation weitergegeben werden kann. Im Gegensatz zu den 18 Jahren Lebenszeit der Durchschnittsfirmen sind hier Jahrhunderte die richtige Dimension. Von 100 Unternehmen in Familienhand sind nach dem ersten Generationswechsel immer noch 67 am Markt. Eine Generation später ist immer noch ein gutes Drittel aktiv. Das spricht für eine ausgesprochene Robustheit dieses Organisationstyps. Mit wirtschaftlicher Betrachtung allein ist das nicht zu erklären – wäre die *Glasmanufaktur von Poschinger* eine börsennotierte Kapitalgesellschaft oder die Tochtergesellschaft eines Großkonzerns, wäre spätestens während der großen Kohlekrise 1929 oder um 1980, als die deutsche Glasindustrie von ausländischen Billigimporten in die Krise gestürzt wurde, das Aus gekommen. Anonyme Eigentümer sind Freunde schneller Entschlüsse. Sie denken bis zum nächsten Jahresabschluss und mobilisieren ihr Kapital; wenn es an einem Ort nicht mehr genügend einbringt, investieren sie es in einem anderen Unternehmen.

Inhaber-Unternehmen ticken nicht so. Sie beziehen ihre Energie aus der nicht-wirtschaftlichen Sphäre. *Villeroy & Boch* hat ein Firmenwappen, das stolz die Jahreszahl 1748 zeigt. Mit der Lebenskraft, dem Zielbewusstsein und dem Durchhaltevermögen einer Familie überrundet ein Inhaber-Unternehmen jede andere Organisation, die diese Energiequelle nicht besitzt.

Herausforderung Generationswechsel

In regelmäßigen Abständen stellt sich inhabergeführten Unternehmen eine der größten unternehmerischen Herausforderungen: der Übergang von

Führung und Eigentum auf eine neue Unternehmergeneration. *Jeder Inhaber tritt, wenn er nur lange genug Erfolg hat, an eine schwierige Schwelle: Der Gründer hört auf, sein Nachfolger übernimmt.* Bei Helmut Wempe ist dieser Schritt gelungen. Heute führt seine Tochter Kim-Eva die Geschäfte des Hamburger Uhren- und Schmuckunternehmens. Der Vater hat sich in die Rolle des Aufsichtsrats zurückgezogen und steht nicht mehr im Tagesgeschäft. Längst verkörpert die tätige Inhaberin die Werte des Unternehmens wie ihr Vater: »Stolz«, »Liebe«, »Freundschaft«, diese Worte tönen jedem im Kopf, der sich mit Wempe beschäftigt. »Wer bei uns etwa eine Uhr erwirbt, gönnt sich etwas Besonderes«, sagt Kim-Eva Wempe. Die 1963 geborene Unternehmerin lebt Geist und Stil des Hauses in vierter Generation.

Dass sich ihr Vater aus der aktiven Führung zurückgezogen hat, ist das Ergebnis einer geplanten Übergabe. Der erste Schritt dazu liegt Jahre zurück – er erfolgte nach dem Abitur der Unternehmertochter: Kim-Eva Wempe suchte zunächst Erfahrungen außerhalb des väterlichen Unternehmens. Sie ging in die Schweiz und nach Italien, machte Volontariate in der Schmuck- und Juwelenfabrikation.

Darauf folgte eine weitere Station mit einem neuen Leitgedanken: Ausbildung und Praxis im familieneigenen Betrieb. Die Nachfolgerin schrieb sich an der Hamburger Wirtschaftsakademie für das Fach BWL ein und arbeitete parallel im Uhren- und Schmuckunternehmen. Sie war mit Projekten befasst, wie zum Beispiel die von ihr entwickelte Trauring-Kollektion. »Kunden, die Eheringe erwerben, sind die Kunden von morgen«, beschreibt Wempe ihre damalige Erfahrung.

1987 verdichtete sich die Beziehung zur Firma: Die Juniorin wurde Gesellschafterin der Gerhard D. Wempe KG. In der Folgezeit arbeiteten Vater und Tochter sieben Jahre Seite an Seite. Die Mitinhaberin war für Einkauf, Disposition, Personal und Marketing verantwortlich.

Im Alter von 32 stand für Kim-Eva Wempe ein lange abgesprochener Schritt an: die endgültige Entscheidung über die Nachfolge.[3] Vater Hellmut Wempe hatte diese Schwelle ganz bewusst gelegt. »In diesem Alter hat man genug Reife und Überblick«, sagt die Inhaberin in der Rückschau. Das Unternehmer-Duo wurde sich einig – und so ist es bis heute geblieben.

Was bei der Übergabe geholfen hat: »Die Mitarbeiter wussten jederzeit, woran sie sind«, beschreibt die heutige Wempe-Chefin die offene Kommunikation. Alle waren stets darüber im Bilde, in welcher Phase der Nachfolgeplanung die Juniorin gerade stand. Zudem, sagt die Schmuck-Expertin, sei sie der Mannschaft nicht als die neue Chefin aufs Auge gedrückt worden. Im Gegenteil: »Ich musste mir meinen Kredit bei den Mitarbeitern selbst erarbeiten«, beschreibt sie ihren Einstieg.

In der Zeit des Übergangs hat dem Inhaber-Duo ein Ritus geholfen, stets Verbindung zueinander zu halten. »Wir waren unglaublich viel auf Reisen. Jeder steckte tief in seinem Geschäft«, beschreibt Kim-Eva Wempe, wie das so notwendige Gespräch zwischen Tochter und Vater fast abriss – bis die beiden ihre Kaffeestunde einführten: Jeden Morgen, wenn beide im Betrieb waren, setzten sie sich erst einmal zum Gespräch zusammen. »Dieser Mechanismus hat uns beim Übergang sehr geholfen«, sagt die Unternehmerin.

Nach dem 125-Jahre-Jubiläum im Jahr 2003 stand der letzte Rollenwechsel an: Vater Wempe, damals 71 Jahre alt, hätte die Firma zwar dank seiner Fitness noch zehn Jahre weiterführen können. Aber die Tochter wollte die Rolle der Nummer zwei hinter sich lassen: »Ich bin jetzt 40 Jahre und brauche nun die letzte Stufe der Übergabe«, so lautete die Botschaft an den Vater. Beide klinken sich aus dem Tagesgeschäft aus, besprachen die Angelegenheit während einer zweitägigen Paris-Reise und erarbeiteten die heutige Lösung: Kim-Eva Wempe ist die Chefin des operativen Geschäfts, Vater Hellmut ist dem Unternehmen in seiner neuen Rolle weiter verbunden.

Inhabergeführte Unternehmen sind anders

Dieses und andere Beispiele zeigen zwei weitere wichtige Eigenheiten von Inhaber-Unternehmen:

- Die Übergabe von Generation zu Generation ist ein Schlüsselereignis im Leben der Firma. Fast jeder Unternehmer will seinen Betrieb an die nächste Generation vererben. Vor allen anderen Möglichkeiten sollen die Nachkommen das Werk übernehmen und im Idealfall auch weiterführen. So wünschen sich das fast alle Inhaber, wie eine Befragung von INTES ermittelte: Weiterführung des Betriebs durch die Kinder planen 74 Prozent der Unternehmer, noch weitaus mehr wollen zumindest das Eigentum in Familienhand behalten.
- Die Geschicke des Unternehmens werden in hohem Maße von Faktoren beeinflusst, die nicht aus dem Geschäft kommen. Bei der Übergabe an

die nächste Generation wird dies deutlich sichtbar. Der Betrieb mag eine gute Strategie haben, hervorragende Produkte, eine solide Finanzierung – aber wenn die Übergabe nicht klappt, ist das ein großes Risiko. Zwei Fälle des Scheiterns sind häufig: Der Junior-Chef erweist sich trotz aller Mühen als unfähig, oder Senior und Junior streiten sich und zerrütten ihr persönliches Verhältnis.

Familie und Unternehmen sind nur selten zu trennen

Eine wichtige Schlussfolgerung: Es reicht nicht, einen guten Manager an der Spitze zu haben, wenn ein Inhaber-Unternehmen erfolgreich sein soll. Denn der durchschnittliche Manager bringt zwar wichtige Qualifikationen mit, um das Geschäft gut zu führen. Aber Gebilde des Typs *Wempe* oder *J. D. Neuhaus* haben zusätzliche Dimensionen, die sie von in anonymem Besitz befindlichen Firmen unterscheiden. Bei ihnen taucht die Familie in fast jeder Überlegung mit auf. Wie wichtig das Management der Familie ist, zeigen die traurigen Fälle, bei denen Unternehmer nicht bedacht haben, dass es nicht reicht, über gute Produkte und die richtige Finanzierung zu verfügen.

Ludwig Wünsche etwa hatte sein Geschäft über Jahrzehnte zu einer respektablen Größe geführt. Die Hamburger Getreide- und Futtermittelhandlung galt als solide und stabil. Auch für die nächste Generation schien gesorgt. In der Familie waren drei Söhne groß geworden, alle dazu auserkoren, dereinst in den Betrieb einzutreten. Aus der Sicht des Vaters schien das Haus bestellt, besser hätten die Voraussetzungen kaum sein können.

Aber es sollte alles ganz anders kommen. Kaum waren die neuen Chefs im Sattel, entwickelte sich ein Kampf zwischen den konkurrierenden Brüdern. Keiner wollte dem anderen die Regentschaft so richtig gönnen. Der willensstarke Kai erzielte einen ersten Sieg, als er seinen Bruder Frank aus der Führung drängte – was nicht schwer fiel, weil dieser als eher zartbesaitet galt. Der Bruderkrieg zwischen dem verbleibenden Geschwisterpaar wurde umso heftiger. Jetzt konnte jeder seine zerstörerische Energie gegen den anderen richten.

In der Folge begann eine wilde Diversifizierung, die Wünsche AG betätigte sich im Geschäft mit Dosenerbsen, stieg zum Jeans-Einzelhändler auf und machte in Immobilien. So richtig Zeit für den Job als Chef hatten die Wünsches freilich nicht. Die Front, an der am heftigsten gekämpft wurde, war nicht der Markt, sondern die Auseinandersetzung in der Familie. Der Zwist gewann das Muster des biblischen Brudermordes. Kai und Wolf-Jürgen kamen zwar ohne Waffen und Tätlichkeiten aus. Aber der Schaden des einen ist des anderen Gewinn, nach dieser Devise machten sich die Geschwister das Leben schwer. Sie verkehrten über ihre Anwälte miteinander und überzogen sich mit Klageandrohungen.[4] Jede der verfeindeten Parteien scharte ihre Divisionen hinter sich. Aufsichtsrat wie Führungsetage waren Teil der Front, man war entweder auf der Seite von Kai oder auf der von Wolf-Jürgen.

Ein Unternehmen, das ehedem gute Chancen hatte, kann so schnell an den Rand des Zusammenbruchs geraten. Turbulenzen in der Familie überlagern alles. Die streitenden Spitzenmänner arbeiten nur noch am nächsten taktischen Zug, um die Gegenseite in Schach zu halten. Den Markt zu bearbeiten wird zur Nebensache.

Streit mag es in jeder Familie geben. Zwischen Geschwistern mag es manchmal laut werden, Türen knallen, man schmollt ein paar Tage, die Nachbarn wundern sich. Wenn aber die Firma in diese Gemengelage hineingerät, multiplizieren sich Ausmaß und Härte des Zwists mit jedem Umsatz-Euro und steigender Mitarbeiterzahl. Je größer das Unternehmen, desto folgenreicher die Auseinandersetzung, desto lauter das Getöse im Kampf um Erbe und Macht.

Der Wünsche AG hat das sehr geschadet. Die Gesellschafter mussten Geld nachlegen, um den Betrieb am Leben zu erhalten. Kai siegte nach einer scheinbar unendlichen Zeit über seinen Bruder. Dessen Ausscheiden war für das Unternehmen mit einem hohen Preis verbunden – ihm wurden einige der zusammengekauften Beteiligungen mit auf den Weg gegeben. Erholt hatte sich die Hamburger Firma auch Jahre später noch nicht von diesem kräftezehrenden Kampf. Noch heute sprechen Mitarbeiter, die dabei waren, von »Dallas in Hamburg«.

Unternehmerfamilien sind nicht per se besser oder schlechter als andere Familien. Kleinigkeiten legen oft den Keim für Hass, Feindschaft, Missgunst und Eifersucht. Nur: Weil mit diesen Familien so viel verknüpft ist, das Schicksal des Betriebs, die Existenz der Familie für diese und die kommenden Generationen, die Arbeitsplätze der Mitarbeiter, sollte die Agenda klar sein. Eine Familie braucht Management. Die Führung des Systems Familie muss ebenso professionell angegangen werden wie die des eigentlichen Geschäfts. Die desaströsen Folgen des Nichtbefassens mit diesem Thema zeigen, dass die Arbeit auf diesem Feld keine Option ist, sondern ein Muss. Wer nachhaltigen Erfolg haben will und an den Erhalt von Lebenswerk und Einigkeit in der Familie interessiert ist, hat gar keine andere Wahl, als sich mit dem Management der Familie zu befassen. Vermiedener Streit heute ist gesicherter Unternehmenswert von morgen.

Schließlich birgt dieses Thema auch eine große Chance: Wer es richtig angeht, ebnet der Familie den Weg zum dauerhaften Kraftquell für die Firma. Gut geführt überdauern Inhaber-Unternehmen Generationen – und reihen sich ein in den Erfolgsclub, dem heute *Boehringer*, *Haniel*, *Heraeus*, *Wempe*, *Faber-Castell* und andere angehören.

In der Firma fokussiert – im Vermögen diversifiziert

Noch etwas anderes will beachtet sein. Erfolgreiche Inhaber- und Familienunternehmen handeln nach einem einfachen Prinzip. In ihren unternehmerischen Aktivitäten sind sie streng fokussiert, sobald es aber um das Unternehmervermögen geht, streuen sie ihre Risiken und handeln nach dem Grundsatz: »Nicht alle Eier in einen Korb.«

Die Geschichte von Horst Brandstätter bestätigt dieses Muster.[5] Der Unternehmer, Inhaber in dritter Generation, steht für den Erfolg von Playmobil. Die Plastikmännchen haben längst die Kinderherzen in der ganzen Welt erobert. Welche Eltern kennen sie nicht als Geburtstags- und Weihnachtsgeschenk, die 7 Zentimeter großen Feuerwehrmänner, Ritter, Piloten, Bauarbeiter, Tankwarte, Polizisten und Tierpfleger aus buntem Kunststoff? Die Geobra Brandstätter GmbH stellt im Dreischichtbetrieb Tag für Tag vier Millionen Einzelteile her, die aus Dietenhofen im Landkreis Ansbach in alle Welt verschickt werden. Der Alleininhaber Horst Brandstätter freut sich über kontinuierliches Wachstum in einem schrumpfenden Markt – im Jahr 2004 erwirtschaftete er einen auf 359 Mio. Euro gestiegenen Umsatz. Interessant dabei ist: Playmobil ist von seinem Konzept her ein Einproduktunternehmen. Die Grundbestandteile der Spielfiguren sind immer gleich, mit Zusatzteilen und -farben wird eine scheinbar unendlich große Zahl von Varianten geschaffen. Dazu bietet Geobra auch Ritterburgen, Piratenschiffe und andere Spielzeuge an, mit denen die Playmobil-Männchen in Szene gesetzt werden können. Aber mit seinem Sortiment ist das fränkische Unternehmen extrem fokussiert, die Produktion ist hoch automatisiert, der Spielzeughersteller hat sich seinen eigenen Markt geschaffen und sich hier als Spezialist etabliert.

Ohne diese extreme Fokussierung wäre der Erfolg von Geobra nicht möglich gewesen. In den Generationen davor ergab sich noch ein ganz anderes Bild. Andreas Brandstätter, der Urgroßvater des heutigen Inhabers, gründete das Unternehmen im Jahr 1876. Sein Geschäft waren Schatullenbeschläge und Schlösser. Der Betrieb war, gemessen an den heutigen Verhältnissen, recht klein. Der Nachkomme des Gründers produzierte ein Sortiment an Blechspielzeugen – Spardosen, Telefone und Kassen für das Kaufladenspiel. Aber erst mit der Konzentration auf den alleinigen Werkstoff Kunststoff und der 1974 erfolgten Lancierung der Spielfiguren unter der damals neuen Marke Playmobil begann der Aufstieg zu einem der dominierenden Unternehmen auf dem Spielzeugmarkt.

Auch hier zeigt das Vorgehen: Der Erfolg liegt in der strategischen Beschränkung. Das Unternehmen *Geobra* wurde zum Champion, weil es sich auf eine Disziplin reduzierte – wie ein Spitzensportler, der nur eine einzige Sportart ausübt und darin Weltmeister wird. Dieses Vorgehen hat einen wichtigen Grund. Die Vorgabe, dass das Unternehmen im Besitz der Familie bleiben soll, hat Folgen für die Finanzierung. Wer im Extremfall 100 Prozent des Kapitals in Familienbesitz belassen will, lässt nur eine begrenzte Zahl von Optionen bei der Außenfinanzierung zu. Die Hereinnahme externer Gesellschafter ist nicht möglich, ebenso die Aufnahme von Venture Capital oder, bei größeren Unternehmen, der Gang an die Börse. Dennoch ist Fokussierung nicht alles.

Bleiben wir bei Horst Brandstätter. Der Playmobil-König hat ab 2002 ein zweites Unternehmen gegründet. Dieses ist vollkommen unabhängig von seiner erfolgreichen Spielzeugfabrik. Es gibt keine personellen Verflechtungen, die Kundenkreise haben keine Gemeinsamkeiten. Lechuza heißt das neue Produkt, das Pflanzenfreunde mögen: Brandstätter hat eine Produktion von Kunststoff-Pflanzbehältern mit eingebautem Bewässerungssystem aufgebaut. Dieses junge Unternehmen erreichte 2004 bereits einen Umsatz von 7,5 Mio. Euro, die Nachfrage ist so groß, dass die Mitarbeiter mit Produktion und Lieferung kaum nachkommen.

Auch andere Unternehmer verfahren nach diesem Muster. In ihrem jeweiligen Geschäft sind sie fokussiert, aber der Inhaber diversifiziert seine Engagements.

Der Glasmanufaktur von Poschinger hat dieses Vorgehen das Überleben gesichert, als krisenhafte Zeiten zu durchstehen waren. Die Poschingers besitzen heute den größten Forstbetrieb in Niederbayern. Sie haben damit ein vom Glasgeschäft unabhängiges Vermögen. Dieses erlangte besondere Bedeutung, als die Glasmanufaktur neu aufgestellt werden musste: Die Einnahmen aus dem Forstbetrieb ermöglichten die Neuausrichtung.

Auch die Familie Brenninkmeyer macht vor, wie man mit den Themen Fokussierung und Vermögensdiversifikation umgeht. Die Kernaktivität ist fokussiert, der Familienclan betreibt in aller Welt C&A-Bekleidungshäuser. Ausflüge in branchenfremde Geschäfte, etwa das Angebot von Fast Food und Lebensmitteln in den Kleiderkaufhäusern, einst Hoffnungsträger, wurden gestoppt. Denn die geschäftliche Neuorientierung der C&A-Häuser war kein Erfolg, weil sie die Marke verwässerte.

Die Eigentümer haben richtig gehandelt und das Thema Diversifizierung auf eine andere Ebene gehoben. Die Inhaber bauten ein Portfolio von Engagements auf, das Familie und Unternehmen stabilisiert. Seit 1975 sind die Brenninkmeyers auch im Immobiliengeschäft tätig. Ihr dortiges Vermögen wurde 2005 auf 6 Milliarden Dollar geschätzt. Seit dem Jahr 1999 gibt es eine professionelle Struktur, die dieses Vermögen unabhängig von C&A managt. Wie weit die Diversifizierung auf der Vermögensebene geht, zeigt ein interessantes Detail: Die Dynastie besitzt Kaufhäuser, Shopping-Center und Verwaltungsgebäude. Vermietet wird sogar an die Konkurrenz: Auch Zara, GAP und H&M sind Mieter von Brenninkmeyer-Immobilien.

Wie Brandstätter, von Poschinger und Brenninkmeyer diversifizieren viele erfolgreiche Unternehmer das Vermögen der Familie. Die Firma ist nicht ihr einziges Anlageziel und nicht ihre einzige Einnahmequelle. Es gibt auch Bäcker, die parallel zu ihrem Betrieb ein Immobilienvermögen geschaffen haben, andere haben über Aktien in große Unternehmen investiert, wieder andere haben zweite und dritte Geschäfte aufgebaut oder gekauft.

Ein diversifiziertes Vermögen kann Stabilisator sowohl für die Familie als auch für die Firma sein. Denken wir nur an das Ausscheiden eines Gesellschafters. So etwas passiert immer wieder, oft auch ungeplant. Manchmal ist es die Folge von sich widersprechenden Lebensentwürfen. Die Brüder, die anfänglich einhellig und gemeinsam die vom Vater geerbte Firma führen, entwickeln sich in unterschiedliche Richtungen. Der eine entpuppt sich als der geborene Unternehmer, für den er immer gehalten wurde. Der andere aber will doch lieber seine Karriere als Arzt weiterverfolgen, scheidet aus der Führung aus und pocht auf die Auszahlung seiner Anteile, um sich eine Existenz aufzubauen. Selbst wenn Gesellschafter friedlich auseinander gehen, ist das nur selten aus der Liquidität zu bezahlen. Hier bewährt es sich, wenn ein außerhalb des Betriebs befindliches Vermögen besteht, mit dem der Unternehmer den ausscheidenden Gesellschafter auszahlen kann.

Deshalb gilt die Einsicht: Ein vom Betrieb unabhängiges Vermögen erhöht die Freiheitsgrade. Erst ein erfolgreich angelegter Besitz der Familie sichert nachhaltigen Unternehmenserfolg. Ein Firmeninhaber, der dieses Vermögen nicht hat, begibt sich in unnötige Abhängigkeiten und Risiken. Inhaber mit Weitblick sollten sich deshalb rechtzeitig ein Vermögen aufbauen, das Familie und Lebenswerk absichert.

Der Inhaber ist die Energiequelle des Geschäfts

Wenn Sie den Conrad-Katalog aufschlagen, wird Ihnen schnell eine weitere Eigenheit von Familienbetrieben klar. Auf Seite 2 des 2 100-Seiten-Wälzers begrüßt Sie der Inhaber persönlich. Wir sehen ein Bild von Werner Conrad. Er ist der Namensgeber, er führt das Unternehmen in vierter Generation. In seinem Begrüßungsbrief wendet er sich an alle Kunden des größten europäischen Elektronik-Versandhauses. Er steht mit seinem Namen für die Leistungen des Versenders, jedes Jahr aufs Neue ist sein Portraitfoto am selben Platz zu sehen.

Ähnliches sehen wir auch in anderen Unternehmen. Der Inhaber exponiert sich gegenüber den Mitarbeitern, den Kunden, den Lieferanten. Claus Hipp etwa zeigt das auf eindrucksvolle Weise. Er ist persönlich vor die Kamera getreten und hat seine Produkte, die Babynahrung auf ökologischer Basis, mit seinem Namen verknüpft (»Für das Wertvollste im Leben. Dafür stehe ich mit meinem Namen.«).

Die meisten Inhaber haben diese Botschaft wohl verstanden: Wer den Inhaber-Bonus nach vorne stellt, wer die Energie der Person an der Spitze nutzt, um das Besondere des Unternehmens und seiner Produkte herauszustellen, hat einen Wettbewerbsvorteil. In einem Bäckereibetrieb in der Hand der Familie geht es persönlicher zu als in einem anonymen Filialunternehmen. Das spüren die Kunden auch dann, wenn der Inhaber nicht selbst an der Theke steht. Kim-Eva Wempe kennen alle Mitarbeiter des weltweit tätigen Unternehmens mit eigenen Läden rund um den Globus. Hier gibt es etwas Nicht-Betriebswirtschaftliches: die Energieübertragung vom Inhaber auf die Mitarbeiter und die Außenstehenden, die mit dem Unternehmen zu tun haben, den Stolz und die Sicherheit, die ein Unternehmen vermitteln kann, das von einer Person geführt wird, die eben nicht in vier Jahren schon wieder weitergezogen ist und längst auf einem anderen Chefsessel sitzt, wenn viele Kunden und Mitarbeiter immer noch da sind.

Die Person des Inhabers ist ein Erfolgsmotor. Weil Familienunternehmer eine starke Bindung an ihren Betrieb haben und prägend wirken, auch wenn sie unaufdringliche Personen sind, entsteht ein Wettbewerbsvorteil. Wie er wirkt, lässt sich sogar in betriebswirtschaftlichen Faktoren nachweisen: Der Inhaber-Bonus schafft Kundenbindung, er kann die Wirkung der Werbung verbessern, wirkt bindend auf die Mitarbeiter. Erfolgreiche Unternehmer nutzen ihn deshalb als Aktivposten für ihre Arbeit. Sie stärken ihre Person, sie sind sich ihrer Identität stiftenden Kraft bewusst und setzen diese auch gezielt für das Unternehmen ein.

Inhaber sind notabene kein Einheitstyp – es gibt unter ihnen so viele verschiedene Charaktere wie unter anderen Menschen auch. Unauffällige, Angeber, Vielredner, Schweigsame, Denkertypen, Gefühlsmenschen. Aber es gibt doch einige Eigenschaften, die sie, bei all den Unterschieden, verbinden. Sie sind diszipliniert, sie verfügen über ein hohes Maß an Willensenergie, sind sorgfältig und verantwortungsbewusst. Damit verfügen Inhaber-Unternehmen über ein Kapital, das nicht in der Bilanz steht. Der Heizungsbauer *Buderus* ist unmittelbarer Konkurrent der Viessmann-Werke. Aber in der Dimension Persönlichkeit wird er gegenüber den Kunden, Mitarbeitern und Lieferanten nie punkten können, weil der Inhaber an der Spitze fehlt. *Buderus* ist ein Konzernunternehmen.

Dieses Bild ist jedoch nicht vollständig. Das Hohelied der Unternehmerpersönlichkeiten zu singen, ohne auf die Vorbedingungen hinzuweisen, wäre unredlich. Denn der Inhaber-Bonus fällt kaum einem in den Schoß. Er wird dem Unternehmer nicht automatisch auf seinen Weg mitgegeben. Niemand kann die Kraft seiner Person für die Firma nutzen, der nicht auch an ihr arbeitet. Erst wenn sich hier Brüche und Versäumnisse zeigen, wird erkennbar, wie wichtig dieses Thema für Unternehmer ist.

Ein typischer Gründer-Unternehmer hatte in nur 20 Jahren aus dem Nichts ein beträchtliches Lebenswerk aufgebaut. Der Betrieb hatte Erfolg, die Zahl der Kunden wuchs, die Produkte waren innovativ. Etwa 1990 begann die Wende. Das Geschäft stagnierte. Wenige Jahre später waren die ersten Anzeichen der Krise nicht mehr zu übersehen. Die Analyse brachte es an den Tag: Die Krise des Unternehmens war eine Krise des Unternehmers! Die Firma war ihm, einem Macher von Schrot und Korn, über den Kopf gewachsen. Er hatte die Übersicht verloren. Er verzettelte sich, setzte die falschen Prioritäten, kämpfte zwar mit aller Energie weiter – aber es fiel ihm immer schwerer, sich selbst für einen anstrengenden Tag im Büro zu motivieren. Natürlich bemerkte sein Umfeld das, erst die Sekretärin, später auch die engsten Mitarbeiter.

Nachdem die Ursache des Problems gefunden war, war auch das Tor zu einer Lösung geöffnet. In intensiven Gesprächen gelang es, den Inhaber davon zu überzeugen, die operative Führung in die Hände eines eher strategisch und strukturell denkenden Nachfolgers zu legen. Er musste dabei sein Dasein als Unternehmer keineswegs aufgeben – es war nur die Zeit für einen Rollenwechsel gekommen.

Innerhalb von kurzer Zeit war die Krise überwunden. Die Firma kehrte auf den Wachstumspfad zurück. Der Unternehmer selbst hat sich in den Aufsichtsrat zurückgezogen – und einen neuen, kleinen Betrieb aufgebaut, den er selbst erfolgreich führt.

Wir sehen an diesem Beispiel: Die Persönlichkeit des Unternehmers kann zum entscheidenden Faktor in der Entwicklung einer Firma werden. Nur weil der Inhaber in diesem Fall die menschliche Größe und Souveränität besaß, sich im entscheidenden Moment auf einen Rollenwechsel einzulassen, konnte er den Weg frei machen für die nötige Erneuerung.

Diese Entscheidung war keine Niederlage. Denn wäre sie ausgeblieben, hätte sie das Aus des Unternehmens nach sich gezogen. Der Betrieb wäre vielleicht noch einige Jahre mehr schlecht als recht weitergelaufen. Aber seine schlechte Laune, sein ständiges Ringen gegen die Überforderung und die aussichtslose Suche nach einem strategischen Ausweg hätten das Lebenswerk des Unternehmers zugrunde gerichtet. Viele einst bedeutende Familienbetriebe könnten heute noch existieren, wenn der Inhaber früher zu der Einsicht gelangt wäre, dass er mit seiner Person vielleicht das größte Hindernis für eine Erneuerung war.

Ein weiterer Fall verdeutlicht, welche Dramatik dieses Thema birgt.

Ein Unternehmer hatte sich in den Jahren nach dem Krieg einen weithin geachteten, typisch mittelständischen Betrieb aufgebaut. Nun, im Alter von über 70 Jahren, war er krank und nicht mehr in der Lage, dem Unternehmen in einem zunehmend schwierigen Umfeld die nötigen Impulse zu geben. Doch er war nicht bereit, sein Lebenswerk in jüngere Hände zu legen. »Gerade jetzt kann ich nicht übergeben. Der Markt ist so schwierig«, lautete die Begründung. Ihm fehlten die Einsicht und das Vertrauen, dass ein anderer das von ihm geschaffene Unternehmen erfolgreich würde führen können. Als sich die Krise weiter verschärfte, wurde die Firma auf Druck der Banken schließlich verkauft. Erneut war das Werk einer seit Generationen wirkenden Unternehmerfamilie von der Bildfläche verschwunden. Die Firma wurde in einen Konzern integriert, wenig später waren die Marke und viele ehedem erfolgreiche Produkte verschwunden.

Diese Beispiele machen eines deutlich: Der Inhaber-Bonus will erarbeitet werden. Denn die Person des Unternehmers kann in die eine wie die andere Richtung wirken. Im günstigen Fall ist sie für die Firma ein unschätzbarer Gewinn. Ein geeigneter Inhaber kann sein Unternehmen mit so viel Energie aufladen, dass dies zum Quell von großen Erfolgen wird.

Umgekehrt gilt aber auch: Wenige Personen können so zerstörerisch wirken wie der Unternehmer selbst. Ein Mensch, der mit sich selbst nicht im Reinen ist, der mit Gram, Missmut, unnötigem Stress und nicht berechenbarem Aktionismus seine Umgebung verunsichert, ist Gift für einen Betrieb. Selten hält das eine Organisation über längere Zeit aus.

Unternehmerischer Erfolg ist auf Gedeih und Verderb mit der Person des Unternehmers verknüpft. Er gibt der Firma das Gepräge, sie ist sein Spiegelbild. Manchem mag diese Einsicht banal erscheinen. Aber warum handeln dann nicht mehr Unternehmer danach? Die eigene Persönlichkeit zu entwickeln ist für viele ein Fremd-, für manche gar ein Schimpfwort, und mit kaum einer endlichen Ressource geht der Durchschnittsunternehmer so sorglos um wie mit seiner eigenen Person. Fast jeder Inhaber hat zwar eine Unternehmensstrategie. In ihrem Geschäft sind sie Profis, sie machen sich Perfektion zur ständigen Aufgabe und wenden allerlei Werkzeuge an, um den Erfolg zu sichern. Aber wie viele haben eine Strategie für die eigene Person? Dabei ist der Schluss aus den hier geschilderten Beispielen ebenso einfach wie zwingend: Nur wer der eigenen Person annähernd die gleiche Aufmerksamkeit widmet wie seinem Betrieb, wird als Unternehmer auf Dauer Erfolg haben.

Auch für Unternehmer gilt: Das Leben braucht Ziel und Richtung. Nur ein Inhaber, der weiß, was er persönlich will, kann auch seiner Firma Richtung geben.

Inhaber-Unternehmer haben einen natürlichen Startvorteil

Unternehmer, die ihre Aufgabe richtig angehen, können weit kommen. Das zeigen einige Untersuchungen: Sowohl die erfolgreichsten als auch die ältesten Firmen der Welt befinden sich in der Hand von Einzelunternehmern oder Unternehmerfamilien. Die amerikanische Zeitschrift *Fortune* ermittelt jedes Jahr eine Liste der größten Unternehmen, die so genannte »Fortune 500«. Wer sich diese Liste nach dem Kriterium »Wem gehört das Unternehmen?« genauer anschaut, stellt fest: Etwa ein Drittel der dort genannten Firmen wird entweder von einzelnen Inhabern oder von Familien dominiert – nicht vom anonymen Kapitalmarkt.

Auch die Liste der reichsten Menschen der Welt weist in dieselbe Richtung. Magazine wie *Forbes*, *Bilanz* und *Managermagazin* verbreiten solche Aufstellungen. Man mag von ihnen halten, was man will – aber sie liefern ein wichtiges Indiz: Zu den vermögendsten Menschen der Welt gehören viele Unternehmer und deren Familien, etwa Bill Gates, Warren Buffet, Ingvar Kamprad oder die Familien Walton und Wallenberg. Überdies sollten wir nicht vergessen, dass hinter mancher Adelsfamilie, die in solchen Listen erscheint, nicht nur ererbtes Vermögen (Immobilien, Schlösser, Wälder, Landwirtschaft) steht, sondern auch sehr erfolgreiche Unternehmen, die sich in der Hand dieser Familien befinden.

Die deutsche Wirtschaft spiegelt den Einfluss dieses Unternehmenstyps wider. Dafür stehen bekannte Namen wie *Aldi, Bertelsmann, C&A, Freudenberg, Haniel, Henkel, Heraeus, Lidl & Schwarz, Miele, Merck, Metro, Oetker, Otto, Röchling, SAP, Sixt* oder *Tengelmann*, die hier stellvertretend für viele andere genannt seien. Hermann Simon hat in seinem Buch *Heimliche Gewinner (Hidden Champions)* darauf hingewiesen, dass Deutschland die Heimat vieler Unternehmen ist, die einen Nischenmarkt weltweit dominieren, aber in der breiten Öffentlichkeit praktisch unbekannt sind. Die meisten von ihnen befinden sich im Besitz von Unternehmerfamilien.

Gut geführte Inhaber-Unternehmen haben das Zeug dazu, in den Dimensionen Rendite, Langlebigkeit und Marktgeltung die Unternehmen in anonymer Eigentümerschaft zu übertrumpfen. Seit dem Jahr 1990 etwa haben sich die börsennotierten Unternehmen, hinter denen eine Familie steht, um mehrere Prozentpunkte besser entwickelt als der Dax.

Mehr Erfolg mit der Integrierten Eignerstrategie

Freilich hat die Mitgliedschaft im Erfolgsclub einen Preis. Ganz von allein oder per Zufall sind diese überragenden Ergebnisse nicht zu erreichen. Inhaber sind nicht nur gute Geschäftsführer, sie unterwerfen sich auch als Familienmitglieder einer strengen Disziplin. Dies kostet zwar Einsatz und Energie – aber die Belohnung ist hoch, wie die Beispiele der Erfolgreichen zeigen. Zudem gibt es eine gute Nachricht: Familienunternehmen erfolgreich zu führen ist keine Geheimwissenschaft. Es gibt Regeln hierfür. Wer diese einhält, stärkt die Überlebenskraft der Organisation über den Tag hinaus. Wer die folgenden vier Strategieregeln beherzigt, kann sich daraus eine persönliche Agenda aufbauen, die es erlaubt, das Inhaber-Unternehmen erfolgreich zu steuern und seinen Bestand über die eigene Tätigkeit hinaus zu sichern:

1. Erfolgreiche Inhaber-Unternehmer wenden konsequent eine auf ihre Verhältnisse angepasste *Unternehmensstrategie* an. Diese setzt die firmeneigenen Besonderheiten ein, um Vorgehensweisen und Marktposition zu stärken.
2. Die *persönliche Strategie* des Unternehmers stellt sicher, dass seine Schaffenskraft über Jahrzehnte erhalten bleibt, verknüpft die persönlichen Ziele mit denen des Betriebs und pflegt Arbeitsfreude, Gesundheit und Wohlbefinden – alles Ressourcen, ohne die langfristiger Erfolg nicht möglich ist.
3. Eine *Vermögensstrategie* sichert der Familie mit einem materiellen Grundstock die langfristige Existenz auch in turbulenten Zeiten und ist für das Wirken des Unternehmens ein zusätzlicher Stabilisator.
4. Gleichzeitig verfügen sie über eine *Familienstrategie*, die es ihnen erlaubt, die besondere Kraft der Familie für die Firma zu nutzen und das Lebenswerk vor dem Befall durch das Buddenbrook-Syndrom zu bewahren.

Wer die Fälle der über Generationen erfolgreichen Unternehmerfamilien kennt, bemerkt: Diese wenden die vier Strategieregeln konsequent an und führen sie zu einer Unternehmer-Strategie zusammen. Dieses Buch soll Ihnen ein Wegbegleiter für die Arbeit in und an Ihrem Inhaber-Unternehmen sein. Das hier ausführlich vorgestellte INTES-Prinzip bietet Ihnen dafür das Gerüst: INTES steht für die Integrierte Eignerstrategie, welche die vier Bestandteile Unternehmensstrategie, Vermögensstrategie, persönliche Strategie und Familienstrategie zu einer Unternehmer-Strategie zusammenführt.

Diese Idee anzuwenden steht allen Leserinnen und Lesern dieses Buches offen. Es spielt dabei keine Rolle, wie groß Ihr Unternehmen ist. Eine Bäckerei in Familienhand kann vom INTES-Prinzip ebenso profitieren wie ein Großunternehmen vom Typ *Miele* oder *Heraeus*. Denn egal, ob ein Stadtviertel oder der Weltmarkt das Einzugsgebiet Ihrer Kundschaft ist, egal, ob Sie 4, 20 oder 10 000 Mitarbeiter beschäftigen – die grundlegenden Gesetzmäßigkeiten des Typs Inhaber-Unternehmen sind immer gleich.

Auch das Alter des Unternehmens spielt für die Anwendung der hier vorgestellten Einsichten keine Rolle. Das INTES-Prinzip können Gründer und

Abbildung 1: Das INTES-Prinzip

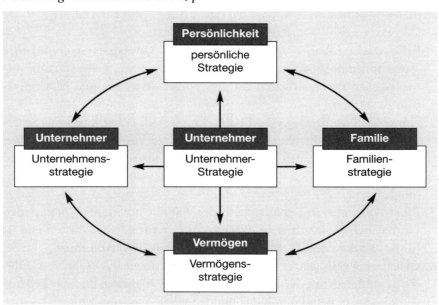

Inhaber der ersten Generation ebenso anwenden wie Nachfolger in einer Dynastie, die ihr Unternehmen bereits in der siebten Generation führen.

Sobald Sie sich diese Grundregeln bewusst gemacht und sie für Ihre Führungsarbeit verinnerlicht haben, werden Sie feststellen: Es lohnt sich, sich an den Erfahrungen anderer erfolgreicher Unternehmer zu orientieren. Auch ohne die Einzelheiten zu kennen reicht es für Ihre Praxis aus, wenn Sie die allgemeinen Regeln anwenden, die aus den zahlreichen Einzelfällen und Beratungsaufträgen gewonnen wurden. Sie erhalten einen vollständigen Werkzeugkasten, der Sie erfolgreicher macht. Besonderes Vorwissen benötigen Sie dafür nicht.

Im Gegenteil, Sie werden im Laufe Ihrer Arbeit feststellen, dass es sich oft um Vorgehensweisen handelt, die Ihnen Ihr gesunder Menschenverstand ohnehin empfiehlt, nur dass wir die einzelnen Empfehlungen aufeinander abgestimmt und in ein in sich schlüssiges Managementsystem eingebracht haben. Das sichert Ihnen als Anwender Effektivität und erlaubt Ihnen den sparsamen Umgang mit der wertvollsten Ressource, die Sie haben – Ihrer persönlichen Energie.

Nicht nur das Unternehmen braucht den Profi

Mit ähnlichen Werkzeugen, wie Sie sie aus Strategie und Marktbearbeitung bereits kennen und einsetzen, können Sie weit über das rein Geschäftliche hinaus Nutzen für sich erzielen. Das in diesem Buch vorgestellte INTES-Prinzip entwickelt Empfehlungen, die

- dem Unternehmer,
- den nicht tätigen Gesellschaftern,
- den angeheirateten Familienmitgliedern,
- den angestellten Geschäftsführern,
- den Mitarbeitern und
- Beratern

inhabergeführter Firmen das Leben leichter und das Geschäft erfolgreicher machen. Die Regeln, die in den folgenden Kapiteln vorgestellt werden, helfen, die besondere Dynamik des Unternehmens mit Familienhintergrund zu managen. Sie können damit auch seine besonderen Kraftquellen mobilisieren – den Inhaber-Bonus, den Wettbewerbsvorteil der fokussierten Strategie, den die Unabhängigkeit stärkenden Effekt des Vermögens in der Hand Ihrer Familie und Ihre persönliche Schaffenskraft als entscheidende Ressource.

Überdies lernen Sie die typischen negativen Dynamiken vermeiden, die Ihr Unternehmen in Gefahr bringen könnten. Familiäre Verhältnisse, in denen die Mitglieder der Familie nur noch über Rechtsanwälte miteinander verkehren, können Sie damit ebenso vermeiden wie den Verfall des Familiensinns und den Zerfall der Familieninteressen. Dass sich, wie im Fall eines bekannten norddeutschen Dienstleistungsunternehmens, die Geschwister und Inhaber per »Sie« begegnen, weil das persönliche Verhältnis vollkommen zerrüttet ist, kann Ihnen auf diesem Weg erspart bleiben. Sie schützen sich überdies vor Entscheidungsblockaden und dem dadurch langfristig drohenden Verlust der Unabhängigkeit.

Auf diese Weise lässt sich die Tür zu langfristigem Erfolg öffnen. Denn zufrieden sind die meisten Familienunternehmer erst dann, wenn nicht nur die Zahlen stimmen, sondern auch das Lebenswerk langfristig gesichert ist.

Anmerkungen zur Einführung

1 O. A., »Die hundert größten Unternehmen«, in: *Frankfurter Allgemeine Zeitung*, 3.12.1960.
2 Patrick Bernau, »Diese Unternehmen sind uralt«, ebd.
3 Axel Gloger, »Fallstudie Unternehmer-Nachfolge Wempe«, in: *Results*, 2/2004.
4 Sören Jensen, »Der Stadtneurotiker«, in: *Managermagazin*, 11/1993, S. 34 f.
5 O. A., »Spielzeug sucht Spieler. Unternehmensportrait Geobra Brandstätter«, in: *Uni-Magazin*, 6/2005.

Die Unternehmensstrategie

In diesem Kapitel werden folgende Themen behandelt:

▶ Erfolg durch Fokussierung
▶ Verzicht und begrenzte Ressourcen als Wettbewerbsvorteil
▶ Die Vermeidung der strategischen Starre
▶ Den Inhaber-Bonus strategisch nutzen
▶ Die Gesetze des Marktes brechen
▶ Innovative Finanzierungsideen

Erst die Fokussierung bringt den Erfolg

Man schrieb das Jahr 1892, als Heinrich Schmitz sein Unternehmen gründete. Deutschland steckte gerade mitten in der Phase der Industrialisierung. Es war die Gründerzeit der neuen Fabriken. In den Jahrzehnten zuvor hatte das neue, schnelle und billige Transportmittel Eisenbahn die entlegensten Ecken des Landes miteinander verbunden. Den Fabrikanten eröffnete der Schienenstrang das Tor zu neuen Märkten.

Das war die Zeit, zu der Heinrich Schmitz in das Geschäft mit dem Wagenbau einstieg. Sein Unternehmen profitierte von Anfang an vom Aufschwung der Mobilität – die Firma wurde zu einem Wachstumsgeschäft, es gab einen scheinbar unendlich wachsenden Bedarf nach Gütertransport. In Altenberge im Münsterländischen stand die Wiege dieses neuen Betriebs.

Zunächst war Schmitz freilich nichts weiter als eine kleine Fußnote in der großen Chronik des Wirtschaftslebens. Doch in der Folgezeit stellten sich Entwicklungen ein, die den Betrieb zu einem bedeutenden Unternehmen machten. Denn von Heinrich Schmitz' Konkurrenten waren viele schon wieder vom Markt verschwunden, noch bevor sich die Jahrhundertwende ankündigte. Andere überlebten die Schwelle zum Jahr 1900, mussten aber spätestens 10 oder 20 Jahre später ausscheiden. Konkurrenz, die beginnende Automobilisierung des Transports, der Krieg – all das setzte den Unternehmen damals zu.

Schmitz aber gibt es bis heute, der kleine Wagenbauer von damals erwirtschaftet derzeit 1,2 Milliarden Euro Umsatz und ist mit 50 Prozent Marktanteil mit weitem Abstand zur Konkurrenz dominierend im Geschäft. »Schmitz« ist zu einem Markennamen geworden. Jeder Autofahrer kennt ihn, denn das Firmenlogo sieht man auf der Autobahn alle paar hundert Meter: Es prangt auf der Mehrheit der Aufleger von Sattelschleppern, als Schriftzug in roten Lettern auf weißem Grund. Schmitz Cargobull, wie das Unternehmen inzwischen heißt, baut den Volkswagen für die Logistikwirtschaft. In Familienhand ist das Unternehmen noch immer. Cousins und Cousinen teilen sich die Inhaberschaft, ein Nachkomme des Gründers ist Vorsitzender des Aufsichtsrats. Bei dessen Sitzungen gibt es meist keinen Anlass zur Klage. Während die Wettberber unter dem Preisverfall leiden – die Preise sanken allein in den zehn Jahren von 1995 bis 2005 um 30 Prozent –, konnte Schmitz die Umsatzrendite in der gleichen Zeit auf 5 bis 6 Prozent steigern. Das ist Spitze in der Branche. Eine Marktführer-Geschichte. Das Unternehmen beschäftigt heute 4 000 Mitarbeiter, doppelt so viele wie noch zehn Jahre zuvor.

Bemerkenswert ist die Strategie, die hinter dem Erfolg von Schmitz Cargobull *steckt. Sie zeigt uns die Besonderheiten, die ein Inhaber-Unternehmen bei seinem Vorgehen berücksichtigen muss: Ob klein, mittel oder Konzernformat – keinem inhabergeführten Unternehmen stehen unbegrenzte Mittel zur Verfügung. Dem Bäcker um die Ecke wird es nur selten gelingen, aus eigener Kraft noch den Telefonladen, das Modegeschäft, die Autowerkstatt und die Kaffeebar zu übernehmen, die ebenfalls in seiner Straße zu Hause sind. Ein Industrieunternehmer, der einen amerikanischen Wettbewerber kaufen will, kann sich das dafür nötige Geld nicht einfach durch Ausgabe neuer Aktien von der Börse holen. Familienunternehmer müssen mit dem wirtschaften, was sie haben – wenn sie unabhängig bleiben wollen. Es gibt natürliche Grenzen, die ihren Aktionsradius bestimmen.*

Schmitz Cargobull liefert eine Vorlage für diese Praxis. Ein im Rückblick denkwürdiges Jahr war 1983 – als das Unternehmen in die roten Zahlen geriet. Dringender Handlungsbedarf war angezeigt, sollte sich die Situation für das Unternehmen im Besitz von drei Familien nicht weiter verschlechtern. Der Wagenbauer stand für ein breites Angebot. Postfahrzeuge, Tanklastzüge, Röhrentransporter und sogar Tieflader wurden produziert. »Entstanden durch das typische Denken eines Fahrzeugbauers«, kommentiert der damalige Vertriebschef und heutige Vorstandsvorsitzende Bernd Hoffmann die Lage.[1] *Das Sortiment war historisch gewachsen, man ging mit dem Markt, wollte sich kundennah zeigen – und verfügte über eine große Produktpalette. Zu groß, wie sich herausstellen sollte. Denn Produktion, Zulieferer, Mitarbeiter, Lager, Marketing und Vertrieb sowie Wartung für eine so große Vielzahl von Varianten und Produkten zu managen führte weg vom Erfolg.*

Jeder Unternehmer muss lernen, »Nein« zu sagen, und zwar oft

Interessant war der Schritt, der darauf folgte. Er verdeutlicht, was alle Unternehmen gelegentlich tun sollten. Jede Organisation erreicht irgendwann den Zustand, in dem sie überladen ist mit den Versprechungen von gestern, wie der Urvater der Managementdenker Peter Drucker feststellt. Da gibt es Produkte und Dienstleistungen, die nichts mehr einbringen, Akquisitionen und Beteiligungen, die so vielversprechend aussahen, als sie begonnen wurden, gute Ideen, die mit viel Hoffnung angegangen wurden, aber nie etwas einbrachten. Auslöser ist die Praxis, Ressourcen nach Gewohnheit und Tradition einzusetzen, dem Gedanken zu folgen, dass man etwas schon immer so gemacht hat. Man schleppt die Dinge einfach mit, ohne zu prüfen, ob man sie eigentlich noch braucht und ob sie noch Nutzen stiften.

In turbulenten Zeiten aber, wenn die Märkte eben nicht mehr Jahr für Jahr automatisch nach oben gehen, ist mancher für den Wettkampf um den Kunden zu schwerfällig und langsam geworden. Die Organisation müsste eigentlich eine Schlankheitskur machen – das jedoch bereitet Mühe und kostet neue Energie. Aber anders geht es nicht. »Das Unternehmen muss lernen, ›Nein‹ zu sagen«, fordert Peter Drucker.

Das Nein spielt in der Strategie von Inhaber-Unternehmen eine ganz besondere Rolle. Denn mit ihrer natürlich begrenzten Ausstattung müssen sie sich genau überlegen, wofür sie eigentlich bei den Kunden stehen wollen.

Bei Schmitz Cargobull war die Entscheidung angesichts der drückenden Probleme schnell gefällt. Bernd Hoffmann und der damalige Vorstand Peter Schmitz, inzwischen Aufsichtsrat, gaben die Devise aus: »*Wir reduzieren den Wildwuchs. Wir verzichten. Wir stellen 80 Prozent unserer Produkte ein. Wir verringern die Zahl der Montageteile um 85 Prozent. Alle Abläufe und alle Hierarchien werden überprüft und durchforstet.*«

Eine Agenda, die durchaus nervös machen konnte. Die historisch gewachsenen Strukturen, die vielen Produkte, die einmal für den Erfolg des Unternehmens standen, das Sortiment, mit dem man sich in der Branche Ansehen erworben hatte – all das sollte es nun nicht mehr geben. Die Inhaber vollzogen diesen mutigen Schritt: Sie passten den Betrieb ihren Möglichkeiten an, sie gaben sich die Chance, ihre Energie auf wenige Punkte zu konzentrieren.

Fortan kümmerte sich Schmitz Cargobull nur noch um das Geschäft mit den Auflegern für Sattelschlepper. Die schwierige Entscheidung, die mit Sicherheit auf viel Widerstand stieß, wurde reich belohnt. Die Firma kam rasch aus den roten Zahlen. In den zehn Jahren danach sollten Wachstum und Erfolg ein Dauergast im Unternehmen sein. In einer Dekade konnte der Umsatz vervierfacht werden – und das mit nur 20 Prozent der ursprünglich einmal im Sortiment befindlichen Produkte! Damit konnte die Position des europäischen Marktführers errungen werden. Der Champion mit Sitz in Horstmar in Westfalen ist, nach Umsatz, doppelt so groß wie der nächste Wettbewerber.

Für Inhaber-Unternehmen ist dieses Vorgehen der Königsweg zum Erfolg. Expansion durch Konzentration lautet die richtige Agenda. Neinsagen wird zum wesentlichen Element ihrer Strategie, denn diesem Unternehmenstyp steht eben nicht die gesamte Palette von Optionen zur Verfügung, welche die Betriebswirtschaftslehre für Manager anonymer Kapitalgesellschaften bereithält.

Bernd Hoffmann und Peter Schmitz verabschiedeten sich von der Denkweise, jeden noch so speziellen Kundenwunsch erfüllen zu wollen. Ein wichtiger Schritt – denn scheinbar gute Kunden erweisen sich bei näherem Hinsehen oft als unprofitabel. Nicht jeder, der viel kauft, bringt auch Gewinn. Bestellungen in letzter Minute, kleinste Bestellmengen, nach Auftragserteilung noch einmal geänderte Spezifikationen, ständiges Nachschieben von Sonderwünschen, all das kann einen Kunden unprofitabel machen. Remko van Hoek, Professor an der Cranfield University, untersuchte dieses Thema durch die Auswertung der Daten von 750 000 Aufträgen genauer[2] und fand heraus: Sonderservice verringert die Rendite um 20 Prozent, bringt aber kaum zusätzlichen Umsatz.

Einsichten wie diese bestimmten auch die Neuausrichtung des Fahrzeugbauers Schmitz Cargobull. Er verabschiedete sich auf einen Schlag vom Bau der Sonderfahrzeuge, die wenig einbrachten. Das Sortiment wurde auf die vier umsatzträchtigsten Produkte zusammengestrichen – die Basistypen des heute üblichen Sattelauflegers, auch Trailer genannt.

Die Folgen für das Unternehmen waren dramatisch – weil mit der Umstellung die Unübersichtlichkeit verschwand, welche die Inhaber zuvor so viel ihrer wertvollen Energie gekostet hatte. Die Zahl der in der Fabrik montierten Teile sank von 80 000 auf nur noch 12 000.

Dieses Beispiel zeigt: Inhaber-Unternehmen können mit einer angepassten Strategie gewinnen. Wer das Risiko umgeht, sich zu verzetteln, und sich gegenüber seinen Kunden und Wettbewerbern eine Marktposition aufbaut, die fokussiert und konzentriert ist, münzt die spezifischen Bedingungen des von der Familie geführten Betriebs in einen Vorteil um. Viele Unternehmer sind mit diesem Vorgehen erfolgreich geworden. Sie haben sich nicht breit aufgestellt, sondern tief, und haben in einer Nische die Marktführerschaft errungen.

Winterhalter etwa verfährt genau nach dieser Strategie. Das Unternehmen wurde 1947 in Friedrichshafen gegründet. Hätte es sich damals dem in den Folgejahrzehnten entstehenden Massenmarkt angeschlossen, gäbe es die Firma heute nicht mehr. Sie wäre zerrieben durch hohe Lohnkosten, Niedrigpreiskonkurrenz und den Niedergang einer ganzen Branche. Winterhalter produziert Geschirrspülmaschinen und ist in seinem Geschäft Weltmarktführer. Den Verlockungen des Marktes der Haushaltskunden, wo die Stückzahlen in die Millionen gehen, ist Winterhalter nie gefolgt. Gründer Karl Winterhalter setzte von Anfang an auf den Nischenmarkt der gewerblichen Anwender. Heute laufen die Geschirrspülmaschinen des 720-Mitarbeiter-Unternehmens in Hotellerie und Gastronomie. Hier hat sich das Familienunternehmen als Lieferant von hochwertigen (und hochpreisigen) Maschinen positioniert, die mit kundengerechten Serviceleistungen kombiniert werden. Die Kunden kommen aus der ganzen Welt, der deutsche Markt ist für Winterhalter im Vergleich zum Export eher unbedeutend.

Setzen Sie sich für Ihre unternehmerische Tätigkeit hohe Ziele!

Diese Erfolge fallen den Unternehmern freilich nicht in den Schoß. Sie sind kein Produkt des Zufalls, im Gegenteil: Der Aufstieg von *Schmitz Cargobull* war erst möglich, als sich die Inhaber ein sehr gut überlegtes Ziel gesetzt hatten.

Diese Beobachtung bestätigt sich auch bei anderen Unternehmern. Als Reinhold Würth etwa nach dem überraschenden Tod seines Vaters gemeinsam mit seiner Mutter den Kleinstbetrieb weiterführte, sprach vieles dafür, dass die Firma *Adolf Würth* auch in Zukunft klein bleiben würde. Aber der junge Inhaber in der Nachkriegszeit wollte sich offensichtlich nicht damit begnügen, sein Leben lang eine Hand voll Handwerker in der näheren Umgebung zu beliefern. Reinhold Würth setzte sich Ziele, die weit in die Zukunft reichten. Er legte fest, was er und seine Mitarbeiter erreichen wollten, definierte, wofür der Betrieb stand und, wichtiger noch, wofür nicht. Erst ein Ziel setzt einen Unternehmer in den Stand, einen Weg zu wählen. Ohne Ziel sieht jeder Weg gleich aus.

Dass die Zielsetzung eine entscheidende Bedeutung sowohl für die Strategie als auch für den späteren Erfolg hat, belegt eine Untersuchung, die an der Yale-Universität durchgeführt wurde. Dort nahm man die Absolventen des Jahrgangs 1953 genauer unter die Lupe. Die Abgänger wurden nach ihren Plänen gefragt. 20 Jahre später, 1973, wurde diese Befragung wiederholt. Das Ergebnis zeigt, wie wichtig ein Ziel ist: Die 3 Prozent des Jahrgangs 1953, die damals eindeutige und große Ziele genannt hatten, gaben nicht nur an, insgesamt glücklicher, zufriedener und gesünder zu sein. Sie verfügten auch über 95 Prozent des gesamten Vermögens, das die Studienabgänger dieses Jahrgangs besaßen. Die verbliebenen 5 Prozent Vermögen mussten sich die restlichen 97 Prozent der Jahrgangskollegen teilen.

Dieses Muster finden wir bei etlichen Unternehmern wieder. Heinz Hankammer ist der Gründer von BRITA, dem Weltmarktführer für Wasserfilter im Haushalt. Der Unternehmer, der die Führung inzwischen an seinen Sohn Markus abgegeben hat, gab seinerzeit als strategische Devise aus: »Mein Ziel war und ist es, dass in jedem Haushalt der Welt ein BRITA Wasserfilter steht.«

Auch Erich Sixt, Inhaber der gleichnamigen Autovermietung, hat sich ein großes und weit reichendes Ziel gesetzt. Wie sein Vater und davor der

Großvater Vermieter in Bayern zu bleiben, mit einigen Dutzend Fahrzeugen, kam für Sixt nie in Frage, er setzte auf die Marktführerschaft. 20 Jahre nach der Übernahme der Führung hatte er dieses Ziel auch erreicht – in einem umkämpften Markt hatte Sixt die Platzhirsche Europcar, Hertz und Avis überholt und gleichzeitig die Gesetze des Geschäfts neu definiert. Erich Sixt hat sich von seinem selbst gesetzten Ziel über all die Jahre leiten lassen, hat teils mit großem Einsatz und verbissen daran gearbeitet, es zu erreichen. Er hat über die Zeit gelernt, wie man die vorhandenen Ressourcen so einsetzt, dass sie die größtmögliche Wirkung entfalten.

Ohne Ziele keine Entwicklung, diese These bestätigt auch Viktor Dulger. Er hätte immer der Inhaber eines kleinen, unbedeutenden Unternehmens bleiben können. Aber er legte bei der Gründung fest, dass er am Markt alle prominenten Pumpenhersteller mit seiner Erfindung übertreffen wollte. In der Folge führte er sein Unternehmen, das er sinnreich Prominent Dosiertechnik nannte, zur Weltmarktführerschaft.

Ziele motivieren und mobilisieren. Sie lösen in der Organisation die Kräfte der Selbststeuerung aus. Noch bevor der Beschläge-Hersteller Würth die erste Umsatzmilliarde erreicht hatte, sprach Reinhold Würth davon, wie er die zweite und dritte Milliarde Umsatz (damals noch D-Mark) erreichen wollte. Ziele dienen nicht nur der Fokussierung – sie sind auch deshalb wichtig, weil sie Familie, nichttätige wie tätige Gesellschafter, die Mitarbeiter und das Umfeld des Unternehmens auf einen bestimmten Weg festlegen. Das ist durchaus bedeutend – denn, wie gesagt, wohin die Reise geht, ist keineswegs vorgegeben, auch für erfolgreiche Familienunternehmen nicht.

Energie von außen kann das Wachstum beschleunigen

Inhaber sollten im Rahmen ihrer Zielfestlegung auch die Frage beantworten: »Wie viel Einfluss der Familie soll in Zukunft im Unternehmen bestehen?« Die möglichen Antworten fallen ganz unterschiedlich aus. Die natürlich für diesen Unternehmenstyp naheliegende Antwort lautet: 100 Prozent der Firma sollen in der Hand der Familie bleiben. *Stihl Motorsägen* etwa hat sich für diesen Weg entschieden. Fremdeinfluss soll es nicht geben. Die Inhaberfamilie soll alleiniger Eigentümer bleiben.

Diese Vorgabe hat Folgen. Die Inhaber von *Stihl* überlegten etwa, ob sie eine Beteiligung eines Private-Equity-Kapitalgebers zulassen sollten. Damit hätte das Unternehmen seine Finanzierungsbasis gestärkt und gleichzeitig über mehr Geld für die weitere Expansion verfügt. Aber der Weltmarktführer für Motorsägen wollte unabhängig bleiben. Das Thema Beteiligung von außen wurde durch die Eigentümer nicht weiter verfolgt. Damit sichert sich die Familie ihre Unabhängigkeit – schränkt aber auch ihre wirtschaftlichen Möglichkeiten ein.

Wie wichtig es ist, hier frühzeitig eine klare strategische Entscheidung herbeizuführen, zeigen Beispiele von Unternehmern, die es anders gemacht haben. Weil Autovermietung ein kapitalintensives Geschäft ist, entschloss sich Erich Sixt 1986, den 100-prozentigen Familieneinfluss aufzugeben. Er wandelte die Firma in eine Aktiengesellschaft um und brachte sie an die Börse. Seitdem sind die Aktionäre Miteigentümer und -finanzierer der Firma – 22 Millionen stimmberechtigte und 6 Millionen stimmrechtslose Aktien hat das Unternehmen ausgegeben. Zwar ist Erich Sixt Mehrheitseigentümer geblieben – aber er hat, um das weitere Wachstum zu finanzieren, einen Teil seines Einflusses aufgegeben. Heute muss er einmal im Jahr eine Hauptversammlung für seine Miteigentümer durchführen und sich Fragen von Banken, Analysten und Geldanlegern gefallen lassen. Überdies unterliegt die Firma *Sixt* seit der Gründung der AG einer erweiterten Publizitätspflicht, in deren Rahmen alle Zahlen bekannt gegeben werden müssen – auch solche, die manch anderes Inhaber-Unternehmen lieber nicht veröffentlicht sähe. Etliche Familienunternehmen, allen voran *Henkel* und *Porsche*, haben einen ähnlichen Weg eingeschlagen.

Bill Gates und Michael Dell sind noch weiter gegangen. Sie haben die Kontrolle über ihr Unternehmen frühzeitig aufgegeben, um im einen Fall *Microsoft* und im anderen Fall *Dell* auf einen steileren Wachstumspfad zu bringen. Beide Inhaber haben frühzeitig Miteigentümer hereingenommen und anschließend Kapital über die Börse aufgenommen. Damit besitzen sie, in Prozentpunkten gerechnet, zwar einen viel kleineren Anteil am Eigentum als früher. Aber durch die Wachstumsfinanzierung sind beide Firmen so groß geworden, dass der kleinere Anteil am großen Unternehmen mehr wert ist als der große am kleinen.

Einen Königsweg gibt es in dieser Frage nicht. Man kann als Unternehmer sowohl 100 Prozent der Anteile behalten – oder sich damit begnügen, 5 Prozent zu halten und dafür einem anderen Wachstumsverlauf das Tor zu öffnen. Erfolgreich sind beide Vorgehensweisen, wie die Fälle von *Stihl* auf der einen und Bill Gates oder auch den Gründern von *SAP* auf der anderen Seite zeigen, die ebenfalls den größeren Teil ihres Unternehmens verkauft haben und gut damit gefahren sind.

Entscheidend ist nur, dass Sie als Eigentümer frühzeitig eine eindeutige Entscheidung treffen und dass Sie sich klar machen, welche Folgen es hat, wenn Sie diesen Weg gehen. Der bevorzugte Kurs für viele Familienunternehmen hierzulande dürfte immer noch der sein, auch weiterhin 100 Prozent der Anteile (oder doch zumindest eine sehr deutliche Mehrheit) langfristig in der Familie zu halten. Dann sollte man sich der strategischen Folgen dieses Vorgehens bewusst sein:

- Das Unternehmen wird immer stark an die Eigentümer gebunden sein. Es kann diese persönliche Bindung am Markt mit dem Inhaber-Bonus besonders stark betonen und das als Wettbewerbsvorteil ausbauen.
- Man ist unabhängig von familienfremden Eigentümern. Außenstehende Dritte werden nicht hineinreden, weil sie keinen Zutritt zu den Gesellschafterversammlungen haben und keinen Einfluss auf etwaige Entscheidungen bekommen. Das Unternehmen kann so stark an die Werte und Traditionen der Familie gebunden werden.
- Transparenz besteht nur, soweit sie gegenüber familienfremden Dritten unbedingt nötig ist. Bestimmte Kennzahlen wie der Gewinn brauchen nicht für eine größere Öffentlichkeit publiziert zu werden, in vielen Punkten kann der Mantel der Diskretion die Geschicke der Familie schützen.
- In der Finanzierung sind natürliche Grenzen gesetzt. Zur Verfügung steht das, was die Familieneigentümer dem Unternehmen an Kapital zur Verfügung stellen und was der Betrieb aus eigener Kraft erwirtschaften kann. Der Zugang zu externen Kapitalquellen ist beschränkt, zumal auch bei Fremdkapital der Verschuldungsgrad nicht beliebig gesteigert werden kann. Hauptsächliche Quellen der Finanzierung sind Eigen- und Innenfinanzierung.
- Je nach Lage der Dinge wird es auch personelle Beschränkungen geben. Der Pool an Führungstalenten, den die Familie zur Verfügung stellt, ist nicht unbegrenzt – und für Außenstehende sind diese Unternehmen oft nur begrenzt interessant.

Für Inhaber-Unternehmen gelten andere Regeln

Wenn Sie auch zu dieser Einschätzung neigen, dann sollten Sie offen die Konsequenzen daraus ziehen: Der Inhaber-Bonus wird auch weiterhin Ihr Kapital sein, der Weg an die Börse aber oder der Verkauf von 45 Prozent der Geschäftsanteile an ein anderes Unternehmen ist für Sie keine echte Alternative. Solche Entscheidungen sollten Sie in einer Art Verfassung Ihrer Firma verankern, denn das bringt Vorzüge: Sie können diese Festlegung ganz offen kommunizieren. Die Umwelt kann sich danach richten – Mitinhaber und Familienmitglieder, Mitarbeiter, Führungskräfte und andere Außenstehende.

Das erleichtert die Arbeit. Denn jeder, der mit dem Unternehmen zu tun hat, weiß jetzt, woran er ist. Angestellte Führungskräfte etwa dürfen von vornherein annehmen, dass sie über bestimmte Expansionsschritte gar nicht nachzudenken brauchen, weil sie mit den gegebenen Ressourcen unmöglich sind. Mitgesellschafter können sich sicher sein, dass sich alle darüber einig sind, dass der dominierende Familieneinfluss erhalten bleiben soll.

Das reduziert zwar die Zahl der Optionen, aber es macht das Unternehmen insgesamt reicher, nicht ärmer. Sie werden einen Zugewinn an Stabilität bemerken, Diskussionen lassen sich abkürzen, über viele Dinge, die Sie und andere ehedem beschäftigt haben, braucht sich nun niemand mehr den Kopf zu zerbrechen. Das spart ungeheuer viel Zeit und Energie, die Sie Ihrem eigentlichen Kerngeschäft widmen können. Deshalb ist die Ziele-Diskussion gerade im Familienunternehmen so wichtig.

Bitte denken Sie daran, dass die althergebrachte Betriebswirtschaft Ihnen auf diesem Weg kaum eine Hilfe sein wird. Denn diese Disziplin denkt mit Begriffen wie Gewinnoptimierung und Shareholder-Value oder empfiehlt die Nutzung des Leverage-Effekts. Das ist alles gut und richtig, nur: Es hilft Ihnen an diesem Punkt nicht, Ihr Unternehmen zu führen. Denn jede inhabergeführte Firma hat einen nichtmateriellen Kern. In meiner Arbeit ist mir noch kaum ein Unternehmer begegnet, der sagte, möglichst viel Geld zu verdienen sei sein einziges unternehmerisches Ziel. Der Gewinn, das verdiente Geld, ist Folge erfolgreicher Arbeit und notwendige Bedingung, damit der Betrieb weiterexistieren kann.

Gewinn und Steigerung des Unternehmenswertes sind nicht die einzige Antriebskraft des typischen Inhaber-Unternehmers. Eine Inhaberin wie Kim-Eva Wempe will das Lebenswerk, das ihr Vater ihr übergeben hat, wahren und mehren. Neue kunstvolle oder innovative Produkte, die den Kunden in aller Welt Freude machen, sind ihre Triebfeder. Alte Familienunternehmen denken in ihrer Dynastie, die jeweiligen Inhaber wollen das Erbe bewahren und gleichzeitig modernisieren. Auch viele Gründer fühlen sich so stark an ihren Betrieb gebunden, weil sie begeistert sind von dem, was sie geschaffen haben. Sie denken und handeln nicht wie jemand, der die Führungstätigkeit als »Job« ansieht, den man nach drei oder vier Jahren einfach wechseln kann. Das Ziele-System reicht hier weiter als bis zum nächsten Quartal und zum kommenden Jahresabschluss – in allem, was ein Familienunternehmer tut, spiegelt sich die Langfristigkeit, das Denken in Jahrzehnten und Generationen.

Der Unternehmer als Wettbewerbsvorteil

Nutzen Sie den Inhaber-Bonus konsequent als Wettbewerbsvorteil. Positive Vorbilder gibt es genug. In der *Hipp*-Fernsehwerbung tritt Klaus Hipp persönlich auf. Oder denken Sie an den Unternehmer Wolfgang Grupp, der für die Leistung seines Betriebs in beinahe provokanter Eindeutigkeit persönlich einsteht. Er wirbt für seine nicht in Fernost, sondern in Deutschland hergestellten T-Shirts, und er steht für die Sicherheit von Arbeitsplätzen und Kundenbeziehungen.

Das hat nichts mit Romantik oder Eitelkeit zu tun, sondern kapitalisiert den besonderen Vorteil des inhaber- oder familiengeführten Unternehmens. Hier gibt es noch eine Identität, die mit einer Persönlichkeit verknüpft ist und als Garant für Zuverlässigkeit und Stabilität angesehen wird.

Abbildung 2: So nutzen Sie den Inhaber-Bonus

> ➡ *In der Kundenbindung:* Stellen Sie den Unterschied Ihres Unternehmens zu den anonymen Konkurrenten in Konzernhand heraus. Zeigen Sie, dass Ihre Firma etwas Besonderes ist, weil ein Eigentümer mit seiner Familie dahintersteht. Viele inhabergeführte Unternehmen erzielen einen Wettbewerbsvorteil, indem sie die persönliche Bindung herausstellen. In einer schnelllebigen und anonymisierten Welt sprechen viele Kunden auf diese Art Identifikation gerne an.

➡ *In Ihren Lieferbeziehungen:* Viele Kunden (und auch Lieferanten) freuen sich, wenn sie mit dem Inhaber persönlich in Beziehung treten können. Denn ein Unternehmer an der Spitze steht für Kontinuität und Verlässlichkeit, ihm wird eine langfristige Denkweise unterstellt: Die Gegenseite weiß, dass man es auch beim nächsten und übernächsten Gespräch noch mit dem Inhaber zu tun hat. Unternehmerkontakte fördern die Stabilität, zudem hat das Gegenüber das gute Gefühl, mit dem Entscheider an einem Tisch zu sitzen. Das stärkt die ökonomische wie persönliche Glaubwürdigkeit.

➡ *In der Rekrutierung:* Auch bei der Einstellung neuer Mitarbeiter kann der Bezug zum Eigentümer ein Plus sein. Inhaber- oder familiengeführte Unternehmen stehen zu ihrer Belegschaft, führen Kostensenkungsprogramme in der Regel nicht nur auf den Schultern der Mitarbeiter durch – und sind bereit, sich bei gutem Gang der Geschäfte lange an ihre Angestellten zu binden. Auf einem Arbeitsmarkt, in dem gute Mitarbeiter in den nächsten Jahren immer stärker umworben sein werden, kann sich das als entscheidendes Plus auswirken.

➡ *Gegenüber Ihren Mitarbeitern:* Viele Unternehmer gehen mit ihrer Belegschaft durch dick und dünn. Sie zeigen sich in schwierigen Zeiten als Patriarch, der im Rahmen der Möglichkeiten für seine Angestellten sorgt. Wer offen kommuniziert, auf kontinuierliche Bindung der Mitarbeiter Wert legt, für stabile Arbeitsbedingungen sorgt und die Erwartungen an eine zeitgemäße Führung bedient, wird als Unternehmer mit Motivation, Einsatzwille und Bindung an den Betrieb belohnt.

Das Inhaber-Unternehmen ist in der Regel eng mit einer Persönlichkeit verknüpft, die bestimmte Werte verkörpert. Ein Eigentümer an der Spitze ist eine Energiequelle, die Firmen in anonymem Besitz mühsam zu imitieren versuchen. »Wir müssen werden, was wir lehren möchten«, hat der amerikanische Psychologe Nathaniel Branden zu Recht gefordert. Seine Botschaft lautet: Wir müssen tun, was wir sagen, und wir müssen sein, was wir tun. In einer Zeit, in der alles personalisiert wird, ist diese Einsicht besonders wichtig. Jede Organisation wird in der Regel durch die Person an der Spitze personifiziert. Ihr werden Erfolge, Verdienste, Verbesserungen, aber auch Niederlagen zugeschrieben, auch wenn der ursächliche Zusammenhang nur indirekt besteht. Dahinter liegt die Sehnsucht, auch anonyme Vorgänge mit einem klar erkennbaren Menschen zu verknüpfen.

Für ein inhabergeführtes Unternehmen ist das ein unschlagbarer Vorteil. Hier muss Identität nicht erst mühsam durch Kampagnen und PR-Strategien erzeugt werden, der sichtbare Mensch an der Spitze ist natürlicher Wettbewerbsvorteil. Die Personalisierung kann als strategisches Kapital genutzt werden – wobei der Fantasie dabei keine Grenzen gesetzt sind, wie das Beispiel von Richard Branson zeigt. Der britische Unternehmer ist ein kluger und auffälliger Selbstdarsteller, der es immer wieder gekonnt versteht, die Wirkung seiner Person überzeugend für seine Firmen zu kapitalisieren. Mal spielt er persönlich den Steward auf einem Flug seiner Fluggesellschaft *Virgin Atlantic*, mal taucht er anlässlich der Lancierung seiner *Virgin-Cola* mit einem riesigen orangefarbenen *Virgin*-Zeppelin auf – oder er versucht, als erster Mensch die Erde in einem Heißluftballon zu umrunden, um deutlich zu machen, dass ihm keine Herausforderung zu groß ist.

In solchen Fällen wird besonders deutlich: Die Person des Unternehmers kann eine Marke stärken und überhöhen. Ohne Branson wären die *Virgin*-Unternehmen eine Marke wie jede andere. Mit dem sichtbaren Inhaber aber haben sie jenes unverwechselbar dynamisch-jugendliche Image, das der Brite überall ausstrahlt, wo er gerade wirkt. Das ist für Kunden wie Mitarbeiter gleichermaßen anziehend. Für viele seiner Angestellten sind Bransons Aktivitäten bekanntermaßen ein Ansporn, es ihm auf geschäftlicher Ebene gleichzutun.

Die prägende Wirkung der Person ist naturgemäß umso größer, je länger sie wirken kann. Ein angestellter Vorstandsvorsitzender, der nach zwei Jahren wieder von der Bildfläche verschwunden ist, wird kaum einen bleibenden Eindruck bei Mitarbeitern, Kunden und Lieferanten hinterlassen. Ganz anders ist das bei Inhabern und deren Nachkommen, die ein Unternehmen oft über Jahrzehnte prägen. Bei erfolgreichen Firmen ist die Nummer eins deutlich länger im Amt als bei den weniger erfolgreichen.

Die Weltmarktführer im Mittelstand sind der klassische Anwendungsfall für diese Einsicht. Bei den Hidden Champions beläuft sich die Amtszeit im Durchschnitt auf über 20 Jahre, wie der Strategieexperte Hermann Simon ermittelte. Es gibt darunter sogar viele Firmen, bei denen der Chef deutlich länger als 30 Jahre die Geschicke leitet. Nehmen wir nur den Süßwarenhersteller *Haribo*. Das Bonner Unternehmen hat seit 1920 erst die zweite Geschäftsführung.

Die Kontinuität durch Inhaberschaft hat noch eine weitere gute Seite: Eine langjährig amtierende Spitze stärkt die Umsetzungskraft. Gleichzeitig ist sie das beste Vademekum gegen operative Hektik, die selten gute Ergebnisse produziert. Unternehmerische Erfahrung lehrt, dass viele gute Ideen Zeit brauchen. Ein Geschäftsführer, der nur drei oder vier Jahre amtiert, erlebt oft gar nicht mehr die Umsetzung dessen, was er einmal angeschoben hat. Schlimmer noch: Viele Projekte sterben, sobald der Chef wechselt. Der Neue setzt andere Schwerpunkte – was einst wichtig war, wird nun nicht mehr weiterverfolgt. Dieses Hin und Her aber zehrt an den Ressourcen eines Betriebs – es geht viel Energie für Aktivitäten verloren, die nie zu einem Ergebnis führen.

Viele Konzernunternehmen zeigen an diesem Punkt unübersehbare Schwächen. Ihr größtes Defizit ist die mangelnde Umsetzung, nicht die fehlende Strategie oder die Knappheit an guten Ideen. Die Erfahrung hier zeigt: Wichtig ist nicht der Gedanke, sondern das Ergebnis. Wie groß die Schwächen in der Realisierung sind, zeigt eine Studie, die von *FranklinCovey* durchgeführt wurde, einem international tätigen Trainingsunternehmen. Die Autoren der Studie wollten wissen, wie gut an der Basis verankert ist, was in der Chefetage vorgedacht wird. Die Ergebnisse der weltweit durchgeführten Untersuchung sind ernüchternd: Nur 44 Prozent der befragten 11 000 Mitarbeiter verstehen, welche Ziele ihre Firma hat. Und sogar nur 11 Prozent können sich für die Ziele ihres Unternehmens begeistern.[2]

Die vom Eigentümer geführte Firma hat gute Chancen, der von *FranklinCovey* aufgezeigten Realisierungsfalle zu entkommen. Denn hier sorgt die Kontinuität dafür, dass Projekte auch zu Ende geführt werden, dass es jemanden gibt, der bei allen möglichen Aktivitäten Ergebnisse konsequent einfordert. Niemand kann sich bei Untätigkeit damit herausreden, dass der Geschäftsführer, der die Veranlassung getroffen hat, in zwei Jahren ohnehin nicht mehr im Amt sein wird. Für den tätigen Eigentümer sind zwei Jahre eine kurze Zeitspanne, bindet er sich doch in der Regel über sein ganzes Berufsleben an sein Unternehmen.

Nutzen Sie deshalb Ihren Inhaber-Bonus auch zur Sicherstellung von Kontinuität in der Umsetzung. Werfen Sie nicht jede gute Idee über Bord, sobald Sie eine noch bessere haben. Bedenken Sie, dass jede Organisation eine gewisse Beharrungskraft hat, auch die Ihres Betriebs! Man kann das Ruder nicht beliebig oft herumreißen. Nur Richtung schafft Orientierung. Wenn Ziele und Strategie einmal stehen, ist es deshalb wichtig, dass Sie den Fokus auf die Realisierung legen. Eine gute Strategie erkennt man daran, dass sie Gültigkeit hat und nicht jeden Tag geändert wird. Das gibt Ihnen zugleich Raum, sich um die Umsetzung zu kümmern. Bedenken Sie bitte: Der Vorsprung am Markt entsteht aus einer Summe perfekt ausgeführter Details.

Lassen Sie sich deshalb nicht von jeder Idee jagen. Sie schöpfen Ihr unternehmerisches Potenzial besser aus, wenn Ihre Organisation Exzellenz in der Umsetzung zeigt.

Lassen Sie sich vom gesunden Menschenverstand leiten

Legen Sie deshalb auch die üblichen Ratgeber beiseite – und lassen Sie sich von Ihrem gesunden Menschenverstand leiten. Alle erfolgreichen Familienunternehmer tun das. Management-Moden, was an neuen Denkansätzen und Führungsmodellen heute entwickelt, morgen umgesetzt und übermorgen vergessen wird, interessieren die meisten Inhaber nicht. Sie lassen sich nicht von den kurzlebigen Denkweisen leiten, die TQM, CRM, IPO, NLP, EAF, PMI oder EVA heißen. Denn diese Ansätze haben eines gemeinsam: Für drei, vier Jahre gelten sie im Management als hip. Berater, Wissenschaftler und vor allem die Konzernwirtschaft fliegen in dieser Zeit auf solche neuen Konzepte, immer in der Hoffnung, endlich alle Führungs- und Strategiefragen damit in den Griff zu bekommen. Selten werden solche Projekte aber wirklich zu Ende geführt. Denn kaum ist ein Dreibuchstabenwort auch nur annähernd eingeführt, taucht schon ein neues auf. Es löst seinen Vorgänger ab und kreiert einen neuen, kurzfristigen Hype.

Der Nutzen der neuen Management-Buzzwords für die unternehmerische Praxis ist zweifelhaft. Die meisten Projekte, die etwa unter CRM angeschoben wurden, brachten nichts ein, sie scheiterten. Dennoch schaffen diese Praktiken Nutzen: Sie helfen der Beratungsindustrie, im Gespräch zu bleiben. Eine neue Studie zu einem neuen Dreibuchstabenwort öffnet Türen zu Vorständen und damit den Einstieg in neue Beratungsaufträge. Auch Wissenschaftler und Konferenzveranstalter leben gut von diesem Geschäft.

Familienunternehmer und anonym geführte Großunternehmen leben in unterschiedlichen Welten. Ein Blick auf die Konzernwirtschaft macht das deutlich: »Langfristig«, das beschreibt etwa in der Denkweise von Daimler-Chrysler einen Zeitraum von zwei Jahren (sic!).[3] Erfolgreiche Inhaber-Unternehmer hingegen gebrauchen den Begriff »langfristig« im eigentlichen Sinne des Wortes: Es handelt sich um einen Zeitraum eines Jahrzehnts, wenn nicht sogar einer Generation.

Deshalb sind Strategie-Überlegungen für Familienbetriebe anders. Sie folgen kaum den gerade gängigen Managementlehren. Selten greifen erfolgreiche Inhaber zu den Ratschlägen, die ihnen die gerade aktuelle Richtung der Betriebswirtschaftslehre liefert. Viel öfter tun sie scheinbar genau das Gegenteil davon. Sie betrachten Management nicht als eine schnelle Abfolge von Moden, sondern als eine Handwerkskunst, bei der es darum geht, die allgemeinen Erkenntnisse des gesunden Menschenverstands auf den Spezialfall Unternehmensführung zu übertragen.

Wie groß das Gewicht des gesunden Menschenverstands in der Führung erfolgreicher Inhaber-Unternehmen ist, zeigt das Beispiel Victorinox. Der Hersteller von Schweizer Taschenmessern wird heute vom Inhaber der vierten Generation geführt. Seine Haltung beschreibt eindrucksvoll die Denkweise, die in diesem Unternehmenstyp vorherrscht.» Wir sehen das Unternehmen nicht als Eigentum, sondern zur guten Verwaltung anvertraut«, sagt Carl Elsener IV, direkter Nachkomme von Karl Elsener, der Victorinox 1884 gründete.[4]

Carl Elsener IV redet nicht von Cash-Flow-Optimierung oder Shareholder-Value. Seine Werte kommen eher bodenständig daher: Sozialer Frieden sei ein wertvolles Kapital. Victorinox bezahlt seine gut 1 000 Mitarbeiter am Stammsitz Ibach, 50 Kilometer von Zürich entfernt, überdurchschnittlich. Entlassungen sind kein Thema.» Unser Hauptanliegen ist es, Arbeitsplätze zu sichern«, hört man vom Inhaber.

Der Auftritt des Unternehmens wirkt auf den ersten Blick schlicht. Die Messerfabrik aus dem Kanton Schwyz ist mit nur zwei Produkten groß geworden: Taschenmesser und Küchenmesser. In diesem Geschäft erzielt man heute einen Umsatz von etwa 212 Mio. Euro. Einer der großen Kunden ist die Schweizer Armee, überdies werden die berühmten Offiziersmesser in die ganze Welt exportiert. Karl Elsener und seine Nachkommen haben das Klappmesser aus dem Alpenkanton zu einem weltweit begehrten Markenartikel gemacht.

Hinter dem einfach wirkenden Sortiment steht ein hoher Anspruch: Victorinox will unbedingter Qualitätsführer sein, überdies werden die Produkte ständig weiterentwickelt und den neuen Kundenwünschen angepasst. Hier entscheiden oft Kleinigkeiten über den Vorsprung im Wettbewerb. Neue Taschenmesser haben etwa eine eingebaute Digitaluhr, auf

Vorschlag eines Kunden wurde überdies ein Messer entwickelt, das sogar einen kleinen Schraubenzieher enthält, mit dem man seine Brille reparieren kann.

Victorinox hält sich von allen Management-Moden fern. Stattdessen setzt die Firma auf die alten Werte: gelebte Kundennähe, die Loyalität zu den eigenen Mitarbeitern, den sozialen Zusammenhalt am Stammsitz des Unternehmens – ein Dorf, in dem die Inhaber zufriedene und geachtete Bürger sein wollen. Außerdem ist die Funktionssicherheit der Produkte wichtig. 60 Frauen sind den ganzen Tag damit beschäftigt, die Funktion jedes einzelnen Messers noch einmal zu prüfen. Sie testen, ob alle Teile eines Taschenmessers mit einem sauberen Klick einrasten, polieren jede Klinge fast liebevoll noch einmal nach. Diese Art fast altmodisch anmutender Perfektion macht den Unterschied zu den Konkurrenzprodukten, die im Fernen Osten hergestellt werden.

Für viele Inhaber-Unternehmen ist das der Weg zum Erfolg. Die einfachen Mittel sind die wichtigen. Aufwändige Marktforschung, Absicherung von Entscheidungen in zahllosen Gremien, endloses Abwägen aller Optionen, Einsatz von Beratern als Entscheidungsersatz – all das ist eher in der Konzernwirtschaft zu Hause als im typischen Familienunternehmen. In seinem Werkzeugkasten liegen Instrumente, die jeder nutzen kann: Denken vom Kunden her, Intuition, Mut und Entschlossenheit. In der Managementtheorie ist dieser Ansatz vor allem mit den Namen Peter Drucker, Fredmund Malik sowie neuerdings auch Arnold Weissman verbunden.

Diese einfache Denk- und Arbeitsweise bringt Inhabern wichtige Vorteile: Erfolgreiche Unternehmer sind fast immer Freunde des direkten Wegs. Wenn es eine Abkürzung gibt, dann gehen sie diese. Eigene Anschauung wird dabei zu einem Schlüsselelement guter Führung. Erich Sixt, der Autovermieter, sagt: »Ich werde unruhig, wenn ich nicht einmal in der Woche eine Vermietstation besuchen kann.« Er braucht den ständigen Kontakt zur Basis – nicht, um zu kontrollieren, sondern um Anstöße und Ideen zu bekommen, sich vom Kundenverhalten zum nächsten verbessernden Schritt leiten zu lassen. Auch Götz W. Werner, Gründer von *dm*, einer der führenden Drogeriemarktketten in Deutschland, geht selbst in die Filialen. Wenn wir ihn hier sehen, wie er einen Besenstiel nimmt und damit die Lampen an der Decke so ausrichtet, dass sie die Ware und nicht den Fußboden beleuchten, dann steht er mit diesem Vorgehen für viele andere. Inhaber müssten das nicht tun. Sie haben genug am Hals, auch scheinbar Wichtigeres. Aber kleine, symbolische Handlungen haben weit reichende Wirkungen auf die Organisation. Kaum ein Managementbuch empfiehlt dies. Aber gerade die Summe aus einfachen, naheliegenden Schritten, die der gesunde Menschenverstand empfiehlt, macht oft den Wettbewerbsvorsprung aus. Der über 80-jährige Hans Riegel etwa, Inhaber von *Haribo*, macht sich einen Sport daraus, die Regale im Lebensmittelhandel zu untersuchen. Er weiß, wo *Gummibärchen* liegen müssen, damit der Abverkauf gut läuft. Wenn er in einem Supermarkt die Bärchentüten gleich stapelweise sieht, geht er zum Auto zurück, holt seinen Fotoapparat – und hält das Geschehen fest. Auch nach 50 Jahren des Wirkens für *Haribo* lässt es ihn nicht kalt, wenn seine Produkte gut präsentiert sind.

Die Energie des Inhabers wird so zum Wettbewerbsvorteil. An der Spitze vieler erfolgreicher Familienunternehmen steht ein starker Inhaber – er prägt die Firma nicht nur mit den Grundwerten, welche die Familie vermittelt, sondern auch mit seiner Art zu führen. Hier sind Person und Präsenz wichtiger als das System. Ein Inhaber bindet sich in den meisten Fällen für sein gesamtes Berufsleben an den Betrieb. Er hat keine Alternativen, er zieht sie gar nicht in Betracht. Jürgen Greiwing etwa, Mitinhaber der Firma *Greiwing*, eines Speditions- und Logistikdienstleisters mit Sitz in Greven, sagt stellvertretend für viele andere Unternehmer: »Etwas anderes als die Tätigkeit im väterlichen Unternehmen habe ich nie ernsthaft erwogen.«[5]

Dem gesunden Menschenverstand zu folgen, diese Strategie sollte nicht gering geschätzt werden, etwa weil sie angeblich nur zu banalen Lösungen führt. Im Rückblick ist oft leicht erkennbar, dass eine einfache Strategie unschlagbare Vorteile hat. Sie führt automatisch zu einer Konzentration auf das Wesentliche – und sie ist resistent gegen kurzfristige Veränderungen des Umfelds. Einfache Ideen können über lange Zeit durchgehalten werden und führen oft genau deshalb zum Erfolg. *Haribos Gummibärchen* sind ein eindrucksvolles Beispiel dafür. Wussten Sie, dass es die *Gummibärchen* bereits seit 1920 gibt? Seinerzeit brachte Hans Riegel senior, der Vater des heutigen Inhabers, das Produkt auf den Markt. Damals hießen die Tierchen aus Fruchtgummi noch *Tanzbären*. Ansonsten hat sich seither nicht viel verändert. Die gelben, roten und grünen Zuckertierchen sind eine Legende geworden, es bedurfte keines studierten Produktmanagers, um sie zu einem Bestseller in den Süßwarenregalen zu machen.

Durch Verzicht zum Erfolg

Wer so führt, verzettelt sich nicht. Wer sich konzentriert und das Naheliegende tut, läuft nicht Gefahr, sich in unnötigen Experimenten zu verstricken. Schlank und eher intuitiv durch den Inhaber geführte Unternehmen erliegen nicht der Versuchung, eine Komplexität zu schaffen, die am Ende nicht mehr zu bewältigen ist. Zu viele Produktvarianten, unüberschaubare Sortimente und unprofitable Produkte – all das bleibt vielen Familienbetrieben erspart, weil sie sich als resistent gegen kurzlebige Modetrends erweisen und lieber das tun, was sich wirtschaftlich nachgewiesenermaßen bewährt hat.

Denken Sie an den außerordentlichen Erfolg von *Ferrero*. Der italienische Nahrungsmittelhersteller hat stets allen Versuchungen widerstanden, sein Sortiment übermäßig zu spreizen. Produkte wie *Nutella* oder *Kinderschokolade* sind echte Langläufer, die über Jahrzehnte erstaunlich wenig verändert wurden, ja manchmal in ihrem Auftritt fast unmodern wirken. Auch die *Überraschungseier*, die der Unternehmer Michele Ferrero vor über 30 Jahren auf den Markt brachte, sehen heute noch so aus wie 1974. Selbst die Praline *Mon Cheri* wurde nie auffallend verändert oder gar radikal modernisiert, ganz entgegen den gängigen Empfehlungen für das Management.[6]

Erfolgreiche Unternehmer handeln stets in dem Wissen, dass ihre Kräfte und ihre Zeit ebenso begrenzt sind wie das, was die Firma insgesamt leisten kann. Was für den eigenen Schreibtisch gilt, hat ebenso für das Gesamtunternehmen Gültigkeit: Man muss die Übersicht behalten. Der Inhaber muss den Wildwuchs zähmen. Es gilt, jede Minute dafür zu sorgen, dass die Organisation mit ihren Zielen und Zwecken auf der Spur bleibt.

Denn die Verlockungen rechts und links des Weges sind groß. Dies noch zu tun, das noch mitzunehmen kann schnell zu einer Ablenkung führen, die das ganze Unternehmen mit dem Virus der Unübersichtlichkeit und Verzettelung infiziert. Das ist eine Krankheit, welche die Organisation schwer wieder los wird – und deren Entstehen man deshalb mit allen Mitteln bekämpfen muss.

Jeder Umweg kostet Kraft, manchmal so viel, dass es den Inhaber vom Ziel abbringen kann. Auch kleine Anfänge können große Folgen haben, wenn sich ein Fehlverhalten über Jahre ungesehen weiterentwickeln kann. Verzicht ist der Ritus, der nötig ist, um das Geschäftssystem gegen die andauernden Versuchungen zu verteidigen, die zwar kurzfristig etwas einbringen, langfristig aber den Erfolg verhindern, statt ihn zu ermöglichen.

Das Beispiel des amerikanischen Erfolgsunternehmers Herbert Kelleher bestätigt, wie wichtig diese Vorgehensweise ist. Seine Firma wäre ohne Beschränkung wahrscheinlich nie zu dem geworden, was sie heute ist. Kelleher hat vor über 25 Jahren die Fluggesellschaft Southwest Airlines ins Leben gerufen. Er war auf einem Markt angetreten, der vollständig in der Hand von etablierten großen Unternehmen war. Er begann als Außenseiter – heute ist sein Geschäftsmodell Vorbild für die gesamte Branche weltweit. Kelleher setzte auf ein Konzept der Enthaltsamkeit. Er schaffte nur Maschinen eines Flugzeugtyps an – Boeing 737. Das stellte sicher, dass er die Besatzungen und Piloten nur einmal schulen musste, anschließend konnten die Crews auf allen Flügen eingesetzt werden, egal wohin es gerade gehen sollte. Überdies verzichtete er auf jeglichen Service an Bord. Keine Zeitungen, kein Essen, keine zollfreien Artikel. Das sparte enorme Kosten im Vergleich zu seinen Wettbewerbern. Überdies konnte der Unternehmer so erreichen, dass seine Flugzeuge in der gleichen Zeit mehr Geld verdienen konnten als die der Konkurrenz: Denn die Maschinen von Southwest sind 20 Minuten nach der Landung schon wieder in der Luft, weil der in der Branche so genannte Turnaround weniger Zeit braucht.

Das Unternehmen Southwest ist durch und durch auf ein einfaches Geschäftsmodell getrimmt. Es gibt keine Flüge mit Zwischenlandungen, keine Auslandsflüge, überdies werden nur unbedeutende Regionalflughäfen angeflogen, auf denen so wenig Betrieb ist, dass es keine Warteschlangen an der Startbahn und keine Verspätungen gibt.

Kelleher wurde anfangs verspottet, dann gehasst und schließlich respektiert. Heute ist Southwest Airlines *nicht nur die am besten verdienende Fluggesellschaft in den USA – sondern Vorbild vieler vergleichbarer Unternehmenskonzepte, von* Ryanair *bis zu* Germanwings. *Zwei Gründe gibt es für diesen nachhaltigen Erfolg:*

- Das Unternehmen wurde nach einem durchdachten, tragfähigen und sinnvollen Konzept aufgebaut. Ein Element baut auf das andere, die einzelnen Bausteine der Strategie ergänzen einander, statt nur nebeneinander zu bestehen. Alle Aktivitäten wurden so verzahnt, dass sie der Positionierung Fluggesellschaft mit niedrigen Kosten und niedrigen Preisen, die Kurzstrecken bedient, untergeordnet wurden.

- Der Inhaber setzte sein Konzept konsequent und unbeirrt um. Er ist seiner Entscheidung vom Start weg treu geblieben, wollte nie alles für alle sein – er war Purist, weil er nur seine Strategie verfolgte und dabei keine Umwege ging. Wie die Inhaber von *Aldi* übte er Verzicht, weil er sich nicht von geschäftsfremden Gelegenheiten ablenken ließ.

Unternehmern, die so erfolgreich sind, ist wahrscheinlich ziemlich früh klar: Man kann nur alles bekommen, wenn man nicht alles haben will. Verzicht oder Askese ist für Inhaber-Unternehmer ein eigenständiger Wert. Sie kümmern sich nur um das, was wesentlich für die Umsetzung ihres Geschäftskonzepts ist. Der Management-Guru Peter Drucker hat diese Verhaltensweise frühzeitig erkannt – und die bewährte Routine so beschrieben: »First things first – and second things not at all.«

Begrenzte Ressourcen zur Quelle des Vorsprungs machen

Wenn man erfolgreiche, von Inhabern geführte Firmen genauer ansieht, stellt man fest: Sie lernen nicht nur, mit ihren begrenzten Ressourcen zu überleben, sie schöpfen aus den Begrenzungen sogar einen bedeutenden Wettbewerbsvorteil. Dazu machen sie die vorgegebene Knappheit der Ressourcen zu einem Bestandteil ihrer Strategie – was sie schlanker, schlagkräftiger und reaktionsfähiger werden lässt. Anhand von Beispielen werden wir sehen, dass die Bedingungen des inhabergeführten Unternehmens, richtig gedeutet und gestaltet, zu mehr Flexibilität und Durchsetzungskraft am Markt verhelfen. Überdies können mit dem richtigen Ansatz auch die Risiken so gemanagt werden, dass der Betrieb vor Turbulenzen geschützt ist.

Ein Unternehmer, der aus den natürlichen Begrenzungen einen Vorteil am Markt gemacht hat, ist Albert Gschwendner. Die Geschichte seines Unternehmens ist typisch. Er war schon immer passionierter Teetrinker, fand aber kaum Angebote, die seinen Vorstellungen von Qualität genügten. In den Supermärkten gab es damals meist nur Beuteltee – oft von zweifelhafter Qualität. Die Familie Gschwendner begann in den 70er Jahren, dieses Thema nicht nur für sich, sondern gleich auch für ihre Mitmenschen anzugehen. Hier zeigt sich die charakteristische Unternehmerdenkweise: Sie im-

portierten den Tee auf eigene Rechnung und verkauften ihn in ihrem eigenen Teeladen in der Trierer Innenstadt.

Das Ergebnis war ein Fiasko. Es kamen zu wenig Kunden in den Laden, das Geschäft rechnete sich nicht, die Gründung wurde schnell zu einem Misserfolg. Aber Familie Gschwendner wendete eine vielfach bewährte Unternehmerweisheit an: Man darf sich durch Scheitern nicht von seinem Plan und dem damit verbundenen Ziel abbringen lassen. Niederlagen passieren, und sie sind Anlass, daraus zu lernen – und mit besserem Wissen gerüstet einen neuen Versuch zu starten. Das taten die Gschwendners. Durch die Niederlage klug geworden, gründeten sie in besserer Lage ein neues Geschäft. Es sollte sich als Erfolg erweisen, der zweite Teeladen schlug ein, weil die Kunden das Konzept verstanden: Bei den Gschwendners konnte man den bei Gründung des Unternehmens im Jahr 1978 seltenen, hochwertigen Tee bekommen. Viele Teefreunde hatten endlich eine stabile Bezugsquelle, die ihnen die nötige Auswahl und Qualität bot.

Interessant sind die Expansionsschritte: Die Familie Gschwendner betrieb ein Import-, Groß- und Einzelhandelsgeschäft. Die Frage auf der Agenda lautete: »Wie werden wir weiter wachsen?« Jeder Unternehmer muss sich diese Frage irgendwann beantworten, was keine ganz einfache Aufgabe ist. Denn eine Firma im Aufbau ist ein anspruchsvolles Projekt. Auch ein kleines Geschäft scheint zu jedem gegebenen Zeitpunkt mehr Energie, Zeit und Geld zu verschlingen, als der Inhaber aufbringen kann. Wenn dann eine Wachstumsschwelle ansteht, stellt sich die berechtigte Frage, woher die Mittel dafür kommen sollen. Oft ist die Kraft für die Innenfinanzierung schon ausgeschöpft, auch die Bank stellt nicht unbegrenzt Mittel zur Verfügung, zudem scheuen viele Unternehmer zu Recht die Ausdehnung des Kredits – oder sie wollen überhaupt unabhängig von Fremdkapital sein.

Auf der anderen Seite stehen die Ansprüche der Expansion: Das Unternehmen braucht mehr Mitarbeiter, mehr Anlage- und Umlaufvermögen, zusätzliche Immobilien für Lager, Produktion oder Handel. All das kostet Geld, erfordert zusätzliche Finanzierungskraft. Überdies steigt auch der Aufwand für Führung und Kontrolle: Wo mehr Mitarbeiter und mehr Einheiten in der Organisation gemanagt werden müssen, braucht es auch mehr Energieeinsatz von oben.

Albert Gschwendner hat sich diesem Thema auf seine Weise gestellt, die zeigt, wie speziell Inhaber-Unternehmer hier eine Lösung herbeiführen können: Er holte sich Subunternehmer in die Firma hinein. Zwar waren bereits einige Filialen unter eigener Führung gegründet, aber den damaligen Inhabern, neben Albert auch sein Bruder Karl, war klar: Das Netz von Filialen in Eigenregie würde sich nicht unbegrenzt ausdehnen lassen. Es bestand Handlungsbedarf, denn, so Albert Gschwendner im Rückblick: »Das Geschäft boomte. Jeder Kunde brachte gleich einen neuen Kunden mit.« Aber noch mehr Geld für eigene Filialen investieren, noch mehr Energie in die Führung zusätzlicher Filialleiter stecken, das wollten die Geschwister nicht.

So entschied man sich, das weitere Wachstum per Franchising zu bewältigen. Selbstständige Ladeninhaber, denen ihr Geschäft gehört und das sie auf eigene Rechnung führen, sollten die Markterschließung vorantreiben. Fortan suchte Tee Gschwendner tätige Inhaber, die einen Lizenzvertrag mit dem in Meckenheim bei Bonn beheimateten Unternehmen abschließen würden, der die Ausstattung des Ladens nach einheitlichen Vorgaben ebenso festlegte wie den Bezug der Ware von den Gschwendners.

Auf diese Weise wurde die Wachstumsschwelle überschritten. In rascher Folge konnten die Unternehmer nunmehr ihr Filialnetz auf ganz Deutschland ausdehnen und immer weiter verdichten. Heute betreibt Tee Gschwendner allein in Deutschland 116 Fachgeschäfte, die 300 Sorten Tee anbieten. Damit gelang der Schritt zur Marktführerschaft – im Geschäft mit hochwertigen Tees ist das Meckenheimer Unternehmen inzwischen die unbestrittene Nummer eins.

Die Kosten der Markterschließung und das Risiko haben die Inhaber allerdings mit ihren Partnern geteilt. Wer einen Tee-Gschwendner-Laden führt, bringt die Investition für das Geschäft aus eigener Kraft auf. Im Gegenzug darf jeder Inhaber die Marke nutzen, bekommt Unterstützung bei Gründung und Führung und darf auf die zentrale Werbung und Marketing-Unterstützung bauen. Mit dieser intelligenten Lösung hat der heutige Alleininhaber Albert Gschwendner den scheinbaren Nachteil knappen Kapitals überwunden und in einen Vorteil umgemünzt. Die Expansion konnte auf diese Weise kapitalschonend bewältigt werden.

Ganz ähnlich liest sich die Erfolgsgeschichte von Fressnapf. Torsten Töller gründete im Alter von 24 Jahren seinen erstes Geschäft, das auf Futter für Heimtiere spezialisiert war. Die Idee brachte er aus den USA mit. Dort hatte er die so genannten Super Pet Stores gesehen. Er war beeindruckt von den Großflächenmärkten, die Heimtierfreunden ein breites Sortiment anbieten – alles aus einer Hand!

Sein damaliger Chef wollte von der Idee nichts hören (»Klappt sowieso nicht!«), also wählte der junge Mann den Weg des Unternehmers. Er setzte seine Idee auf eigene Rechnung um. Sein erstes Geschäft eröffnete im Januar 1990 und war schon sechs Monate später praktisch pleite. Für den Inhaber war das ein Anlass zum Nachdenken – und für einen erneuten Versuch. Er verbesserte Konzept und Strategie. Statt als ressourcenknapper Gründer in eigene Niederlassungen und eigene Mitarbeiter zu investieren, setzte er auf unternehmerische Partnerschaften. Für die Expansion gewann er Lizenznehmer, die nach seinem Geschäftssystem einen Fressnapf-Laden führten und mit eigenem Geld auf eigenes Risiko arbeiteten.

Wie produktiv der Umgang mit den beschränkten Ressourcen war, zeigt die weitere Entwicklung der Firma mit Hauptsitz in Krefeld. Die operative Umsetzung des Wachstums übernahmen die Lizenznehmer. Inhaber Torsten Toeller konnte sich auf die Arbeit am Unternehmen konzentrieren, wie ein Architekt, der sein Gebäude Stockwerk für Stockwerk wachsen lässt. Von der Zentrale aus konnte er die Gewinnung und Integration weiterer Franchise-Partner vorantreiben. Während sich die Ladeninhaber um die Marktbearbeitung kümmerten, eröffnete Toeller einen neuen Standort nach dem anderen. 80 bis 100 neue Standorte stehen bis 2007 pro Jahr auf seiner Agenda. Das Unternehmenskonzept hat er längst auch ins Ausland ausgeweitet. Auf der europäischen Landkarte sind bereits Frankreich, die Niederlande, Schweiz und Österreich sowie mehrere weitere Länder zu Fressnapf-Ländern geworden. Die halbe Milliarde Euro Umsatz wurde schon im Jahr 2003 überschritten – beachtlich für einen Betrieb, der zehn Jahre zuvor noch in den Kinderschuhen steckte.

Ein solches Vorgehen ist für Inhaber-Unternehmer von entscheidender Bedeutung. Durch geeignete Strukturierung von Strategie und Geschäft müssen die Risiken begrenzt und der Finanzierungsbedarf so gestaltet werden, dass die Erfordernisse des Wachstums die Kraft der Firma nicht übersteigen. Durch sinnvolle Gestaltungen, wie etwa Franchising, lassen sich die Begrenzungen des inhabergeführten Unternehmens systematisch erweitern.

Eine nicht minder intelligente Verfahrensweise hat der Discounter Aldi gewählt. Der Lebensmittelhändler ist nach dem Zweiten Weltkrieg aus kleinsten Verhältnissen gestartet. Die Brüder Theo und Karl Albrecht, beide Inhaber, haben mit dem Handel einen Geschäftszweig gewählt, der die Grenzen der Finanzierungskraft eines Einzelunternehmers überwindet. Der Kapitaleinsatz im Handel ist geringer als in anderen Branchen; das ist einer *der Gründe, weshalb sich etliche der größten Händler der Welt – von Wal-Mart bis Tengelmann – nach wie vor in Familienhand befinden. Das typische Handelsunternehmen kommt mit einem Lager und Ladenlokalen aus, die ihm nicht einmal gehören müssen – Räumlichkeiten lassen sich anmieten. Überdies können Lieferantenkredite zur Finanzierung genutzt werden. So kommt der Inhaber an Geldmittel, ohne dass die Finanzierungsgeber Einfluss auf seine unternehmerische Tätigkeit haben – ein wichtiger Punkt, um eine unabhängige Position zu wahren.*

Die Aldi-Brüder haben das System der Finanzierung durch den Lieferantenkredit perfektioniert. Sicherlich ist Ihnen, falls Sie gelegentlich Kunde in einem der Läden des Discounters sind, auch aufgefallen, wie schnell der Warenbestand ausverkauft ist. Von der Lieferung eines bestimmten Artikels, der morgens auf einer Palette in den Laden geschoben wurde, ist oft schon am Abend des nächsten oder übernächsten Tages nichts mehr da. Viele Produkte liegen nur wenige Tage im Laden, bis sie gekauft werden: Aldi konzentriert sich auf die in der Brache so genannten Schnelldreher. Diese Elemente sind für das System Aldi wichtig:

- *Das Sortiment ist auf Artikel begrenzt, die den gängigen Alltagsbedarf der Kunden abdecken.*
- *Alle Läden sind gleich. Sie haben die gleiche Inneneinrichtung, denselben Typ Lampen und Regale – und dasselbe Sortiment mit überall denselben Preisen.*
- *Die Zahl der Produktvarianten ist begrenzt. Im Kühlregal etwa finden sich nicht zehn Sorten Butter (irische, deutsche, gesalzene, fettreduzierte, kleinportionierte, französische, biologische etc.), sondern nur eine einzige. Dasselbe gilt für alle anderen Artikel – Aldi kommt mit vier oder fünf Joghurtsorten aus (andere führen 30), und es gibt nur eine Sorte Spaghetti.*
- *Die Kunden werden schnell bedient. Kein anderer Lebensmittelhändler hat so konsequent auf den schnellen Checkout an der Kasse gesetzt. Die Wartezeiten hier betragen einen Bruchteil von der bei den Wettbewerbern.*

Dieses Geschäftssystem führt dazu, dass der Discounter – trotz im Branchenvergleich relativ kurzer Zahlungsziele – vom Lieferantenkredit eine mehr als großzügige Finanzierung bekommt. Denn kurz nach dem Ausstellungsdatum der Lieferantenrechnung steht die Ware schon im Laden, we-

nige Tage danach ist das Geld schon in der Kasse, weil alles verkauft ist. »Die meisten Produkte sind nach sieben Tagen verkauft«, sagt Alexander Wild, der einige Jahre im Management von Aldi arbeitete und heute Mitinhaber und Vorstandschef der Feierabend AG, Frankfurt, ist. Bezahlt werden die Rechnungen aber erst 21 bis 30 Tage nach Eingang der Ware, sodass Aldi nicht nur an der normalen Marge im Handel verdient, sondern auch daran, dass ständig ein Cash-Überschuss im Unternehmen steckt. Die Grundregel des Discounters lautet: Mit dem Geld, das heute an den Ladenkassen eingenommen wird, werden erst rund drei Wochen später die Lieferanten bezahlt. Diese Praxis hat einen starken Eigenfinanzierungseffekt – Aldi hat praktisch keine Finanzierungsprobleme, weil immer genug Masse da ist. In vereinfachter Betrachtung würde sich der Effekt so darstellen: Der Jahresumsatz beläuft sich nach Branchenschätzungen auf 30 Mrd. Euro. Verbleibt das Geld 20 Tage im Unternehmen, verfügt Aldi zu jedem gegebenen Zeitpunkt über ein Finanzierungspolster von 2 Mrd. Euro aus den gewährten Zahlungszielen der Lieferanten.

Auch an diesem Beispiel zeigt sich die Unternehmeraufgabe: Bauen Sie Ihr Geschäftssystem so, dass Sie einen Vorteil aus den begrenzten Ressourcen ziehen können. Die Konzentration auf Branchen mit niedrigem Kapitalbedarf ist eine Option, das Nutzen der Kombination von hoher Umschlagsgeschwindigkeit und Finanzierung über Zahlungsziele eine andere. Überdies können Sie nicht nur einen Teil des Finanzierungsbedarfs, sondern auch des Risikos an Dritte delegieren.

Bestimmen Sie die Gesetze Ihres Marktes

Unternehmer wie Torsten Toeller zeigen mit ihrem Erfolg noch ein weiteres Muster, das auch auf andere Firmen übertragen werden kann: Wer nicht nur fokussiert vorgeht, sondern die Gesetze des Marktes neu schreibt, hat besondere Chancen, dauerhaft Wachstum und Rendite zu realisieren.

Mit seinem Discount-Format hat der Krefelder Gründer ebenso wie Aldi, Ikea oder Fielmann eine eigene Kategorie geschaffen. Tierfutter und -zubehör gab es bislang nur in innerstädtischen Zoohandlungen und als kleines Ergänzungssortiment im Lebensmitteleinzelhandel. Das neue Unternehmen hingegen ging mit einem völlig neuen Format an den Start: große

Läden, mindestens 600 Quadratmeter Fläche, auf der grünen Wiese in der Nähe von anderen Einzelhandelsfilialisten, mit einem Angebot zu attraktiven Preisen und Selbstbedienung.

Damit konnte sich Fressnapf nicht nur der Konkurrenz der etablierten Formate entziehen; der Unternehmer drang auch auf einen Markt vor, der in dieser Form zuvor so nicht bestand. Hier sind die Bedingungen für Expansion (und damit auch Erfolg) besonders günstig. Toeller hielt sich nicht damit auf, die etablierte Konkurrenz zu kopieren, sondern schuf in den Augen seiner Kunden etwas völlig Neues und damit ein Alleinstellungsmerkmal, das durch die rasche Ausdehnung des Filialnetzes verteidigt wird. Wo immer Fressnapf einen aussichtsreichen Standort findet, wird bald eine neue Franchise-Filiale eröffnet.

Unternehmen, die es sich auf die Agenda schreiben, die Gesetze ihres Marktes selbst zu bestimmen, werden regelmäßig mit besonderem Erfolg belohnt. Jede Firma kann nach dieser Strategie verfahren, wenn sie folgende Gesichtspunkte berücksichtigt:

- Überlegen Sie, wo Sie durch Veränderung von Zielgruppen, Angebotsformaten und Vertriebskanälen sowie Markenbildung eine Alleinstellung erreichen können, mit der Sie der Konkurrenz der Vergleichbarkeit entkommen. Bedenken Sie bitte: Es geht nicht unbedingt um ein innovatives, neues Produkt. Tierfutter hat es auch vor Torsten Toeller schon gegeben – was er zur Differenzierung nutzte, war allein die neue Form des Angebots.

- Alleinstellung ist durch diese Differenzierung viel leichter erreichbar als durch andere Maßnahmen. Es liegt in Ihrer Hand, Dinge anders zu tun als die Wettbewerber, sich damit einen neuen, noch nicht begangenen Markt zu erschließen – und aus der Sicht des Kunden in neue Nutzen-Kategorien vorzudringen (bei Fressnapf: leichte Erreichbarkeit, immer ein Parkplatz für die Kunden, garantiert günstige Preise, auf der großen Fläche große Auswahl).

- Sobald Sie sich der Konkurrenz der Vergleichbarkeit entziehen, haben Sie bessere Preis- und Renditepotenziale. Die eigene Nische erschließt Preisspielräume – je weiter der nächste Wettbewerber weg ist, desto größer sind diese. Sie müssen Ihre Preise dann nicht mehr den herrschenden Bedingungen des Marktes anpassen, sondern können eine eigene Preisstrategie verfolgen. Das erschließt regelmäßig den Weg zu höheren Mar-

gen. Selbst Niedrigpreisanbieter wie Fressnapf profitieren von diesem Vorgehen, weil der Kostenabstand zu den Wettbewerbern eine höhere Rendite als die marktübliche erlaubt.
- Die von Ihnen geschaffene Nische ist leichter zu verteidigen als eine Position auf einem Massenmarkt. Wenn Sie Ihr eigenes Angebotsformat geschaffen haben, genießen Sie immer den Vorteil des Ersten am Markt, den so genannten First Mover Advantage. Selbst wenn Ihnen der Wettbewerb auf den Fersen sein sollte, braucht es einige Zeit, bis die Verfolger nachziehen. In dieser Zeit haben Sie Ihr Angebot schon wieder weiterentwickelt. Das schafft relative Sicherheit: Bedenken Sie etwa, wie lange *Aldi* ein Quasi-Monopol im Discountformat hatte. Erst nach rund 30 Jahren hatten einige Wettbewerber aufgeholt. Ähnlich lange dauerte es, bis die von Herbert Kelleher in den USA erfundene No-Frills-Fluggesellschaft *Southwest Airlines* von anderen kopiert wurde und damit ein derartiges Angebot nach Europa kam.

Übrigens bietet praktisch jeder Markt genügend Raum für Pioniere, die seine Gesetze neu schreiben. Auch scheinbar gesättigte Märkte erscheinen wieder jungfräulich und dynamisch, wenn nur ein Unternehmer daherkommt, der die Phantasie und den Mut hat, die Bedingungen zu verändern. Solche Grenzgänger werden regelmäßig mit hohen Renditen und Umsatzzuwächsen belohnt.

Davon zeugen nicht nur Firmen wie Aldi oder Fressnapf. Auch der Unternehmer Erich Sixt ist ein solcher Formatpionier. Er startete in einem scheinbar gesättigten Markt zu einer beispiellosen Expansion – ist er doch Erfinder des »Mercedes zum Golf-Preis«, wie seine Werbung dereinst verkündete. Er fing an, die neuen Mercedes-Modelle zu einem beispiellos günstigen Preis zu vermieten. Das brachte ihm am Anfang nicht einmal ein Naserümpfen seiner Konkurrenten ein. Man scherte sich nicht um den Außenseiter, keiner nahm in anfangs ernst.

Was sich als Fehleinschätzung erweisen sollte. Denn mit der neuen Preisstrategie gelang es Sixt, den Markt zu erweitern: Auch Kunden, die bislang nie einen Mietwagen gefahren hatten, buchten bei dem Münchner Autovermieter. Der Unternehmer erweiterte mit seinem Vorgehen den Gesamtmarkt, er zwang den Wettbewerb, auf sein Preismodell einzusteigen. Durch seine Pionierrolle, die er in den Folgejahren nie einbüßte, gelang es ihm schließlich, der etablierten Konkurrenz die Marktführerschaft abzuringen.

Ohne die Formatinnovation wäre ihm das mit Sicherheit nicht gelungen. Aber der Angreifer aus München hat die Regeln des Marktes in seinem Sinne verändert – und damit erreicht, dass er den Weg zur Marktführerschaft einschlagen konnte.

Wie man am besten vorgeht, wenn die Spielregeln des Marktes verändert werden sollen, zeigt besonders eindrucksvoll ein Beispiel aus dem Hotelmarkt. Sie kennen das übliche Problem bei Übernachtungen: Wenn Sie eine Unterkunft außerhalb des 4- oder 5-Sterne-Marktes suchen, stoßen Sie auf ein gewisses Maß an Unsicherheit. Das »Hotel zur Sonne« in einer deutschen Mittelstadt kann gut sein, muss es aber nicht. Manchmal ist das Zimmer zu laut, in anderen 2-Sterne-Hotels ist zwar das Frühstück ganz in Ordnung, aber die Betten sind durchgelegen. Unternehmerisch gilt für diesen Markt der mittelklassigen Hotellerie: Dort vernünftige Renditen zu erwirtschaften ist sehr schwer.

Ein Außenseiter hat die Gesetze des Marktes verändert: die Formule-1-Hotels, heute eine Kette mit 380 Hotels mit internationaler Verbreitung. Das Angebot richtet sich an Kunden, die nicht die Preise für die gehobene Hotellerie zahlen, aber dennoch Qualität wollen. In seiner Strategie hat Formule 1 Elemente des Angebots von 5-Sterne-Hotels übernommen: sehr bequeme Betten, hochwertige Bettwäsche, sehr hoher Standard bei der Sauberkeit, sehr ruhige Zimmer mit schallisolierten Türen und Fenstern. Andere Teile des Angebots stammen aus der unteren Komfortklasse: Es gibt nur ein einfaches Frühstück per Selbstbedienung, kein Restaurant, keine Sauna, kein Schwimmbad und keine 24 Stunden besetzte Rezeption (die Theke am Empfang ist nur in den Vormittagsstunden besetzt, wenn die meisten Gäste abreisen).

Die in Frankreich gegründeten Hotels konzentrieren sich auf ein eng eingegrenztes Kernangebot: Sie bieten dem Gast eine garantiert geruhsame, bequeme Übernachtung in einem Bett, in dem man gut schlafen kann. Alle anderen Leistungen wurden reduziert oder, wie im Fall des sonst üblichen Restaurants, einfach weggelassen.

Damit hat sich dieses Unternehmen einen neuen Markt geschaffen – Übernachtungen mit Qualität zum günstigen Preis. Egal, an welchem Ort der Gast bucht: Wenn er abends müde an seinem Zielort ankommt, muss er nicht mehr länger unsicher sein, in welcher Art Bettstatt er schlafen wird. Die Ausstattung bei Formule 1 ist genormt, das Layout der Zimmer und deren Ausstattung sind immer gleich.

Diese Gründung wurde ein Erfolg auf einem scheinbar gesättigten Markt. Wo andere Anbieter mit schwachen Margen zu kämpfen hatten, durch unklare Positionierung die Kunden eher abschreckten als anzogen und viele mittelständische Betriebe dichtmachen mussten, konnte Formule 1 rasch expandieren, weil die Kunden das neue Hotel schätzen lernten.

Das Vorgehen von *Formule 1* und anderen Unternehmen, die sich vergleichbar verhalten, zeigt: Es ist sinnvoll, eine klare Nutzenposition zu schaffen. Diese sollte sich vom sonstigen Angebot am Markt so stark unterscheiden, dass Alleinstellungsmerkmale entstehen, für die der Kunde zu zahlen bereit ist. Stellen Sie sich die entscheidende Unternehmerfrage: Welches zentrale Problem meiner Kunden löse ich sichtbar besser als der Wettbewerb? Mit einer positiven Antwort auf diese Frage kommt es zu einer unternehmerischen Position der Stärke, die allemal besser ist als das Mitschwimmen in einem von Nachahmungskonkurrenz und austauschbaren Angeboten bestimmten Markt.

So vermeiden Sie die strategische Starre

Dennoch sollten Sie sich darauf einstellen, dass kein Erfolg für die Ewigkeit geschaffen ist. Auch Geschäftsmodelle, die funktionieren, kommen früher oder später in die Jahre. Wie ein alt gewordener Motor müssen sie überholt, manchmal sogar ausgetauscht werden. Denn Angebotsformate, Produkte und ganze Unternehmen unterliegen den Gesetzen des Lebenszyklus – es gibt, kurz gesagt, eine Jugendphase des stürmischen Aufbruchs, eine Wachstums- und eine Reifephase sowie eine weitere, die von Abschwung und Niedergang gekennzeichnet ist. Erfahrene Unternehmer wissen: Das ist eine Naturgesetzlichkeit. Man kann sie nicht außer Kraft setzen, so wenig, wie man auf der Erde die Schwerkraft aufheben kann. Aber es ist gut, vom Gesetz des Lebenszyklus zu wissen – und dessen typischen Verlauf in seine Überlegungen einzubeziehen. Denn einerseits kann man mit den richtigen Maßnahmen die Phase des unternehmerischen Erfolgs verlängern, andererseits sollte man aber auch erkennen, wann die Zeit reif ist, ein Geschäft einzustellen.

Nichts ist ewig – auf diese Einsicht sollten sich Gründer-Unternehmer und insbesondere auch Familienunternehmer einlassen. Im Grunde genommen lautet die Annahme: Eine Dynastie von Inhabern und Unternehmern kann über die Generationen weiterleben – aber ein einzelnes Geschäft nicht. Strategien und Geschäftsmodelle sind bedeutend kurzlebiger als das Engagement einer Inhaberfamilie, das viele Jahrzehnte, manchmal auch Jahrhunderte umfassen kann.

Wer die Geschicke langjährig erfolgreicher Unternehmer genauer betrachtet, stellt zweierlei fest: Viele Inhaber engagieren sich in Branchen, die langlebig sind und lange laufende Lebenszyklen aufweisen – Weinanbau, Übernachtung und Vermögensanlage etwa gelten als krisensicher. Überdies schaffen sie es, sich aus einem Geschäft zu verabschieden, bevor es abstürzt. Sie sind in der Lage, die frühen Signale eines nahen Endes zu erkennen, Preisverfall und extreme Konkurrenz homogener Angebote etwa, und ziehen daraus ihre Schlüsse. Sie warten nicht, sondern handeln, indem sie neue Geschäfte aufbauen, welche die alten ablösen. Ein gewisses Maß an Lebensklugheit können sie für sich wirken lassen – denn sie wissen: Wenn eine ganze Branche vor dem Niedergang oder einer großen Veränderung steht, lohnt es sich selten, sich dagegen aufzulehnen.

Als einzelnes Unternehmen kommt man kaum gegen die Energien an, die von veränderten Präferenzen der Konsumenten, einem übersetzten Markt oder einer technologischen Veränderung ausgehen. Der Hersteller von Wählscheibentelefonen, und sei er der Beste, hat keine Chance mehr, wenn das Tastentelefon bei den Kunden das Produkt der Wahl ist. Es machte alles nur schlimmer, würde sich der Unternehmer hier bemühen, noch bessere, leistungsfähigere und langlebigere Wählscheibenapparate herzustellen. Das Wachstum dieses Marktes ist vorbei, niemand kann das Rad zurückdrehen und die alten Zeiten des Erfolgs mit diesem Produkt wieder zum Leben erwecken.

Als Unternehmer haben Sie deshalb eine wichtige Aufgabe, nämlich die Paradoxie zu meistern zwischen der Treue zu Ihrem Geschäftsmodell und den nötigen Veränderungen, wenn es so weit ist. Solange Ihr Geschäft gut läuft, sollten Sie es gegen Verwässerung schützen. Sie sollten dann alles vermeiden, was Sie von einem erfolgreichen Weg abbringt. Also etwa keine Ausflüge auf Nachbarmärkte machen, solange das Kerngeschäft noch unerschlossene Tiefe bietet. Denn hier würde jede Ablenkung nur die Komplexität erhöhen, unnötige zusätzliche Baustellen schaffen und vielleicht Produkt- und Leistungsvarianten hervorbringen, für die kein Kunde den nötigen Preis bezahlen will.

Nur irgendwann ist es Zeit, umzuschalten. Dann werden bewährte Verhaltensweisen und Prozesse bewusst aufgegeben, neue treten an ihren Platz und sichern die Erfolgsfähigkeit. Hier den richtigen Zeitpunkt zu erkennen erfordert einerseits unternehmerisches Gefühl, andererseits gibt es aber auch Werkzeuge, die Ihnen dabei helfen, den richtigen Zeitpunkt zu erkennen. Davon wird später noch die Rede sein.

Was passiert, wenn ein Unternehmer die Signale nicht im rechten Moment erkennt und danach handelt, zeigen Firmen, die genau deshalb von der Bildfläche verschwunden sind. Max Grundig war über Jahrzehnte ein sehr erfolgreicher Inhaber. Einst wurde er als großer Innovator gefeiert. Als Sensation kam 1956 der erste Fernseher auf den Markt, der weniger als 1.000 D-Mark kostete – natürlich trug er das Markenzeichen des Nürnberger Unternehmens. Schon in den Jahren davor hatte es sich als Radiospezialist einen Namen gemacht. Der heutigen Großelterngeneration ist ein Gerät namens Heinzelmann noch ein Begriff: ein Radiobausatz, denn 1946 war es deutschen Firmen durch alliiertes Verbot noch untersagt, fertige Radios zu produzieren. Schon zwei Jahre nach der Lancierung des Heinzelmanns, inzwischen waren die D-Mark eingeführt und die Beschränkungen aufgehoben, rückte Grundig zum größten Hersteller von Radios in Europa auf.

Die Marke Grundig stand für moderne Produkte – Radiorecorder aus diesem Hause waren einst Benchmark für die gesamte Branche. Aber in der zweiten Hälfte der 70er Jahre standen Veränderungen an, und Grundig hat sie verpasst. Er hielt viel zu lange an der Produktion in Deutschland fest, als längst klar war, dass eine Fertigung für Unterhaltungselektronik hierzulande nicht mehr wirtschaftlich war. Mühsam versuchte er, das Alte zu bewahren, indem er eine Verteidigungslinie gegen die aufkommende Konkurrenz der Sonys, Panasonics und Sanyos aufbaute: Europas Elektronikhersteller sollten sich in einer Allianz gegen die neuen Wettbewerber verbünden. Der Plan scheiterte, obwohl Grundig ihn mit großer Energie vorantrieb.

Der fränkische Unternehmer hätte rechtzeitig in die Produktion in Korea, Japan, Malaysia oder China investieren müssen. Nur so hätten die Kosten- und Innovationsvorteile realisiert werden können, die der Markt verlangte. Doch auch nachdem sich schon der Niedergang der Fertigung in Deutschland abzeichnete – die Umsätze sanken seit 1980 –, hielt Max Grundig am Althergebrachten fest. Zu lange, wie sich bald herausstellte.

Trotz zahlreicher Rettungsversuche gingen die Grundig-Werke unter, die Insolvenz war die unausweichliche Folge. Inzwischen versucht ein türkischer Konzern, den verbliebenen Wert der Marke mit neuen Produkten zu kapitalisieren. Die Tragik dieses Endes: Die Restbestände des Unternehmens sind damit in die Eigentümerschaft eines Konzerns aus einem Niedriglohnland gelangt – und damit in Hände gekommen, gegen die Max Grundig immer gekämpft hatte.

Weitblickende Unternehmer sollten deshalb stets unter der folgenden Prämisse arbeiten: Die Wendepunkte im Geschäft kommen sicher. Gut ist, wer sie als Erster und frühzeitig erkennt. Es geht darum, aus der Energie der Veränderung, die auf die Firma zukommt, Nutzen zu ziehen. Getreu der Einsicht, dass für einen, der segeln kann, jeder Wind günstig ist, um ans Ziel zu gelangen – auch Gegenwind!

Wie wichtig es ist, eine Trendwende im rechten Augenblick zu erkennen, zeigt das Beispiel der Firma Wrede. Wir erkennen auch hier: Das Geschäft, das die Inhaber betreiben, wechselt im Lauf der Jahrzehnte. Eine erfolgreiche Familie ist nie an genau eine unternehmerische Betätigung gebunden.

Das Familienunternehmen wurde 1880 gegründet und steht heute hervorragend da. Unterhalb der Wrede-Holding betreiben die Eigentümer ein stark diversifiziertes Engagement. Der Umfang der Geschäfte ist seit dem Gründungsjahr nahezu kontinuierlich angewachsen – aber nur, weil die Inhaber seitdem zweimal die Branche gewechselt haben. Konstant geblieben sind sie allein in ihrer Rolle als Unternehmer. Das Vermögen der Familie, investiert in den eigenen Betrieb, wurde gehegt und gemehrt und immer dort angelegt, wo sich die Kombination aus vorhandenen Fähigkeiten und Renditeerwartungen als besonders günstig erwies. Die Inhaber zeigten sich flexibel und weitblickend – sie klebten nicht an einem einmal eingeführten Geschäft, wenn sich ein anderes als besser geeignet für die Zukunft zeigte.

Die erste Erfolgsgeschichte begann, als Eberhard Wrede der Ältere eine Mühle pachtete. Sein Markt waren die wachsenden Grubenbetriebe im Ruhrgebiet, die in der Zeit der Industrialisierung Jahr für Jahr mehr Holz brauchten. Sägemüller Wrede wurde Händler und Lieferant der Zechen für Grubenholz, was sich über viele Jahre als lukratives Geschäft erwies. Auch über die Generationenübergabe an seinen Sohn Eberhard den Jüngeren hinweg blieb diese Betätigung erhalten. Freilich erweiterte der Erbe den Markt. Als Kunden kamen Margarinehersteller hinzu. Diese ließen im Wrede'schen

Sägewerk die Fässer für ihre Produkte bauen. Das geschnittene Grubenholz wurde nach und nach weniger wichtig für das Geschäft. Stattdessen erweiterte Wrede sein Angebot auf das Sägen von fast allen Holzarten, die vor dem Zweiten Weltkrieg eine Nachfrage fanden. Bald nach dem Krieg wurde das Geschäft erweitert, eine Sperrholzproduktion kam hinzu.

All das waren Fortentwicklungen desselben Geschäfts. Die Inhaber haben folgendes Muster angewendet: Der erfolgreiche Unternehmer überprüft seine Kernkompetenz laufend und überlegt, auf welche zum bisherigen Geschäft passenden Märkte diese ausgeweitet werden kann, ohne sie zu überdehnen. Wrede blieb über einen Zeitraum von mehr als 70 Jahren beim Grundthema Holzzuschnitt und -verarbeitung. Nur die Kundschaft veränderte sich. Lange Jahre für den Absatz bewährte Branchen starben weg, etwa die Gruben, neue kamen hinzu – und stellten neue Anforderungen an das Angebot.

1958 stand dann der erste große und einschneidende Wechsel des Geschäfts an. Der Sohn von Eberhard, Paul, stellte die Produktion von Holz auf Kunststoff um. Er hatte die Zeichen der Zeit erkannt. Als hochwertiges, renditeträchtiges Material erlebte Kunststoff in den Jahren des Wirtschaftswunders seinen Siegeszug. Im Haushalt, in der Möbelfertigung, im Innenausbau und in vielen anderen Verwendungen war es im Begriff, das Holz zu verdrängen. Die Inhaber folgten der unternehmerischen Logik, die auch für alle anderen Branchen gilt: Die neue Technologie sticht die alte. Wenn ein neues, innovatives Verfahren einmal die Hürde der Wirtschaftlichkeit überwunden hat, entstehen hier die Pioniergewinne, sind hier deutlich bessere Renditen zu erwirtschaften als mit dem Produkt der Vergangenheit.

Deshalb stieg Paul Wrede in die zukunftsträchtige Fertigung von Kunststoffplatten ein, die er unter dem Markennamen Duropal anbot. Dieses Engagement erwies sich schnell als Wachstumshebel. Die Produkte passten in den Zeitgeist, galten doch die Einbauküchen aus den farbigen, beschichteten Platten als modern und aktuell. Die Firma Wrede beherrschte eine komplizierte Technologie, die sie vor dem Eintritt von Nachahmern schützte – und unter der Führung des Inhabers wurden ständig neue Dekore für die Platten und noch größere Formate entwickelt. Mit diesem abgesicherten Vorsprung konnte das Geschäft internationalisiert werden.

Das neue Betätigungsfeld war für das Unternehmen gleichzeitig der Ausweg aus der drohenden strategischen Starre. Wrede war damit vom Holz-

ins Kunststoffzeitalter gewechselt – genau der notwendige Schritt, um von einem durch Preiskonkurrenz und vergleichbare Massenangebote bestimmten in einen renditestarken neuen Markt zu gelangen.

Doch auch der Erfolg von Duropal währte nicht ewig. Was als Wachstumsgeschichte begann, trug das sauerländische Unternehmen lange Jahre zu neuer Größe. Unter Eigentümerschaft und Leitung von Paul Wrede konnte der Umsatz um ein Vielfaches gesteigert werden. Die Kernkompetenz in der Herstellung von Kunststoffplatten wurde immer weiter ausgeweitet – in neue Regionen, für neue Verwendungen. Aber ab einem gewissen Punkt war klar, dass die Möglichkeiten ausgereizt waren. Der Umsatz stagnierte zwei Jahre in Folge, Wettbewerber hatten, wenn auch nicht dieselbe, so doch ähnliche Technologien genutzt und ihre Angebote in Form von Konkurrenzprodukten auf den Markt gebracht.

25 Jahre nach der Markteinführung von Duropal war deshalb ein neuer Schwerpunkt fällig. Der Unternehmer der vierten Generation, Thomas Wrede, entwickelte ein neues Hauptgeschäft. Schon sein Vater hatte erkannt, dass ein wachsender Bedarf nach Dekorfolien bestand – er hatte diesen mit einer eigenen Produktion bedient. Der Sohn baute dieses Geschäft weiter aus – Möbel- und Fußbodenhersteller brauchten die Folien, um ihre Produkte mit einer Vielzahl von Dekoren auszustatten. Die Marke Interprint, unter der die Folien angeboten werden, ist heute das Hauptgeschäft von Wrede. Duropal dagegen wurde aus der Kernkompetenz ausgegliedert und an ein Unternehmen aus der Branche verkauft.

Solche Veränderungen sind immer wieder einmal nötig, denn die ergiebigen Märkte von heute sind die überversorgten Märkte von morgen. Jedes Geschäft ist meist nur eine gewisse Zeit lang gut, bevor die Margen durch den Neueintritt von Konkurrenten erodieren und die Investitionsbereitschaft nachlässt. Daraus erwächst eine wichtige Unternehmeraufgabe, die zweierlei umfasst:

- Strategie stärken und absichern. Solange die Renditen auskömmlich, der Wettbewerbsdruck erträglich, die Preise durchsetzbar und die Kunden kaufbereit sind, sollten Sie das Geschäft beibehalten. Arbeiten Sie aber an Ihrer unternehmerischen Fitness: Modernisieren Sie Ihre Kernkompetenz, stellen Sie sicher, dass Sie der Beste am Markt sind, und erlahmen Sie nicht in Ihren Anstrengungen, das Geschäft kontinuierlich zu verbessern. Wehren Sie die Gefahr der Verzettelung ab, halten Sie die Zahl Ih-

rer Angebotsvarianten überschaubar, verzichten Sie auf Produkte und Leistungen, die nichts mehr einbringen.
- Rechtzeitig die Wendepunkte erkennen. Wenn aber sichtbar ist, dass der Markt vor großen Veränderungen steht, sollten Sie auf der Hut sein. Zeigen Sie sich in solchen Situationen bereit, alle bisher erfolgreichen Verhaltensweisen infrage zu stellen – und überlegen Sie, in welche Richtung Sie das Unternehmen jetzt steuern wollen. Die Wendepunkte erkennen Sie an Preisverfall, aufkommenden neuen Technologien, abnehmender Kaufbereitschaft Ihrer Kunden und eintretenden neuen Wettbewerbern. Jetzt ist es an der Zeit, die Prämissen zu überprüfen: Sie wollen Unternehmer bleiben, wollen Ihr Vermögen erhalten und mehren – und müssen sich mit hoher Wahrscheinlichkeit ein neues Geschäft (oder ein neues Angebotsformat) aufbauen, um die langfristige Existenz Ihrer Firma zu sichern.

Inhabergeführte Firmen können dadurch mitunter in psychologisch schwierige Lagen geraten. Vergangenheit und Zukunft scheinen miteinander zu kämpfen: Auf der einen Seite steht die Tradition. Der Gründer war mit seinem Geschäft viele Jahre erfolgreich – die Familie manchmal sogar über mehrere Generationen. Auf der anderen Seite meldet sich der Erneuerungsdruck, der Unternehmer gerät in eine scheinbare Zwickmühle. Besonders in traditionsreichen Betrieben ist das schwer. »Soll ich das Werk von Vater und Großvater beenden?«, diese Frage hat sich schon mancher Inhaber gestellt – nicht ohne Gewissensbisse: Man ist mit den Gefühlen bei seiner Herkunft, die Vorgänger haben ein Lebenswerk geschaffen, das weitergeführt werden soll. Das »seit 1880« entfaltet seine prägende Kraft – keiner will sich als Totengräber des familiären Erbes zeigen.

Und dennoch: Die Erneuerung ist ein Muss. Wer sich nicht verändert, geht unter, so lautet eine bewährte Weisheit. Die Familie *Haniel* etwa wäre längst keine Gemeinschaft von Unternehmern und Eigentümern mehr, wenn nicht der Geschäftszweck des Konzerns laufend überprüft und verändert worden wäre. Keines der Geschäfte, mit denen die Haniels vor 250 Jahren angetreten sind, ist heute noch im Portfolio der Dynastie. Aber gerade deshalb ist das Unternehmen heute noch erfolgreich – weil es sich rechtzeitig und immer wieder neu aufgestellt, die Wendepunkte rechtzeitig erkannt und zu seinem Vorteil genutzt hat.

Abbildung 3: Der Kernkompetenz-Navigator – Wann es Zeit ist, ein neues Stammgeschäft aufzubauen (in Anlehnung an: Porter 1992, S. 26)

5. Nachfragemacht nimmt zu: Ihre Kunden gewinnen an Macht: Sie verfügen über mehr Information, stärkere Verhandlungsmacht oder bündeln ihre Nachfrage. So kann aus einem Verkäufermarkt ein Käufermarkt werden. Auch das ist ein Zeichen für eine nachhaltige Verschlechterung der Angebotsbedingungen.

1. Sinkende Eintrittsbarrieren: Bislang war der Druck neuer Wettbewerber niedrig. Der Markt war aufgeteilt, die Marktführerschaft sicher. Durch veränderte Bedingungen ist es allerdings leichter geworden, ein Geschäft wie das Ihre neu zu gründen. In der Folge gibt es bislang unbekannte Spieler auf dem Markt, die den Wettbewerbsdruck erhöhen.

4. Konkurrenzdruck für alle steigt: Die guten Zeiten sind vorüber, ein Markt mit einst stabilen Wachstumsraten gerät unter Druck: Der Gesamtmarkt stagniert, es entstehen neue Austrittsbarrieren (etwa durch sehr hohen Kapitaleinsatz), Überkapazitäten drücken auf die Preise, die Unterschiede zwischen den Angeboten erodieren, all das sind Anzeichen dafür, dass sich Ihre Bedingungen weiter verschlechtern werden.

Zunehmende Konkurrenz

2. Druck von Lieferantenseite: Das Verhältnis zu den Lieferanten war bislang auskömmlich. Durch Veränderungen auf dem Zuliefermarkt aber verteuert sich Ihre Beschaffung: Rohstoffkosten steigen, Zulieferteile werden knapper, die Qualität verschlechtert sich, der Markt wird instabil.

3. Substitutionskonkurrenz verstärkt sich: Das Feuerzeug bedroht die Streichholzhersteller. Nach diesem Muster können neue Produkte oder Technologien auftauchen, die ein Ersatz für Ihr bislang erfolgreiches Angebot sind. Treten hier einschneidende Neuerungen am Markt auf, verschlechtert sich Ihre Wettbewerbsposition.

Die Unternehmensstrategie

Deshalb ist es keine Schande, wenn sich ein Unternehmer irgendwann gegen ein Geschäft entscheidet, selbst wenn es dasjenige ist, welches er selbst aufgebaut hat. Im Gegenteil: Solche Entscheidungen zeugen von Weitsicht und Klugheit. Gerade im Dienste der nachhaltigen Erfolgskraft kann es sinnvoll sein, ein Geschäft zu verlassen, es zu verkaufen – oder so zu verändern, dass es zu einer neuen, zukunftsträchtigen Aktivität wird.

Über das richtige unternehmerische Betätigungsfeld zu entscheiden gehört zu Ihren wichtigsten Aufgaben. Die Umschichtung des Portfolios ist kein Zeichen von Resignation, sondern zeigt im Gegenteil die Qualität des handelnden Unternehmers.

Selten sind diese Transformationen leicht zu bewerkstelligen. Sie sind nicht in ein paar Tagen zu erledigen, sondern kosten mindestens so viel Einsatzkraft, Energie und Kapital wie eine Neugründung. Denn im Fall des Familienunternehmens müssen alle Miteigentümer davon überzeugt werden, dass der neue Weg der richtige ist. Zudem ist die Erneuerung mit Desinvestition und Neuinvestition verbunden. Beides kann sowohl die Schaffenskraft eines Unternehmers als auch die Finanzierungskraft auf das Äußerste anspannen. Aber es gibt, wenn es einmal so weit ist, keine Alternative. Denn, so banal das klingt, in einer sich schnell verändernden Welt bedeutet Stillstand schon Rückschritt. Überdies wird der, der verändert, reich belohnt: Neue Geschäfte und neue Betätigungsfelder bringen die lang erhofften Renditen und eine Position von Stärke und damit Sicherheit, die es in den Jahren zuvor schon lange nicht mehr gegeben haben mag.

Innovative Ideen können Ihre Finanzierung sichern

Ganz generell gilt: Wenn sich die Rahmenbedingungen ändern, muss Bewährtes auf den Prüfstand. Aktuell gilt dies unter anderem für die Unternehmensfinanzierung.

Hier sollten erfolgreiche Inhaber in Zukunft mehr und bessere Ideen als bisher haben und auch umsetzen – denn wir stehen mitten in einem großen Umbruch. Die alten Gewohnheiten, Routinen, die viele Unternehmer über Jahrzehnte mitgeschleppt haben, wird es so nicht mehr geben. Das betrifft übrigens alle Inhaber, egal, ob es sich um ein mittelständisches Autohaus, eine gerade gegründete Firma, einen kleinen Handelsbetrieb oder einen

Konzern im Familienbesitz handelt: Wir befinden uns mitten im Abschied von der Fremdkapitalkultur und im Übergang zu einer neuen Eigenkapitalkultur. Kurz gesagt: Der Kredit wird nicht mehr das Lebenselixier unternehmerischer Tätigkeit sein.

Damit wird hierzulande vollzogen, was in anderen westlichen Ländern, insbesondere im angelsächsischen Raum, schon lange Alltag ist. Wenn ein Unternehmer Geld braucht, ist nicht mehr länger die Kreditabteilung der Bank die alleinige Anlaufstelle – vielmehr gibt es ein ganzes Bündel verschiedener Finanzierungsquellen, die verstanden, erschlossen und genutzt werden wollen.

Vordergründig sind die neuen Vorschriften über die Eigenfinanzierung der Banken der Auslöser, das so genannte Basel-II-Abkommen. Hier wird festgelegt, dass die Banken verliehenes Geld mit Eigenkapital hinterlegen müssen, und zwar genau gemäß dem Risiko, das mit diesem Schuldner verknüpft ist. Für Ihre Tätigkeit als Unternehmer ergeben sich diese Folgen:

- Der Bankkredit wird knapper. Die Geldhäuser vergeben Kredite weit weniger freizügig als bislang. Das alte Klischee, dass Bankvorstand und Unternehmer den Kredit nebenbei auf dem Golfplatz aushandeln, wird verschwinden.
- Der Preis des Kredits richtet sich nach dem Risiko. Während früher alle Firmenkreditnehmer mehr oder weniger denselben Zins bezahlt haben, prüft die Bank heute die genauen Verhältnisse in Ihrem Unternehmen (Rating). Ist das Risiko hoch, wird der Kredit teurer. Wird das Risiko günstig beurteilt, gibt es auch niedrigere Zinsen. Eine hohe Eigenkapitalquote wirkt sich deshalb gleich doppelt positiv aus: Zum einen verhilft sie Ihrem Betrieb zu der nötigen Stabilität, zum anderen verbilligt sie Ihre Kredite.
- Banken finanzieren lieber außerhalb der Bilanz. Sie werden, wenn sie in Zukunft noch Unternehmen finanzieren, zunehmend auf nicht-klassische Instrumente zurückgreifen. Das heißt, sie vermeiden möglichst den Weg über den Bankkredit, der in der Bankbilanz ausgewiesen wird. Stattdessen werden sie vermehrt als Makler für Finanzierungsquellen auftreten – sie öffnen Ihnen als Unternehmer den Weg für die Finanzierung, aber das Geld kommt von außerhalb der Bank.

Finanzierung außerhalb des klassischen Kredits ist für viele Inhaber noch Neuland. Denn in der Vergangenheit hat man sich auf die leicht zugängliche und problemlos zu managende Finanzierungsquelle allzu gerne verlassen. Das hatte mitunter paradoxe Folgen: Die Bank gewährte über Jahre bereitwillig Kontokorrentkredit. Damit finanzierte der Unternehmer Investitionen, Anlagevermögen und sogar Immobilien – immer in dem Bewusstsein, dass dieser Kredit von der Bank täglich kündbar ist. Dabei lernen Studenten schon im ersten Semester, dass langfristige Vermögensgegenstände nur aus langfristigen Quellen zu finanzieren sind. Die übliche Kreditpraxis war ein klarer Verstoß gegen diese Regel, denn hier wurde Langfristiges oft genug kurzfristig finanziert. Nicht selten erlebten Inhaber dann einen herben Rückschlag, wenn die Bank von ihrem Recht Gebrauch machte und die Kredite fällig stellte.

Statt über diese Praxis der Geldhäuser zu klagen, suchen erfolgreiche Unternehmer lieber nach den Alternativen. Zwei Beispiele aus der Praxis mögen Ihnen dabei behilflich sein.

Der mittelständische Klett-Verlag brauchte Geldmittel für eine Übernahme: Ein Fernschulanbieter stand zum Verkauf, für den auf Bildungspublikationen spezialisierten Verlag war das eine Gelegenheit, die man sich nicht entgehen lassen wollte. Die angestrebte Finanzierung war klar: »Ohne die Zwischenschaltung eines Kreditinstituts« gab Finanzvorstand Arthur Zimmermann als Devise aus. Das 1897 gegründete Unternehmen beschaffte sich das Kapital in Eigenregie. 25 Millionen Euro betrug der Bedarf. Diese Summe wurde in Pakete zu je 1 000 Euro aufgespaltet – insgesamt wurden dem Publikum so 25 000 Pakete als Geldanlage angeboten.

Das Stuttgarter Unternehmen hat den Weg der Fremdfinanzierung gewählt: Die Anleger zeichnen eine Schuldverschreibung, die 7 Prozent Zinsen im Jahr bringt und nach fünf Jahren zurückgezahlt wird. Vorteile von diesem Verfahren haben beide Seiten, Unternehmen wie Finanzierungsgeber: Klett zahlt weniger Zinsen als für eine alternative Finanzierung mit vergleichbarem Risiko, das Publikum bekommt für seine Einlage mehr Zinsen als in vielen anderen Anlageformen.

Der Verlag hat die Platzierung seines Bildungswertpapiers, so heißen die Schuldverschreibungen, selbst in die Hand genommen. Über Werbe- und Medienkanäle wurde die Anlagemöglichkeit bekannt gemacht, ein eigens eingeschaltetes Call-Center beantwortete die Kundenanfragen, der Prospekt zur Schuldverschreibung wurde auf der Homepage veröffentlicht. Das Echo war für Klett erfreulich. Der gute Markenname des Verlags wirkte sich positiv auf die Zeichnungswilligkeit der Anleger aus – das Publikum darf annehmen, dass das schwäbische Familienunternehmen, dessen Geschichte schon über 100 Jahre zurückreicht, ein solventer Schuldner bleiben wird.

Auch Underberg wählte den Schritt an den Kapitalmarkt. Der Finanzierungsbedarf betrug hier 15 Millionen Euro. Das Spirituosenunternehmen beteiligte sich an einem Fonds, dessen Veranstalter die Kapitalnachfrage mehrerer Unternehmen zusammenführten.[7] Gebündelt ergaben die Finanzierungswünsche ein Volumen von 600 Millionen Euro – genug, um einen Fonds aufzulegen. Für das niederrheinische Unternehmen war diese Finanzierung der richtige Weg. Das Kapital wurde in Form von Genussrechten zugeführt, es darf als Eigenkapital in die Bilanz eingestellt werden und verbessert damit die Bilanzstruktur. Die Laufzeit der Mittel beträgt sieben Jahre, die Verzinsung liegt auf ähnlichem Niveau wie bei der Anleihe, die Klett ausgegeben hat.

Abbildung 4: Die neuen Anforderungen an die Unternehmensfinanzierung (in Anlehnung an: Unternehmensinstitut der ASU 2005, S. 24 f.)

- ➡ Transparenz gegenüber dem Kapitalgeber über die aktuelle Ertragslage; Finanzierung und Liquidität sind unabdingbar.

- ➡ Ein schlüssiger Businessplan für die nächsten drei bis fünf Jahre ist erforderlich. Ihre Finanzierungsgeber, ob Eigen- oder Fremdkapital, möchten wissen: Wie wollen Sie Ihr Unternehmen gegen den Wettbewerb im Markt nach vorne bringen?

- ➡ Zeitnahe Jahresabschlüsse und unterjährige GuVs sind ein Muss – weil die Kapitalgeber wissen möchten, wie Ihre Geschäfte laufen.

- ➡ Auf die kritischen Zukunftsfragen muss der Unternehmer eine vernünftige Antwort haben, sonst bekommt er kein Geld.

- ➡ Nur wer keine Bankkredite benötigt, kann Informationen zurückhalten.

- ➡ Frühzeitige Nachfolge- und Stellvertreterregelungen im laufenden Geschäft stärken das Vertrauen bei den Finanzierungsgebern.

➡ Zeigen Sie Ihren Kapitalgebern, dass Sie selbst bereit sind, in Ihr Unternehmen zu investieren. Nur dann können Sie mit dem nötigen Vertrauen rechnen. Wenn Sie selbst dazu nicht bereit sind – warum sollte es dann die Bank oder ein anderer Geldgeber tun?

➡ Jeder Geldgeber erwartet eine ordentliche Ertragslage und schlüssig erklärte Ertragsaussichten für die nächsten zwölf Monate – Banken wie Nichtbanken.

➡ Streben Sie, wenn möglich, eine Eigenkapitalquote von 30 bis 40 Prozent an. Das macht Sie unabhängiger von der Fremdfinanzierung.

➡ Wenn Sie selbst nicht genügend Kapital einschießen können, aber über ein aussichtsreiches Projekt verfügen, ist Private Equity, also die Beteiligung privater Kapitalgeber, für Sie ein Thema.

Diese Agenda gilt beileibe nicht nur für die Großen. Auch für kleine inhabergeführte Betriebe stellt sich die Frage: »Wie finanzieren wir unser künftiges Wachstum?« Eine Finanzierung aus externen Quellen sollte dabei nicht vorschnell mit einem »Nicht bei uns« abgetan werden. Denn in turbulenten und schnelllebigen Märkten kann es nötig sein, stärker zu wachsen, als es die interne Finanzierungskraft erlaubt.

Dann treten Optionen auf den Plan, die auch die großen Unternehmen beschäftigen. Erich Sixt etwa hat sich zum Ziel gesetzt, der größte Autovermieter in Europa zu werden. Der Unternehmer will diesen Weg zur Marktführerschaft gehen, indem er zukauft. So beteiligte er sich an den Übernahmeangeboten für einen großen Konkurrenten. Die nötigen Mittel beschafft er sich von Dritten, in diesem Fall über einen Eigenkapitalfinanzierer – nachdem er bei der Bank mit einer Kreditanfrage eine abschlägige Antwort bekommen hatte. Auch *Fielmann* und *Rossmann* wären ohne die Beteiligung des Eigenkapitalgebers *Hannover Finanz* wahrscheinlich nie zu den Erfolgsgeschichten geworden, die sie heute darstellen.

Für Unternehmen, egal ob klein oder groß, ist die private Kapitalaufnahme in solchen Fällen ein naheliegender Weg, auch und gerade weil sie ganz unterschiedlich ausgestaltet werden kann. Schon früher haben sich Inhaber etwa der stillen Gesellschaft bedient, also Eigenkapital von einem außenstehenden, nicht im Betrieb tätigen Kapitalgeber hereingenommen, der auf diese Weise Miteigentümer wird, aber sonst keine Mitwirkungsrechte hat.

Überdies gewinnen andere Finanzierungsformen an Gewicht, die früher ein eher bescheidenes Dasein fristeten. Factoring etwa wurde bislang von vielen vor allem mittelständischen Unternehmern eher mit Skepsis betrachtet. Forderungen aus Kundenrechnungen an Dritte zu verkaufen, dieses Vorgehen hat an Bedeutung gewonnen. Denn oft können es sich Inhaber nicht mehr leisten, ständig einen größeren Posten mit dem Titel »Kreditoren« in der Bilanz stehen zu haben. Kundenrechnungen über längere Zeit zu finanzieren drückt auf die Marge, in renditearmen Geschäften kann das schon eine zu hohe Last sein.

In solchen Fällen kann Factoring das Mittel der Wahl sein. Viele Unternehmer überzeugen inzwischen ihre Kunden, dass der Forderungsverkauf an einen Dienstleister keine Nachteile bringt. Die Factoring-Gesellschaften schreiben Ihnen den Rechnungsbetrag sofort gut und übernehmen dessen Finanzierung. Damit verkürzt sich Ihre Bilanz – die Eigenkapitalquote erhöht sich unter sonst gleichen Bedingungen! Zwar entstehen für diese Dienstleistung auch Kosten, diese werden jedoch in vielen Fällen überkompensiert durch die Vorteile: Sie können Skontoabzug in Anspruch nehmen, gewinnen an Liquidität und ersparen sich Finanzierungsaufwand. Der Nutzen dieses Verfahrens will im Einzelfall durchgerechnet werden, doch für viele eigenkapitalschwache Bilanzen lohnt es sich. Der Markt bietet heute so viele neue Finanzierungsformen, dass inhabergeführte Unternehmen jeder Größe die Chance haben, ihren Kapitalbedarf aus einer für sie passenden Quelle zu decken. Die Beschaffung von Geldmitteln hat die frühere Enge, die einseitige Bindung an die Bank verlassen, es gibt eine Fülle von Gestaltungsmöglichkeiten, die Ihnen offen stehen.

In keinem Fall dürfen Sie das Thema als nachrangige Aufgabe ansehen, nach dem Motto: »Wir müssen neue Produkte entwickeln und verkaufen, die Finanzierung regelt sich schon irgendwie.« In Zeiten steigenden Wettbewerbsdrucks sollten Sie agieren, nicht reagieren – ganz wie Sie es sonst als Unternehmer gewohnt sind. Bedienen Sie sich dabei dieses Zielsystems:

- Die unternehmerische Unabhängigkeit erhalten,
- die eigene Eigenkapitalbasis stärken,
- ein stabiles Rating anstreben,
- das Fundament für weiteres Wachstum schaffen,

- einseitige Abhängigkeiten von Finanzierungsquellen vermeiden, also Finanzierung diversifizieren,
- Transparenz der Finanzierungsvorgänge für Sie als Unternehmer und, bei Bedarf, für Außenstehende schaffen.

Mit einer Finanzierung, die sich an dieser Agenda orientiert, schaffen Sie zusätzliche Sicherheit. So sind Sie in der Lage, Ihr Unternehmen stabil zu führen und es mit kommenden Herausforderungen von Wettbewerb und Märkten aufzunehmen.

Einer vergleichbaren Agenda folgt auch das Management des Vermögens in Unternehmerhand. Auch hier geht es darum, Unabhängigkeit und Lebensgrundlage langfristig zu sichern, dieses Mal für die Familie des Inhabers.

Anmerkungen zu diesem Kapitel

1 Thilo Großer, »Wachstum durch Verzicht«, erschienen in: *Enable*, 7/05, S. 6 ff.
2 Remko van Hoek et. al., »When good Customers are bad«, in: *Harvard Business Review*, Ausgabe 9/05, S. 19.
3 Eine ausführliche Beschreibung der Denkweise in einem Unternehmen der Konzernwirtschaft enthält: Jürgen Grässlin, *Das Daimler-Desaster. Vom Vorzeigekonzern zum Sanierungsfall?* München 2005.
4 Christian Baudig, »Messer und Moral«, in: *Financial Times Deutschland*, 8.3.2002.
5 Axel Gloger, »Fünf Freunde in der Spedition«, in: *Results*, 1/2006, S. 15 ff.
6 Andreas Englisch, »Das süße Geheimnis«, in: *Welt am Sonntag*, 28.3.2004.
7 Anette Sydow, »Auf der Suche nach frischem Kapital«, in: *Die Welt*, 7.6.2005.

Das Vermögen des Unternehmers

In diesem Kapitel werden folgende Themen behandelt:

- Der Schutz von Firma und Familie
- Die Schaffung von Vermögen
- Die Vermögensstrategie
- Das Ausgabenrisiko
- Die steuerlichen Risiken

Begrenzen Sie das Klumpen-Risiko

Franz Markus Haniel ist Unternehmer in elfter Generation. Er steht als Vorsitzender des Aufsichtsrats und Miteigentümer dem Haniel-Konzern vor. Interessant ist die Entwicklung, die das Geschäft der Familie Haniel über die Jahrzehnte nahm. Waren ehedem Schifffahrt, Verladung, Erztransport und Stahlproduktion die Kerngeschäfte, hat sich das Bild inzwischen deutlich gewandelt. Von den alten industriellen Geschäftsfeldern ist nichts mehr übrig geblieben, Haniel hat sie eingestellt oder verkauft. Heute steht das Unternehmen mit Sitz in Duisburg für eine breite Palette von Aktivitäten – Großhandel mit Arzneimitteln gehört ebenso dazu wie Verleih von Berufskleidung, Versandhandel, Brand- und Wasserschadensanierung oder eine Beteiligung am Handelsriesen Metro. Damit ist die Familie Haniel, deren Mitgliedern der Konzern gehört, zu den reichsten Unternehmerfamilien Europas aufgerückt.

Nach einem fokussierten Geschäft sieht das allerdings nicht aus. Die vielen Einzelfirmen, die den Haniels gehören, haben anscheinend wenig miteinander zu tun. Sie werden in größtmöglicher Unabhängigkeit geführt.

Hin und wieder entschließt sich die Familie, ein Geschäft zu verkaufen oder ein anderes zuzukaufen.

Das sieht auf den ersten Blick aus wie ein Widerspruch zu der Empfehlung, das Geschäft zu fokussieren. Denn der Rat der Unternehmensstrategie lautet: Verzetteln Sie sich nicht, konzentrieren Sie sich auf überschaubare Aktivitäten. Dennoch ist das Vorgehen der Familie Haniel richtig, denn in diesem Kapitel betrachten wir eine andere Ebene: Es geht nicht um das Unternehmen und seine Aktivitäten, sondern um den Unternehmer und sein Vermögen! Für dieses gelten eigene Empfehlungen, etwa die, das Risiko nicht zu stark an einem Ort oder in einem Geschäft anzusiedeln, sondern zu streuen. Wer sein Vermögen langfristig sichern und mehren will, sollte immer für das Gegenteil von Konzentration sorgen. Damit steigt die Chance, den Wohlstand von heute möglichst lange erhalten zu können. Welche Empfehlungen im Einzelnen damit verbunden sind, davon wird später noch die Rede sein.

Zunächst aber sei ein Blick auf die Ziel- und Risikolandkarte eines typischen Unternehmers erlaubt. Egal, ob es sich um einen Gründer handelt, der seinen Betrieb gerade erst zum Laufen gebracht hat, oder um den Inhaber einer Firma, die von den Vorfahren geerbt wurde – es werden stets ähnliche Ziele sein: Der aktuelle Wohlstand soll gesichert, besser noch gesteigert werden. Es sollen Vorkehrungen getroffen werden, damit auch im Alter, wenn die Berufstätigkeit endet, eine sichere Einkommensquelle vorhanden ist. Überdies sollen Ehepartner und Kinder für den Fall, dass der Unternehmer durch Krankheit oder Tod ausfällt oder das unternehmerische Engagement scheitert, abgesichert sein.

Für all das braucht es ein Vermögen, das über die Jahre stabil bleibt und wächst. Praktisch alle Unternehmerfamilien nennen den Erhalt des Wohlstands als eines der wichtigsten Ziele – in der Praxis führt das zu einer eigenständigen Gestaltungsaufgabe. Daher ist die Pflege und Mehrung des Vermögens ein mindestens ebenso wichtiges Handlungsfeld des Unternehmers wie die anderen.

Denn ein stabiles Vermögen entsteht nicht durch Abwarten. Es ist ein verbreiteter Irrglaube, dass Ziele wie Erhalt des Wohlstands oder Einkommen im Alter automatisch durch die Firma und den Besitz einiger Immobilien bedient werden. Unternehmervermögen sind allerlei Risiken ausgesetzt. Sie sollten gemanagt werden, damit die selbst gesteckten Ziele auch erreicht werden.

Den Handlungsbedarf erkennt, wer einige Zahlen genauer betrachtet: Im September 1982 veröffentlichte das Magazin *Forbes* erstmals eine Liste der reichsten Amerikaner. Von den 400 reichsten Amerikanern des Jahres 1982 erschienen gut zwei Jahrzehnte später nur noch 15 Prozent wieder auf derselben Liste. Der große Rest war verschwunden – und das in einer Zeit, in der es in Amerika keine großen Krisen gab, sondern die gesamte Bevölkerung von Wohlstand und Wachstum profitieren konnte. Einige aus der Klasse der Reichsten verschwanden aus Gründen, die niemand beeinflussen kann. Sie starben und vererbten ihr Vermögen an mehrere Nachkommen, was eine Aufspaltung und Neubewertung zur Folge hatte. Weit interessanter aber ist eine andere Beobachtung: Mehr als die Hälfte der Superreichen büßte ihre Position ein, weil das Vermögen verschiedenen Risiken ausgesetzt war. Diese führten dazu, dass der Bestand im besten Fall stagnierte, in den meisten Fällen aber schrumpfte.

Die Einsicht aus diesen Vorgängen liegt auf der Hand: Ein zufrieden stellendes Vermögen heute ist keineswegs ein Garant für ein ausreichendes Vermögen morgen. Auch in Zeiten von allgemeinem Wohlstand und Frieden verlangt es einigen Einsatz, das Eigentum vor den gängigen Verlustgefahren zu schützen. Eine gute Leistung des Unternehmers in seinem Geschäft allein ist dafür keinesfalls ausreichend. Auch der Besitz von scheinbar sicheren Anlagen wie Gold, Immobilien oder Bargeld ist keine Gewähr dafür, dass das Vermögen langfristig erhalten bleibt.

So schützen Sie Firma und Familie

Vor allem ist es wichtig, dass Sie nicht alles auf eine Karte setzen. Denn konzentriertes Vermögen war einer der Hauptgründe, warum Unternehmer auf der *Forbes*-Liste der Reichsten nicht mehr auftauchten. Auch in etwas kleineren Verhältnissen werden die Risiken offensichtlich: Ist praktisch das gesamte Vermögen im Betrieb gebündelt, bedeutet dessen Scheitern für den Wohlstand der Familie das Aus. So haben etwa in Deutschland die Unternehmerfamilien Herstatt (Bank) und Borgward (Auto) ihr gesamtes Eigentum verloren, weil alles in der Firma steckte, die durch eine Krise unterging.

Solche Risiken bestehen immer. Selbst ein talentierter, junger und gesunder Unternehmer ist nicht davor gefeit. Denken Sie an das Autofahren: Ein guter Autofahrer wird kaum ohne Sicherheitsgurt fahren – weil er weiß, dass es Risiken gibt, gegen die er kaum etwas tun kann. Für Firmen gilt das analog: Ein Betrieb kann auch durch Naturereignisse, Betrug, Rufmord oder eine radikale technische Neuerung zugrunde gehen – Ereignisse, die auch der beste Inhaber kaum verhindern kann. Deshalb ist eine Risikoabsicherung durch das Vermögen in Unternehmerhand wichtig.

Abbildung 5: Beispiel für den idealtypischen Aufbau eines Vermögens

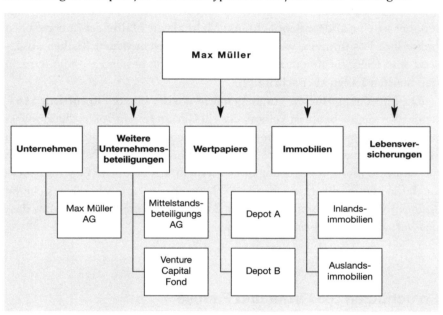

Unverzichtbarer Ausgangspunkt einer solchen Vermögensstrategie ist das Bestreben, schnellstmöglich die Gefahren der persönlichen Haftung loszuwerden. Am Anfang, insbesondere beim Start als Einzelunternehmer, ist die persönliche Haftung zwar häufig unumgänglich. In der anschließenden Aufbauphase aber sollte es ausdrückliches Ziel sein, sie auf das Betriebsvermögen zu begrenzen.

Der Unternehmer Klaus Kobjoll ist so vorgegangen. Er hat seinen Hotelbetrieb, das Landhotel Schindlerhof, schrittweise immer weiter ausgebaut. »Ich plane ein ganzes Hoteldorf«, so lautete seine Idee bei der Grün-

dung. Er fing mit einem kleinen Gebäudekomplex an, im Laufe der Jahre übernahm er zusätzlich einige der umstehenden Häuser und ergänzte sein Hoteldorf durch Neubau. Die Finanzierung besorgte er über einen Bankkredit in siebenstelliger Höhe – keine Kleinigkeit für einen Betrieb in dieser Größenordnung. Zinszahlung und Tilgung erfolgen aus den Einnahmen des laufenden Geschäfts – der Schindlerhof zählt zu den profitabelsten Hotelbetrieben in Deutschland.

Zudem hat es Inhaber Kobjoll geschafft, dass ihn die Bank nicht mehr als Privatmann für die aufgenommenen Kredite zur Rechenschaft zieht – der Franke ist heute Unternehmer ohne persönliche Haftung. Dieser Schritt gelang, weil er die Bank von seinem Geschäftssystem überzeugen konnte: Der ganze Betrieb ist so gut durchstrukturiert, die Führung auf viele selbst steuernde Einheiten verteilt, sodass die Firma selbst dann weiterliefe, wenn der Unternehmer überraschend ausfiele. Kobjoll hat das Geschäft von seiner Person unabhängig gemacht, was auch die Bank überzeugte.

Auch für Sie ist ein vergleichbarer Schritt wichtig. Sie sichern sich damit gegen Risiken von außen ab, die Sie nicht beeinflussen können. Als Unternehmer sind Sie ohnehin schon mehr in der Pflicht als jeder Manager, der im Schadensfall nicht mit seinem investierten Vermögen haftet. Achten Sie deshalb darauf, nicht vorschnell Verpfändungen, Bürgschaften und andere Besicherungen aus dem Privatvermögen zu unterschreiben. Inhaber mit einem überzeugenden Geschäftssystem brauchen das nicht – notfalls wechseln sie die Bank.

Der Weg aus der persönlichen Haftung führt, wie bei Klaus Kobjoll, über ein überragendes Unternehmenskonzept. Je mehr Sie die Bank oder einen anderen Finanzierungsgeber davon überzeugen können, dass ein Geschäftssystem besteht, das nicht nur am Unternehmer persönlich hängt, desto eher werden diese sich auch auf eine Finanzierung ohne Sicherung im Privatvermögen einlassen. Wenn freilich in Ihrem Betrieb ohne Sie überhaupt nichts läuft, weil die Geschäftsvorfälle und Prozesse nicht dokumentiert sind und alle Entscheidungen an Ihrem Schreibtisch gefällt werden, wird das auch der Finanzierungsgeber merken. Er stellt dann fest, dass nicht der Betrieb die Leistungseinheit ist, sondern der Inhaber. Die persönliche Haftung auf das gewährte Fremdkapital ist in diesem Falle nur folgerichtig.

Die haftungsrechtliche Trennung zwischen Betriebs- und Privatvermögen ist eine wichtige Vorbedingung für den weiteren Vermögensaufbau. Nur wenn kein unkontrollierter Zugriff auf das Privatvermögen möglich ist, erfüllt dieses seine Sicherungs- und Stabilisierungsfunktion. Ein Unternehmer, der seine Haftung nicht begrenzt, kann auf diese Sicherheit nie bauen.

Ein anderer Aspekt dieser Trennlinie ist mindestens ebenso wichtig: Erst ein vom Betrieb unabhängiges Privatvermögen stellt sicher, dass Veränderungen in der Privatsphäre die Geschicke der Firma nicht belasten. Um welche Risiken es dabei geht, sei an einem Beispiel erklärt:

Der Seniorinhaber eines Unternehmens hatte letztes Jahr seinen 82. Geburtstag gefeiert. Dem Geschäft ging es recht gut, die Metallbranche hatte schon immer für auskömmliche Gewinne gesorgt, ohne dass jedoch große Reichtümer entstanden wären. Der Sohn des Inhabers, auch bereits 50 Jahre alt, war seit längerer Zeit im Unternehmen tätig. Nach außen hin war er der Chef – er bekleidete die Position eines Geschäftsführers, betreute wichtige Teile des operativen Geschäfts und hatte einige strategische Weichen gestellt.

Der Vater hat heute immer noch sein Büro im Betrieb – er ist ebenfalls Geschäftsführer, wenn auch weniger stark ins Tagesgeschäft eingebunden. Nur bei genauerem Hinsehen fällt auf, dass der Senior kaum noch wertschöpfende Aufgaben hat. Gleichwohl bezieht er weiter ein stattliches Gehalt und benutzt einen Wagen auf Firmenkosten. Für längere Fahrten leiht er sich einen Chauffeur im Betrieb aus. Ans Ausscheiden hat der Alt-Unternehmer noch nicht gedacht. Sein Sohn traut sich nicht, diese heikle Frage anzusprechen. Jeder weiß, dass der Senior keine Rente bezieht. Seine einzige Einkommensquelle ist das Gehalt, das ihm die Buchhaltung jeden Monat überweist. Insgesamt ist das für den Betrieb eine stattliche Belastung. Das Gehalt, die Zahlungen an die Krankenversicherung, die Limousine, das Büro, der Chauffeur, das alles schlägt mit einem reichlich sechsstelligen Euro-Betrag im Jahr zu Buche – Geld, das eher als Privatentnahme denn als Kosten anzusehen wäre. Denn unter normalen Bedingungen wäre der Senior längst ausgeschieden und würde von seinen Altersbezügen leben.

Diesen Risikokatalog sollte jeder Unternehmer kennen

Für manche Firmen sind solche Verhältnisse eine Last, die im Grenzfall Krisen auslösen oder verstärken können. Die Ursache des Problems: Hier wurde es unterlassen, für ein absehbares Risiko, die Sicherung der Alterseinkünfte, ein unabhängiges Vermögen zu bilden. In nicht wenigen Betrieben, insbesondere kleineren, ist das gängige Praxis.

Dies zu verhindern ist nur einer der Gründe, warum Unternehmer unbedingt ein von der Firma unabhängiges Privatvermögen aufbauen sollten. Weitere Aspekte sind:

- die Altersversorgung für den Ehepartner,
- das Scheidungsrisiko,
- das Risiko, infolge des Todes des Inhabers Erbschaftsteuer zahlen zu müssen,
- das Risiko des ungeplanten Ausfalls des Unternehmers sowie
- der Verlust der Firma.

All diese Risiken muss der Unternehmer absichern. Das nachfolgende Paket sollte deshalb als Mindeststandard für den erfolgreichen Inhaber angesehen werden, der bestrebt ist, sowohl sein Geschäft als auch seine Familie in stabilen Verhältnissen zu wissen.

Zunächst sollten Sie für das Alter Vorsorge treffen. Denn ein Unternehmer, der jenseits der Pensionierungsgrenze noch ein Einkommen aus der Firma bezieht, ist ein Problem für beide Seiten. Für den Fall, dass der Betrieb die Rente bezahlt oder der Alt-Inhaber von den Dividenden lebt, wird dieser immer auch am Wohlergehen des Unternehmens interessiert sein. Er erwartet nicht nur fieberhaft die Quartalsberichte und den Jahresabschluss – er wird auch bemüht sein, Einfluss auf die Geschicke des Betriebs zu nehmen, er wird mitreden wollen, wenn es um Ausschüttungen geht (seine Dividende!), aber auch teilhaben an Entscheidungen über Investitionen und die strategische Agenda. Das ist ein ganz natürlicher Vorgang, den man kaum einem Senior verwehren kann, der sich in der hier beschriebenen Rolle befindet. Es ist nur menschlich, dass auch ein 82-Jähriger Angst um seine Zukunftssicherung hat – und mittun will. Für das Unternehmen ist das nicht gut. Nicht nur, weil die Zahlungen eine betriebsfremde Belastung sind, sondern auch, weil hier eine schwer kontrollierbare Nebenregierung geschaffen wird. Die Einheit der Führung ist gestört, egal, ob die Firma durch einen familienfremden Manager oder ein Familienmitglied geführt wird.

Ab dem 65. Geburtstag muss es daher eine vom Betrieb unabhängige Altersversorgung geben, die dem Unternehmer den bisherigen Lebensstil finanziert. Schon weit vor Erreichen der Altersgrenze hat der Inhaber deshalb verschiedene Aufgaben: Zunächst sollte er festlegen, welchen Lebensstil er im Alter sicherstellen will. Daraus wird das nötige Monats- und Jahreseinkommen ermittelt, zusammen mit dem noch verbliebenen Anlagezeitraum. Je nach Anlage- und Sicherheitsvorstellungen kann dann in Aktien, andere Unternehmensbeteiligungen, festverzinsliche Wertpapiere, Immobilien oder Lebensversicherungen investiert werden. Der Fantasie sind keine Grenzen gesetzt, solange die Anlage kontinuierlich, mit System und Blick auf das Ziel der Alterssicherung betrieben wird.

Zusätzlich sollte es eine Altersversorgung für den Lebenspartner des Unternehmers geben. Ist der Ehemann ein paar Jahre älter als seine Frau und Haupterwerber, ergibt sich diese Situation: Gemäß der durchschnittlichen Lebenserwartung wird die Frau den Mann im Normalfall um 5 bis 20 Jahre überleben. Auch für diese Zeit gilt es, Vorsorge zu treffen, ebenfalls mit Blick auf den gewünschten Lebensstil. Auch hierfür muss ausreichend Privatvermögen bereitstehen.

Darüber hinaus bedarf das Scheidungsrisiko der Vorsorge. Hier ist eine Kombination aus juristischen und Vermögensinstrumenten sinnvoll. Wichtig ist zunächst ein Ausgangsgedanke: 44 Prozent der Ehen landen vor dem Scheidungsrichter, ermittelte das Statistische Bundesamt für Westdeutschland unlängst. In den Großstädten ist die Scheidungsrate sogar noch weitaus höher. Hier wird mehr als jede zweite Ehe geschieden. Dass eine Ehe zerbricht, ist also keine Ausnahmeerscheinung mehr. Für die persönliche Planung des Unternehmers bedeutet das: Auch die Ehescheidung muss als Risiko in der Vermögensstrategie berücksichtigt werden. Die Haltung »bei uns wird es schon gut gehen« ist falsch.

Werfen wir zunächst einen Blick auf die sinnvolle rechtliche Gestaltung. Vereinbaren die Ehepartner nichts, so gilt die gesetzliche Regelung. Diese sieht die so genannte Zugewinngemeinschaft vor. Alle Vermögensgewinne, die ab dem Tag der Hochzeit entstehen, werden im Scheidungsfall gemäß der gesetzlichen Vorschrift aufgeteilt – das heißt: Die eine Hälfte bekommt der Ehemann, die andere die Ehefrau.

Ohne weitere Vorkehrungen kann die Zugewinngemeinschaft ein Unternehmen in erhebliche Turbulenzen bringen. Folgendes Beispiel mag das verdeutlichen: *Die Hochzeit fand am 10. Mai 1987 statt. Die Ehefrau hatte gerade ihr Universitätsexamen gemacht, ihr Mann war schon ein paar Jahre berufstätig. 1988 gründete dieser eine Firma, die in der Folge kräftig wuchs. Monat für Monat kamen neue Großkunden und Mitarbeiter hinzu. Der*

Unternehmenswert stieg auf einen zweistelligen Millionenbetrag. Im Jahr 2001 zerbrach die Ehe. Die beiden, deren Lebensgemeinschaft so verheißungsvoll begann, trennten sich und gingen ihren weiteren Weg allein. Der Unternehmer wurde gezwungen, seine Firma zu verkaufen. Denn er musste die Hälfte des Wertzuwachses seines Betriebs an seine Ex-Gattin auszahlen, wie es die eheliche Zugewinngemeinschaft vorschreibt. Ein unschönes Ende, auch in wirtschaftlicher Hinsicht!

Das lässt sich nur vermeiden, wenn eine andere juristische Gestaltung gewählt wird. Der Ausweg heißt Ehevertrag, in dem vereinbart wird, wie das Vermögen unter den Ehepartnern aufgeteilt wird. Möglich sind verschiedene Varianten, etwa

- die Gütertrennung: Jeder hat sein eigenes Vermögen. Der Ehemann in unserem Beispiel hätte die alleinige Eigentümerschaft am Unternehmen behalten, auch über die Scheidung hinweg. Oder
- die modifizierte Zugewinngemeinschaft: Diese kann so gestaltet werden, dass der Wertzuwachs der Firma nicht in die Berechnung des Zugewinns einbezogen wird.

Ziel dieses Vorgehens soll nicht sein, den Ehepartner von den Vermögenszuwächsen während der Ehe auszuschließen – vor allem in klassischen Ein-Verdiener-Ehen wird das häufig unangemessen sein. Es geht vielmehr darum, den Betrieb vor den finanziellen Folgen zu schützen. Es gab schon manches Unternehmen, das nach einer Scheidung des Eigentümerehepaars in Schieflage geriet. Denn die Zugewinngemeinschaft verursacht im Scheidungsfall einen Liquiditätsentzug, der existenziell bedrohlich sein kann. Deshalb ist es unverständlich, dass immer noch mehr als die Hälfte der Unternehmer keinen Ehevertrag abgeschlossen haben, wie das Institut für Mittelstandsforschung in Bonn ermittelt hat.

Ein vorausdenkender Inhaber behält deshalb immer zwei Ziele gleichzeitig im Auge: Es gilt, die Überlebensfähigkeit sowohl der Firma als auch der Familie zu sichern, einschließlich die des Ehepartners. Deshalb sollte die juristische Regelung durch geeignete Maßnahmen in der Vermögenssphäre ergänzt werden. Als Ausgleich für seinen Beitrag zur Ehe sollte für einen nicht berufstätigen Ehepartner stufenweise ein vom Unternehmen unabhängiges Vermögen aufgebaut werden, das ihm sowohl im Alter als auch – wenngleich dann in entsprechend der Ehezeit reduzierter Höhe – im Scheidungsfall zusteht. Mithilfe solch einfacher Vermögensbausteine lassen sich auch die üblichen Auseinandersetzungen über Unterhalt und Versorgungsausgleich dramatisch vereinfachen: Jeder weiß, was das Seine ist. Man kann auseinander gehen, ohne noch mehr Zank und schlechte Gefühle aufzuhäufen.

Vorsorge zu treffen gilt es auch für den überraschenden Ausfall des Unternehmers. Dieser Fall ist zwar selten, aber wenn er eintritt, benötigt die Familie umso dringlicher einen Sicherheitsgurt. Dass die allgemeinen Lebensrisiken nicht völlig an den Verantwortungsträgern in Inhaber-Unternehmen vorübergehen, zeigen die immer wieder auftretenden Unglücke. Autounfälle, Sportunfälle, Flugzeugabstürze, schwere, plötzlich auftretende Krankheiten – hier ist der Firmenchef genauso gefährdet wie jeder andere Mensch, eventuell trägt er durch viele und weite Reisen sogar ein leicht erhöhtes Risiko. Deshalb muss auch dieser Fall bedacht werden.

Gegen die finanziellen Gefahren schützt eine Risikolebensversicherung. Diese schließt der Inhaber auf seine Person ab. Im Schadensfall, dem Tod des Unternehmers, zahlt die Lebensversicherung die vereinbarte Summe aus. Sie kann dann dazu verwendet werden, etwa laufende Zahlungsverpflichtungen abzudecken, ein Gründer-Unternehmen zu entschulden oder der Familie einen Grundstock für ein Kapital zu schaffen, aus dem eine Rente finanziert wird. Der Vorteil dieser Vorgehensweise: Schon für überschaubare Jahresbeträge lässt sich hier eine ordentliche Absicherung erzielen. Deshalb sollte dieses Instrument in keinem Vermögensportfolio fehlen.

Der ungeplante Ausfall des Unternehmers ist aber nicht nur ein finanzielles Risiko für die Familie, wie das Beispiel des lange Zeit sehr erfolgreichen Verlegers Gustav Lübbe aufzeigt.[1]

An einem Nachmittag, die Begebenheit trägt sich in den 90er Jahren zu, hatte Gustav Lübbe noch an seinem Schreibtisch gearbeitet. Für den Abend stand ein kleines Fest an. Die Cheflektorin sollte ihr 25-jähriges Dienstjubiläum feiern. Doch die Feiernden warteten vergeblich auf ihren Chef. Am späten Nachmittag spürte der Verleger heftige Schmerzen im Rücken, ließ sich erst nach Hause und dann ins Krankenhaus fahren. Aber jede Hilfe kam zu spät. Der 77-Jährige starb noch am gleichen Abend, der vierte Herzinfarkt beendete seine Karriere als Unternehmer. Durch den überraschenden Tod brach eine offene Zukunftsangst aus, denn der große Verleger (700 Mitarbeiter, Jerry Cotton, Das Goldene Blatt u. a.) hatte keinerlei Vorsorge getroffen.

Die Empfehlung aus dem Fall Lübbe ist klar: Sorgen Sie dafür, dass Ihre Firma handlungsfähig bleibt, wenn Ihnen etwas zustößt. Jeder Unternehmer sollte einen Notfallplan haben, den die Angehörigen im Fall des Falles aus der Schublade ziehen können. Sie bekommen dann zumindest von dieser Seite her etwas Sicherheit, denn schwere Krankheit, Unfall oder Tod zu verkraften, ist für die Familie schon schwer genug. Mit einem Notfallplan können Sie Ihren Nächsten mit überschaubaren Mitteln eine ungeheure Erleichterung verschaffen. Aus meiner Erfahrung mit vielen Unternehmerfamilien sollte Ihr Notfallplan folgende Elemente enthalten:

1. Legen Sie fest, was mit der Firma geschehen soll, wenn Sie plötzlich ausfallen sollten: Verkauf? Vorgezogene Nachfolge durch eines Ihrer Kinder? Führung durch einen familienfremden Manager?
2. Schaffen Sie eine Anlaufstelle für Ihre Familie – legen Sie eine Vertrauensperson fest, welche die Schnittstelle zwischen Unternehmen und Familie in dieser kritischen Zeit managt. Eines der Mitglieder Ihres Beirats wäre die ideale Besetzung für diese Aufgabe!
3. Setzen Sie ein Testament auf. Wenn Sie keines hinterlassen, greift die gesetzliche Erbfolge. Das kann für das Unternehmervermögen rechtlich und steuerlich nachteilig sein.
4. Wenn Ihre Kinder noch nicht 18 Jahre sind: Legen Sie fest, wer deren Interessen vertritt. Denn wenn keine Verfügung getroffen wurde, tritt das Vormundschaftsgericht als Interessenvertreter an. Dessen Mitwirkungsrechte können eine Firma blockieren.
5. Machen Sie sich Gedanken über die Erbschaftsteuer – und legen Sie fest, aus welcher Quelle sie bezahlt werden soll.
6. Sorgen Sie auch für den Fall vor, dass Sie handlungsunfähig sind, aber weiterleben (z. B. ein Jahr Koma nach einem Autounfall). Ohne Vorkehrungen ist Ihr Betrieb erst einmal gelähmt. Deshalb sollte eine Vorsorge-Vollmacht aufgesetzt werden, die festlegt, wer bestimmte Unterschriften leisten darf.

Wenn Ihnen diese Art von Planung unangenehm ist, kann ich Sie beruhigen: Sie sind nicht allein mit diesem Gefühl, das geht den meisten Ihrer Unternehmerkollegen ebenso. Aber bedenken Sie, dass diese Hürden nur in Ihrem Kopf existieren. Die anfallenden Aufgaben sind nicht wirklich schwer oder langwierig – sie wollen nur angegangen werden.

Ein weiterer Schadensfall, den sich kein Unternehmer allzu gern vorstellt, ist das Scheitern des eigenen Geschäfts. Für diversifiziert aufgestellte Familienunternehmen wie *Haniel* ist das kein Thema mehr – aber die meisten Inhaber werden sich sehr wohl mit diesem Gedanken auseinander setzen müssen. Deshalb gilt: Planen Sie in Ihre Risikovorsorge auch den Fall ein, dass Sie als Unternehmer scheitern.

Pro Jahr gibt es allein in Deutschland einige 10 000 Insolvenzen – zuletzt lag die Zahl bei annähernd 40 000 betroffenen Firmen. Die Gründe für die Pleiten sind nicht nur selbstgemacht und zeigen, dass jeder Inhaber auch den Worst Case auf seinem Radar haben sollte. Von 100 Unternehmen, die zu einem beliebigen Zeitpunkt angetreten sind, erreichen nur 30 Prozent eine Lebensdauer von fünf Jahren und mehr. Deshalb sollte auch der Insolvenzfall in die persönliche Risikovorsorge mit eingehen.

Vorweg: Eine Versicherung hierfür gibt es nicht. Angestellte können sich für den Fall des Scheiterns auf die Arbeitslosenversicherung verlassen, bei Betrieben aber wird das Thema der Selbstvorsorge überlassen. Um diese sollte sich der Unternehmer deshalb kümmern – im Interesse seiner Familie. Denn oft hat der Vater immer noch die Rolle des Hauptern ährers. Zwar gibt es auch in Unternehmerfamilien immer mehr Doppelverdiener, aber die Ehefrau ist meist diejenige, die zugunsten der Kindererziehung zumindest einige Jahre aus ihrem Beruf ausscheidet, oft sogar ganz aufhört.

Deshalb der Rat: Ersparen Sie sich die persönliche Niederlage, dass unternehmerisches Scheitern den Verlust der Existenzgrundlage Ihrer Familie nach sich zieht. Mit ansehen zu müssen, dass Ehefrau und Kinder nicht mehr versorgt sind, Letztere vielleicht die Schule oder ihr Studium abbrechen müssen, ist eine besonders bittere Seite der Insolvenz eines Inhaber-Unternehmens.

Finanzielle Vorsorge dafür kann nicht von heute auf morgen geschaffen werden. Oft gibt es Ansprüche, die dringender und wichtiger sind. Dennoch sollte der Unternehmer das Ziel nicht aus den Augen verlieren: Der allmähliche Aufbau von Eigentum für diesen Fall ist sinnvoll, sorgen Sie vor, sobald es Ihre Mittel erlauben – und denken Sie langfristig; durch kontinuierliche Bedienung dieses Vermögens können Sie ein hilfreiches Polster aufbauen.

Im Ernstfall sollte dieses dann aber auch greifbar sein. Diese Forderung klingt auf den ersten Blick selbstverständlich – wurden doch die Mittel gerade für den Fall zurückgelegt, dass das Unternehmen nicht mehr als Einkommensquelle zur Verfügung steht. In der Praxis aber läuft es oft anders. Denn manche Firmenkrise, die am Ende zur Insolvenz führt, frisst sich ganz langsam über mehrere Jahre in den einst gesunden Kern des Geschäfts hinein. Die Folge: Die Geschäftsführung hat immer noch Hoffnung, dass es wieder aufwärts geht. An jedem Punkt eines schleichenden Verfalls hoffen Unternehmer: »Wir müssen nur noch dieses Projekt durchziehen, dann sind wir gut aufgestellt für den Wiederaufstieg.« Da kann es um eine Akquisition, den Kauf einer neuen Maschine, den kostspieligen Aufbau eines neuen Vertriebsweges gehen – immer nach dem Motto: Jetzt nur noch das, und dann haben wir es geschafft. Die Hoffnung stirbt zuletzt, diese bewährte Weisheit nehmen auch Unternehmer für sich in Anspruch.

Nutzen Sie die Notgroschen der Familie nie, um in Ihrem Betrieb irgendetwas zu reparieren – auch dann nicht, wenn Sie der Meinung sind, Sie brauchen jetzt nur noch die 250 000 Euro aus dem Topf der Familie, und dann wird das Geschäft wieder laufen. Denn meist läuft auch danach nichts. Der Zerfall geht weiter, er ist nur ein paar Monate aufgeschoben worden, weil die dringendsten Lieferantenrechnungen bezahlt werden konnten. Das Geld aus dem Notvorrat bringt selten die Wende, ist aber für die Familie verloren.

Dagegen sollte sich der Unternehmer absichern. Sich selbst das Versprechen zu geben, dass dieser Besitz im Krisenfall unangetastet bleibt, reicht nicht. Denn wenn es hart auf hart kommt, wird der von Turbulenzen bedrohte Inhaber nur allzu schnell doch in den Topf greifen: »Nur dieses eine Mal noch.« Darum muss dieser Vermögensteil besonders geschützt werden: Der Zugriff darauf wird an die Zustimmung Dritter geknüpft. Bitten Sie eine Person Ihres Vertrauens darum, sich um dieses Thema zu kümmern. Diese sollte vorab verpflichtet werden, unter allen Umständen dafür zu sorgen, dass das Geld nur der Familie und nicht dem Betrieb zur Verfügung steht. Sinnvollerweise sollte übrigens die Vertrauensperson nicht die Ehefrau des Unternehmers sein, denn diese ist im Krisenfall ebenso befangen wie er selbst.

Freies Vermögen in ausreichender Höhe schaffen – das ist das Ziel!

Zur Erfüllung der angesprochenen Ziele benötigen Sie Vermögen, das zwei Eigenschaften erfüllen muss: Erstens sollte es unabhängig vom Unternehmen sein, und zweitens brauchen Sie einen Bestand in ausreichender Höhe.

Unabhängigkeit der Vermögensbestände erzielen Sie, wenn Sie die Anlagen außerhalb der Sphäre der Firma tätigen und von Haftung freihalten. Die Mittel müssen rechtlich und räumlich vom Unternehmen getrennt sein – Gesellschafterdarlehen oder von den Gesellschaftern im Betrieb stehen gelassene Ausschüttungen sind keine wirklich unabhängigen Mittel, weil sie Finanzierungswirkung im Geschäft haben und im Insolvenzfall unter dem Zugriff der Gläubiger stehen. Im Krisenfall können diese Vermögensteile nicht mehr frei entnommen werden.

Kein freies Eigentum sind auch Pensionszusagen, welche die Firma einem Gesellschafter-Geschäftsführer gewährt, denn auch diese sind in der Insolvenz nicht gesichert. Wenn Ihr Unternehmen einen Beitrag zu Ihrer Altersversorgung leistet, dann sollten Sie darauf achten, dass das in krisenfester Form geschieht – etwa in Form einer Lebensversicherung oder eines Fondssparplans.

Auch Immobilien sind keineswegs immer unabhängiges Vermögen. Viele Unternehmer besitzen Immobilien in ihrem Privateigentum, die sie an ihre Firma vermietet haben. Wenn dann die Geschäfte so schlecht laufen, dass die Miete nicht mehr gezahlt werden kann, wirkt sich die wirtschaftliche Schieflage des Betriebs sofort auch auf das Privatvermögen aus. Gegenüber wem soll der Unternehmer die Miete eintreiben? Oder soll er seiner eigenen Firma den Mietvertrag kündigen, um dann nach einem zahlungsfähigen Mieter Ausschau zu halten? Der Interessenkonflikt ist offensichtlich.

So stellen Sie Ihre Vermögensbilanz auf

Ausgangspunkt eines vernünftigen Vermögensmanagements ist eine saubere Bestandsaufnahme. Denn wer Vermögen aufbauen will, muss zunächst wissen, wo er steht. Erst dann kann eine Strategie eingeleitet werden, die einen Weg zu Vermögensaufbau und -mehrung beschreibt. Deshalb Hand aufs Herz: Können Sie Ihre Vermögensverhältnisse sauber beziffern?

Vor Jahren stellte ich einem Unternehmer genau diese Frage. Er antwortete, indem er seine Aufzählung begann: »Nun, ich habe zwei Millionen Euro, so viel ist meine Villa wert.« Daran schloss ich die Frage an, wie er darauf komme, dass dieser Betrag anzusetzen sei. Seine Antwort: Er habe genau diese Summe für den Kauf des Grundstücks und den Bau des Hauses ausgegeben. Auf den ersten Blick war das überzeugend. Zu sehen war ein parkartiges Grundstück, schätzungsweise 10 000 Quadratmeter groß. Die Villa hatte 600 Quadratmeter Wohnfläche und war mit allem denkbaren Luxus gebaut worden. Ein Kleinod.

Die Sache hatte freilich einen Haken: Der Firmeninhaber wohnte nicht im besten Viertel der Stadt, sondern auf seinem Werksgelände. Das Wohnzimmer hatte einen unverbaubaren Blick – direkt auf Produktions- und Lagerhallen. An den Werktagen gab es einen regen Lastwagenverkehr auf dem Gelände. Überdies hatte der Inhaber begonnen, auf der rückwärtigen Seite des Grundstücks eine kleinteilige Wohnsiedlung zu bauen, Werkswohnungen für seine Mitarbeiter.

Also zweifellos ein schönes Haus – aber welchen Marktwert würde es haben? Sicher nicht die zwei Millionen Euro, die der Eigentümer annahm. Als er ein paar Jahre später verkaufen musste, brachte das Haus nur ein Viertel des genannten Wertes ein.

Beim Vermögen geht es darum, Ihre Bestände nach realistischen Kriterien zu erfassen – und überdies überhaupt einen klaren Überblick über das Vorhandene zu bekommen. Werden Unternehmer befragt, wo sie finanziell stehen, können sie in der Regel im Detail beschreiben, wie es mit ihrem Geschäft bestellt ist. Viele kennen die Zehntelprozente der Umsatzzuwächse aller Verkaufsgebiete und können die Renditen der letzten Jahre fast im Schlaf aufsagen. Aber beim Thema Vermögen herrscht Fehlanzeige. Damit haben viele Unternehmer eine offene Flanke: Sie wissen gar nicht, ob genügend Mittel für einen gesicherten Lebensstil im Alter oder eine finanzielle Vorsorge für die möglichen Turbulenzen eines Scheidungs- oder Erbfalls vorhanden sind.

Nur wer seinen Betrieb und sein Vermögen richtig führt, kann auf Dauer Erfolg haben. Das Vermögen ist Stabilisator, Risikobegrenzer und Quelle des Wohlstands aller, die nicht oder nicht mehr in der Firma arbeiten – und deshalb von entscheidendem Gewicht in der Gesamtstrategie.

Deshalb lautet meine Aufforderung an alle Unternehmer: Bringen Sie Ordnung in Ihre Vermögensverhältnisse! Schon aus Gründen der Fairness gegenüber Ihrem Ehepartner sollten Sie das tun. Denn wie soll er oder sie ruhig schlafen können, wenn niemand weiß, wie viel da ist, was da ist, wo es ist und an wen man sich im Fall eines Falles wenden kann? »Für die meisten Frauen ist allein der Gedanke, sich nach dem Tod ihres Mannes um Geldanlagen, Kredite und Versicherungen kümmern zu müssen, eine Horrorvorstellung. Das Gefühl, in dieser Situation, die ohnehin schon heikel genug ist, auch noch Banken und Beratern hilflos ausgeliefert zu sein, bereitet vielen Frauen große Sorge«, meint Volker Loomann, Finanzanalytiker in Reutlingen und Autor zahlreicher Beiträge zu diesem Thema.

Der Schritt zur Vermögensübersicht führt Sie auf vertrautes Terrain. Jeder Unternehmer kennt seine Bilanz. Hier werden Vermögen und Schulden des Betriebs in eine selbsterklärende Aufstellung gebracht.

Abbildung 6: Transparenz des Unternehmervermögens durch eine Bilanz

Vermögensbilanz für Max Müller

Vermögen	lfd. Jahr Euro	Vorjahr Euro	Schulden	lfd. Jahr Euro	Vorjahr Euro
1. Unternehmensvermögen	30 000	28 000	1. Schulden in Zusammenhang mit Unternehmensvermögen	0	0
1.1 Beteiligung Max Müller AG	30 000	28 000	1.1 Beteiligung Max Müller AG	0	0
2. Privates Anlagevermögen	27 100	21 250	2. Schulden im Zusammenhang mit privatem Anlagevermögen	12 600	9 000
2.1 Beteiligung Mittelstandsbeteiligung AG	2 000	0	2.1 Beteiligung Mittelstandsbeteiligung AG	0	0
2.2 Venture Capital Fond	1 300	2 000	2.2 Venture Capital Fond	0	0
2.3 Wertpapier-Depot 1	6 500	6 100	2.3 Wertpapier-Depot 1	0	0
2.4 Wertpapier-Depot 2	1 200	1 250	2.4 Wertpapier-Depot 2	0	0
2.5 Immobilien Berlin	10 000	10 000	2.5 Immobilien Berlin	9 000	9 000
2.6 Immobilien Amsterdam	4 000	0	2.6 Immobilien Amsterdam	3 600	0
2.7 Lebensversicherung	2 000	1 800	2.7 Lebensversicherung	0	0
2.8 Konten/Kasse	100	100	2.8 Konten/Kasse	0	0
3. Privates Luxusvermögen	4 300	4 050	3. Schulden in Zusammenhang mit privatem Luxusvermögen	1 000	1 000
3.1 Einfamilienhaus	2 500	2 500	3.1 Einfamilienhaus	1 000	1 000
3.2 Ferienwohnung	800	800	3.2 Ferienwohnung	0	0
3.3 Kunst, Schmuck, etc.	1 000	750	3.3 Kunst, Schmuck, etc.	0	0
SUMME Vermögen	61 400	53 300	SUMME Schulden	13 600	10 100
Netto-Schulden	0	0	Netto-Vermögen	47 800	43 200

Nichts anderes sollten Sie tun, wenn Sie Ihre Vermögensbilanz aufstellen. Sie führen eine jährliche Aufnahme des Status durch – Vermögenspositionen wie Ihr Firmenanteil, Ihre Geldanlagen in Aktien, jene in Immobilien, Ihr privat bewohntes Haus sowie, soweit vorhanden, Schmuck und Kunstwerke stehen auf der Aktivseite der Vermögensbilanz. Die Passivseite weist die zu den einzelnen Positionen gehörenden Schulden aus. Wenn Sie etwa eine vermietete Immobilie auf Kredit gekauft haben, steht hier die Kreditsumme.

Die Summe der Aktiva abzüglich der Summe der Passiva ergibt Ihre Netto-Vermögensposition. Steht ein positiver Euro-Betrag unter dem Strich, ist dieser Betrag Ihr Netto-Vermögen. Ergibt sich ein negativer Betrag, sind Sie Netto-Schuldner. Das freie Vermögen erhalten Sie, wenn Sie die Bilanz ohne das im Unternehmen gebundene Eigentum aufstellen.

Wichtig ist der Grundgedanke: Sie sollten über das im Bilde sein, was Sie und Ihre Familie besitzen. Was Sie brauchen, ist eine Information über Wertbestände und Wertveränderungen. Erst wenn Sie wissen, welchen Zuwachs oder Verlust es in einem Jahr gegeben hat, können Sie beurteilen, wie Sie in der Umsetzung Ihrer Vermögensziele weitergekommen sind.

Erarbeiten und Umsetzen der Vermögensstrategie

Nach der Aufstellung der Vermögensbilanz geht es daran, die eigentliche Aufgabe umzusetzen: die Entwicklung Ihres Vermögens in Richtung Ihrer Ziele. Ausgehend vom Status quo muss dann die Vermögensstrategie entwickelt werden.

Das erfordert einen gewissen Zeiteinsatz. Es liegt dabei in der Hand des Unternehmers, inwieweit er sich hier selbst engagiert. In überschaubaren Verhältnissen ist das mit etwas Routine in wenigen Tagen im Jahr zu erledigen. Bei größeren Vermögen hat sich externe Unterstützung bewährt – von einem oder mehreren Vermögensbetreuern im Betrieb bis hin zu einem professionellen Family Office oder einem externen Vermögensmanager.

Wichtig ist die Einstellung: Für eine langfristig erfolgreiche Führung ist ein ausgewogener Einsatz der geistigen Energien nötig. Ein Unternehmer steht dann richtig da, wenn er nicht 100 Prozent seiner persönlichen Ressourcen in die Firma steckt, sondern alle vier Themen des INTES-Prinzips bedarfsgerecht bedient, auch das Vermögen. Für einige Inhaber bedeutet das: Sie müssen sich von dem Gedanken verabschieden, dass sie alle Zeit ins Geschäft stecken können und das Thema Familienvermögen eine mehr oder weniger verwaiste Existenz fristet. »Privates Geld, das ist ein Spielfeld zweiter Klasse«, diese Einstellung führt dazu, dass mit dem Thema stiefmütterlich umgegangen wird. Viele haben keine Lust, sich neben dem aufreibenden Job in der Firma auch noch mit dem »privaten Geldkram« zu beschäftigen.

Doch damit nicht genug. Anstatt diese wichtige Aufgabe in die Hände von Profis zu legen, wählen viele Unternehmer problematische Billiglösungen. »Die paar Transaktionen im Depot und die Einzahlungen in die Lebensversicherung, das kann doch die Chefsekretärin erledigen oder der Finanzprokurist.« Da ist es kein Wunder, dass die meisten Unternehmervermögen nur Magerrenditen erwirtschaften. Machen Sie sich deshalb folgende Einstellung zu Eigen: Jede Stunde mehr, die Sie für das Management Ihres Privatvermögens einsetzen, bringt Erträge, die Sie in Ihrem Unternehmen mit dieser Stunde nie erwirtschaften würden. Man darf durchaus eine um ein bis zwei Prozentpunkte verbesserte Rendite erwarten, wenn das Vermögen nach professionellen Maßstäben gemanagt wird – wohlgemerkt nach Abzug der Kosten, die dabei entstehen. Bei einem bislang nicht gemanagten Vermögen (Haus, Festgeldkonten) kann der Renditegewinn sogar deutlich höher ausfallen. Kontinuierliches Vermögensmanagement bringt Ergebnisse, die man nicht mehr missen möchte.

Wichtig für die Vorgehensweise: Anlage nach Intuition ist kein guter Weg, um auf Dauer befriedigende Ergebnisse zu erzielen. Die Rendite Ihres Einsatzes auf der Vermögensseite hängt entscheidend davon ab, dass Sie ein passendes Konzept haben – und das auch kontinuierlich, über Jahrzehnte, verfolgen. Die Früchte guten Vermögensmanagements sieht man nicht schon Tage nach der Saat. Ein Weinstock bringt auch nicht gleich im ersten Jahr einen guten Wein hervor. Der Winzer hegt und pflegt die Setzlinge, schneidet die werdende Pflanze immer wieder, und erst nach einigen Jahren beginnt die regelmäßige Ernte.

Zu den Grundprinzipien der erfolgreichen Anlage gehört es, auf verschiedenen Feldern zu wirtschaften. Ein gut angelegtes Vermögen braucht Diversifikation, um einseitige Risiken zu vermeiden. Die breit gestreute Anlage senkt das Risiko und erhöht die langfristige wirtschaftliche Stabilität. Deshalb sollte nicht, um des kurzfristigen Erfolges willen, jedes Risiko in

Kauf genommen werden. Meist entstehen gerade dadurch Einbrüche, die nicht mehr ausgeglichen werden können.

Denken Sie etwa an einen Unternehmer, der durch jahrelange, kontinuierliche Arbeit an seinem Vermögen einen guten Anlageerfolg erzielt hat. Der Wert des ursprünglich angelegten Geldes hat sich über 20 Jahre ordentlich vermehrt. Der Anleger hat gerade seinen 59. Geburtstag gefeiert – er plant, seine operativen Aufgaben in vier Jahren an seinen Sohn abzugeben. Da bekommt er einen vertraulichen Hinweis von einem Finanzguru. »Unwiderstehlich«, denkt er, »ein echter Geheimtipp.« Er setzt 50 Prozent seines Vermögens auf die Aktie des empfohlenen Unternehmens, in der Hoffnung auf den schnellen Extragewinn. Bald danach kommt das böse Erwachen: So bombensicher war der Tipp doch nicht. Die empfohlene Firma verlor ihren wichtigsten Kunden, der Kurs sank binnen Tagen um 70 Prozent. Bis zum Ausscheiden aus dem Geschäft bleiben unserem Inhaber nur mehr drei Jahre; der Zeitraum ist zu kurz, um die erlittenen Verluste wieder hereinzuholen. Die Konsequenz: Er muss entweder deutlich länger arbeiten, oder er nimmt einen Ausstieg mit einem deutlich verringerten Lebensstandard hin – und das alles nur, weil er einem vermeintlich guten Tipp gefolgt ist.

Das Beispiel zeigt deutlich: Bei der Vermögensanlage sind Konzept, Kontinuität und Langfristigkeit wichtiger als die Jagd nach dem kurzfristig maximierten Gewinn. Maximierungsmöglichkeiten, aber auch Risiko haben Sie in Ihrer Firma schon genug. Im Privatbereich geht es um Risikobegrenzung und Vermögenserhalt. Diversifizierung ist der Schlüssel, um die wirtschaftlichen, politischen und sozialen Risiken, die Ihr Vermögen gefährden können, zu begrenzen. Auch hierfür gibt es einige Grundregeln. Das Gesamtvermögen des Unternehmers sollte in unterschiedlichen Risikoklassen angelegt sein. Bedient etwa der Betrieb nur Kunden in Deutschland, dann sollte über das Privatvermögen ein Ausgleich derart stattfinden, dass das Vermögen nicht in Firmen angelegt wird, die von ebendiesen Kunden abhängig sind. Ein Unternehmer, der im Konsumgütergeschäft ist, sollte nicht Aktien von anderen Konsumgüterunternehmen in seinem Portefeuille haben – denn das würde zu einer Risikoballung führen. Denn sinkt der Absatz im eigenen Betrieb, werden auch die Kurse der Aktien im Privatvermögen sinken. Überdies sollte der Unternehmer, sofern er mit seiner Firma in einem sehr risikoreichen Geschäft tätig ist, nicht auch für sein sonstiges Vermögen Anlagen mit hohem Risiko suchen. Denn das kann im ungünstigen

Fall zu einem Totalverlust führen. Deshalb der Risikoausgleich in der Anlagestrategie – in deren Umsetzung würde das Vermögen zum Beispiel so aufgeteilt sein: Aktien Deutschland, Aktien USA, Staatsanleihen Norwegen, Lebensversicherung Schweiz. Dies sei bitte nicht als Anlagetipp verstanden, sondern nur als exemplarische Darstellung eines auf verschiedene Anlageformen und -risiken gestreuten Vermögens.

Guten Rat gibt es nicht umsonst – nur was etwas kostet, hat auch Wert

Nur wenige Unternehmer verfügen über so viel Besitz, dass es sich lohnt, einen eigenen Vermögensmanager zu beschäftigen. Die Anlage ist deshalb in der Praxis oft eine Mischung aus eigenem Vorgehen plus Unterstützung von außen. Zu Letzterem seien hier einige Warnungen ausgesprochen, denn der Markt für Vermögensberatung ist intransparent, dient oft nicht den Interessen des Anlegers – und es gibt viele Anbieter, die schlicht inkompetent sind. Immer mehr Banken und auch freie Vermögensberater bieten ihre Dienste an, aber es geht in vielen Fällen nicht darum, die Ziele des Kunden zu bedienen, sondern die eigenen Produkte unterzubringen. Aktienfonds, Lebensversicherungen, allerlei Steuersparmodelle in Immobilien, Schiffen oder Filmgesellschaften wollen an den Mann oder die Frau gebracht werden. Gerade die Banken sind selbst Produzenten dieser Anlagepakete; deshalb geht es den Geldhäusern vor allem darum, auch die selbst gesetzten Verkaufsziele zu erfüllen.

Wenn Sie ein Beratungsangebot beurteilen wollen, hilft Ihnen eine einzige, zentrale Frage: »Wer bezahlt die Beratungsleistung?« Ist die Beratung für Sie kostenlos, sollten bei Ihnen die Warnlampen angehen. Denn die Arbeitsstunden, die der Berater mit Ihnen verbringt, werden dann von den Anbietern der jeweiligen Finanzprodukte bezahlt. Eine unabhängige Entscheidung dürfen Sie nicht erwarten, der Berater wird das verkaufen, was ihm die meisten Provisionen einbringt (auch wenn er Ihnen gegenüber ganz anders argumentiert).

Zudem sollten Sie auch misstrauisch sein, wenn neben der Beratung auch die anschließende Verwaltung mit angeboten wird. Der Finanzdienstleister wird dann an den Depotgebühren interessiert sein, überdies ist es für ihn einträglich, Ihre Anlagen immer wieder umzuschichten. Denn durch Verkäufe und Käufe entstehen Provisionen, die das Geschäft des Dienstleisters mehren.

Wer also meint, er könne etwas sparen, indem er auf die Gratisberatung der Finanzbranche zurückgreift, erliegt einem grundlegenden Irrtum. Denn dann bekommt er diejenigen Produkte ins Depot gelegt, die seinem Verkäufer die höchsten Provisionen einbringen. Für den Anleger ist das in der Regel ärgerlich, er bezahlt für das vermeintlich Billige einen hohen Preis: Man bekommt nur selten die für seine Vermögensziele optimalen Anlagen.

Für jeden Unternehmer, der auf der Suche nach Unterstützung bei seiner Vermögensstrategie ist, sollte deshalb klar sein: Gute Beratung hat ihren Preis. Es sollte sichergestellt sein, dass der Berater nicht nach seinen potenziellen Provisionen entscheidet. Am besten ist eine Vereinbarung, die eine Erklärung beinhaltet, dass der Vermögensberater keine Provisionen annimmt. Das entscheidende Auswahlkriterium für den Kunden sollte sein, ob der Berater zu seinen Vermögenszielen passt. Wenn er nachweislich Erfolge mit der Betreuung von Unternehmervermögen erzielt hat, ist das ein Indiz für Qualität. Wichtig ist in jedem Falle eine dokumentierte langjährige Performance, nicht der zufällige Erfolg. Berater, die schnelle und hohe Renditen versprechen, sind im Zweifel nicht der richtige Ansprechpartner für die Betreuung eines Unternehmervermögens, bei dem es um nachhaltigen und kontinuierlichen Anlageerfolg geht, nicht um das eine oder andere schnelle Schnäppchen.

Ihr Vermögen wächst wie eine Pyramide

Mancher Anleger fragt zu Recht: »Wie bewerte ich meine Vermögensrisiken?« Als Antwort darauf gibt es eine einfache Regel, die sich oft bewährt hat: Ein Verögen baut man ähnlich wie eine Pyramide auf. Erst kommt ein Sockel, der dem Bauwerk den sicheren Stand gibt, er bildet die Grundfläche, auf der die anderen Bestandteile des Vermögens angeordnet werden. Nach oben hin läuft die Pyramide spitz zu – das ist das Sinnbild für die Risikoverteilung. Jeder Baustein hat den gleichen finanziellen Wert – nehmen wir an 1 000 Euro. Das Risiko nimmt nach oben, zur Spitze hin, zu. Ganz unten, im Fundament, werden die Steine verbaut, die nur wenig Risiko tra-

Abbildung 7: Die Vermögenspyramide (in Anlehnung an: Huber/Praschil 1998, S. 833)

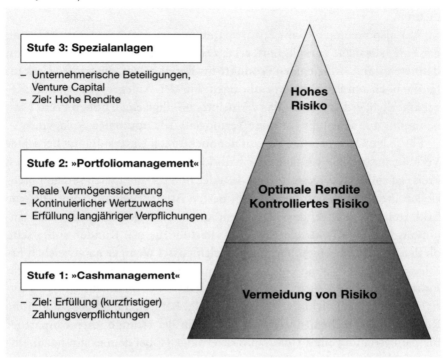

gen können. In der Mitte ist es schon mehr. Die Steine oben tragen das meiste Risiko – und aus der Gestalt der Pyramide ist ersichtlich, dass hier pro Meter Höhe die wenigsten Steine verbaut werden.

So ergibt sich die Regel für den Vermögensaufbau: Je höher das Risiko einer Anlage, desto weniger Mittel sollten in dieses Investment fließen. Die Empfehlungen aus dem Konzept der Vermögenspyramide sind einfach und leicht verständlich:

1. Konservativ gebautes Fundament. In die Basis der Pyramide gehören die sicheren Anlagen. Sie dienen dazu, einen Grundstock an Anlagen zu schaffen, der keinen großen Schwankungen unterliegt. Im Rahmen der Vermögensstrategie geht es hier nur um das Ziel der Werterhaltung. Die gebundenen Mittel sollen auch zur Verfügung stehen, wenn sich kurzfristig ein Finanzbedarf abzeichnet. Dazu gehören Versicherungen, die

das Vermögen vor bestimmten Risiken schützen. Lebensversicherungen, Obligationen sowie die für kurzfristige Ausgabenzwecke wichtigen Anlagen in Fest- und Tagesgeldkonten.
2. Der Mittelteil sorgt für solide Wertzuwächse. Während beim Fundament der Werterhalt im Vordergrund steht, geht es im wichtigen Mittelteil der Pyramide um Wertvermehrung. Hier soll das angelegte Kapital über die Jahre wachsen. Deshalb werden geeignete Anlageformen gewählt, die den langfristigen Renditezielen des Vermögensinhabers dienen. Er geht mit diesen Anlagen nicht das maximale Risiko ein, sondern sucht nach einem kontrollierbaren Chancen-Risiko-Verhältnis. Schließlich sollen die Erträge aus diesem Vermögen die Ansprüche in der Zukunft bedienen – etwa als Vorsorge für den Ruhestand dienen oder als Sicherungsnetz für diverse persönliche Risiken wie Krankheit oder Ehescheidung. Die bevorzugten Anlageformen sind Aktien, Aktienfonds, Beteiligungen an soliden Unternehmen oder Immobilien. Der Bindungshorizont beträgt mindestens zehn Jahre, erst danach wird das hier gebundene Geld wieder gebraucht.
3. Die Spitze sorgt für spekulative Chancen. Sind die Bedarfe des Fundaments und des Mittelteils gedeckt, kann der Unternehmer hier seine freien Reserven anlegen – Mittel, die nicht für vorhersehbare Zwecke gebunden sind. Deshalb kann getrost in risikobehaftete Anlagen investiert werden. Es besteht die Chance, überdurchschnittlich hohe Gewinne zu erwirtschaften, aber auch das Risiko des Totalverlustes. Anteilsmäßig wird nur ein kleiner Teil des Gesamtvermögens angelegt, der in Anlageformen wie Venture-Capital, Wachstumsaktien, Optionsscheine oder Aktien von Unternehmen in Schwellenländern fließt.

Für den Vermögensaufbau ist es zwingend erforderlich, erst das Fundament und den Mittelbau zu schaffen. Hier entsteht die Substanz, die den zukünftigen Wohlstand sichert und der Absicherung der bereits genannten Unternehmerrisiken wie Alterssicherung und Notfallvorsorge dient. Wer diese Regel ignoriert, macht einen Fehler. Spekuliert werden darf erst, wenn die anderen Ansprüche bedient sind – und auch nur mit einem vergleichsweise kleinen Teil des Vermögens.

Die Vermögenspyramide liefert Ihnen ein Grundmodell, das hilfreich ist für Aufbau und Steuerung Ihres Eigentums. Eine Strategie ist sie freilich nicht – diese ergibt sich erst durch die Vorgaben des Vermögensinhabers. In diesen wird festgelegt, welchen Zwecken das Vermögen dienen soll, welche Anlageziele erreicht werden sollen und wie viel Zeit für den Aufbau zur Verfügung steht. Erst daraus leitet sich die Vorgehensweise ab.

Wie sich das Ausgabenrisiko auf das Vermögen auswirkt

Jeder Vermögensaufbau steht zudem unter einer wichtigen Nebenbedingung: Wie viel der Unternehmer und seine Familie Monat für Monat ausgeben, hat entscheidenden Einfluss sowohl auf den Bestand als auch auf die Wachstumschancen des Vermögens. Viele Inhaber haben diesen Zusammenhang intuitiv verstanden und verhalten sich entsprechend. »Haben kommt von Halten«, lautet ein unter erfolgreichen Unternehmern verbreitetes Credo. Davon zeugen Verhaltensweisen wie die des *Ikea*-Gründers Ingvar Kamprad, der auf Flugreisen immer nur die billigste Klasse benutzt. Das zeugt nicht nur von Kostenbewusstsein, sondern ist auch eine symbolische Handlung. Geld, das heute für Luxus ausgegeben wird, kann nicht mehr den Vermögensertrag von morgen sichern.

Jeder Unternehmer hat die durchaus anspruchsvolle Aufgabe, drei Ansprüche zu bedienen:

- den Investitionsbedarf seines Unternehmens,
- das Einkommen, das seine Familie braucht, um ihren Lebensstandard zu bezahlen,
- den Aufbau seines privaten Vermögens.

Dass es hier zu Konflikten kommen kann, liegt auf der Hand – jeder Euro kann schließlich nur einem Zweck gewidmet werden. Eines der typischen Risiken für das Vermögen kann sich aus einer Einstellung entwickeln, die den Luxus in der Gegenwart höher bewertet als die Sicherung des Wohlstands in der Zukunft: Der Unternehmer oder seine Familienmitglieder frönen einem aufwändigen Lebensstil, der es unmöglich macht, dass ihr Vermögen den für die langfristigen Ziele nötigen Wert erreicht.

Dass manche Unternehmerfamilien für den privaten Konsum zu viel ausgeben, ohne es zu wissen, macht eine Musterrechnung anschaulich: Die bekannte Unternehmerbank *J. P. Morgan* hat ermittelt, dass eine Familie im Jahr höchstens 3 Prozent aus dem investierten Vermögen entnehmen darf,

Abbildung 8: Wie sich Entnahmen zum Vermögensrisiko entwickeln können (in Anlehnung an: Muth 2005, S. 28)

Wenn Sie von Ihrem investierbaren Vermögen folgenden Prozentanteil ausgeben …	… dann wird sich Ihr Vermögen in 20 Jahren mit folgender Wahrscheinlichkeit um mehr als 20 % verringert haben:
3 %	weniger als 20 %
5 %	35–40 %
7 %	70–90 %

wenn sie es erhalten will.[2] Bei höheren Entnahmen steigt die Wahrscheinlichkeit überdurchschnittlich, dass der Bestand langsam abnimmt. Den Zusammenhang macht die Tabelle in Abbildung 8 deutlich:

Die Ausgaben wirken sich deshalb so stark auf das Vermögen aus, weil sie sich nur schwer verringern lassen. Egal, ob es um die Erhaltung eines bestimmten Lebensstils geht, den Kauf eines Unternehmens oder die Übertragung von Vermögen – meist machen wir den Fehler, dass wir die Beträge in absoluten Zahlen ausdrücken und nicht, wie es angebracht wäre, in Prozentsätzen des Vermögens. Denn in diesem Fall würde sofort deutlich, was ein zu aufwändiger Lebensstil zur Folge hat: Weil der bei gleichbleibenden Entnahmen das Vermögen verkleinert, steigen die Ausgaben als Prozentwert ausgedrückt an. Das beschleunigt den Kapitalschwund.

Es wäre zudem ein Irrglaube, dass diese Verluste durch eine aggressivere Anlagestrategie wieder auszugleichen seien. Dieses Unterfangen gleicht einem Roulettespieler, der zu vorgerückter Stunde reichlich nervös geworden ist. Die ersten Zeichen von Stress machen sich schon bemerkbar, die Hände sind feucht, als er weitere Jetons auf den Spieltisch schiebt. »Ich muss meine Verluste wieder herausholen«, sagt er sich. Er will sich Mut machen. Im Laufe des Abends hat er den Großteil seines anfänglichen Einsatzes verloren. Von den Jetons, die er vor Stunden an der Kasse gekauft hat, sind nur noch wenige übrig. Diese setzt er jetzt auf waghalsige Kombinationen, die das 12- und 36-Fache des Einsatzes bringen können – wenn, ja wenn nur die Kugel auf die richtige Zahl fällt. Der nervöse Blick des Spielers fixiert die Scheine.

Wie das ausgeht, wissen Sie. Der Spieler verliert auch den Rest. Vergleichbares erleben auch Vermögensinhaber, die verzweifelt dahingeschmolzenes Kapital schnell wiedergewinnen wollen. Das geht meistens schief!

Das Ausgabenrisiko muss man deshalb an der Wurzel packen: Reduzieren Sie Ihre Ausgaben, wenn das nötig ist, und zwar sofort! Denn es ist keineswegs richtig, dass die Unternehmerrolle automatisch die Eintrittskarte für einen aufwändigen privaten Lebensstil ist, im Gegenteil. Viele Inhaber haben jahrelang hart gearbeitet und privaten Verzicht geleistet, bevor sie sich etwas Luxus gönnen konnten. Teure Hobbys, Sommerhäuser, exklusive Urlaubsreisen – all das gehört für viele Unternehmer zumindest in der Anfangszeit ins Reich der Träume. Die Geschichte vom Unternehmer, einem überaus erfolgreichen übrigens, der nach 16 Jahren immer noch mit demselben Mercedes-Kombi herumfährt, ist für den Lebensstil vieler Familien durchaus typisch. Ein anderer Fall: Vor einiger Zeit berichtete mir der Inhaber eines Dienstleistungsunternehmens, das eine respektable Stellung am Markt hat, dass er sich in manchen Jahren weniger Gehalt auszahlte, als seine Mitarbeiter verdienten.

Als allgemeine Regel lässt sich daraus ableiten: Sie sollten jederzeit darüber im Bilde sein, ob Ihr Lebensstil noch zu dem passt, was Ihre finanziellen Rahmenbedingungen zulassen. Zwei Instrumente, welche die Vermögensbilanz ergänzen, sind dafür hilfreich:

- Die Gewinn- und Verlustrechnung für Ihr Vermögen ermittelt dessen Veränderungen und sagt Ihnen, wo genau Minderungen und Mehrungen stattgefunden haben.
- Die Cash-Flow-Rechnung für Ihr Vermögen sagt Ihnen, wie sich die Veränderungen auf Ihre Zahlungsfähigkeit auswirken.

Überdies gibt es eine Übung, die leider etwas aus der Mode gekommen ist, aber mancher Unternehmerfamilie helfen würde: die Aufstellung der monatlichen Ausgaben. Aus dieser Übersicht lässt sich mit etwas Systematik leicht eine Agenda ableiten – etwa wenn man die Ausgaben in Kategorien wie »muss«, »kann«, »darf« einteilt. Nicht wenige Familien sind überrascht, wenn sie eine derartige Liste vorliegen haben. Sie erfüllt zudem noch einen weiteren Nutzen: Drücken Sie, wie eingangs vorgeschlagen, die Ausgaben als Prozentsatz Ihres Vermögens aus – und leiten Sie daraus die nötigen Schlussfolgerungen für Ihre Kapitalanlagestrategie, aber auch für Ihre privaten Konsumentscheidungen ab.

Ein weiterer Punkt, der Einfluss auf das Ausgabenverhalten hat, sind die Ansprüche der Familienmitglieder. Im Gründer-Unternehmen ist der Umgang mit Geld noch kein Problem. Hier dürfte es auch kaum Risiken durch überhöhte Ausgaben für Privates geben – denn eine Familie, die zehn Jahre mit dem VW-Käfer in den Urlaub gefahren ist, weiß noch, wie sich kleine Verhältnisse anfühlen.

Anders ist das für die Kinder eines Inhabers, der das Geschäft von seinen Vorfahren übernommen hat. Hier hat sich meist schon ein bestimmter Lebensstil eingeschliffen. Auch wenn die Kinder, wie es in vielen Unternehmerfamilien üblich ist, nicht überreichlich mit Geld ausgestattet werden, so ergibt sich mit der Zeit doch oft ein eher gelockertes Verhältnis zu Ausgaben und Konsum. »Wenn ich Geld brauche, ist auch welches da«, so lautet die vielfach erlernte Haltung. Knappheit oder Not haben die Sprösslinge ja aus eigenem Erleben nie kennen gelernt. Dass es das früher einmal gab, wissen sie allenfalls aus Anekdoten und Erzählungen.

Eine laxe Haltung kann sich zu einem Risiko für Betrieb und Vermögen entwickeln – nämlich dann, wenn es in der Generationenfolge immer mehr Erben gibt, die zumindest einen Teil ihres Einkommens aus der Firma bestreiten wollen. »Mit jeder Generation wächst die Zahl der undisziplinierten Kinder«, so die Einstellung manches von Ansprüchen gebeutelten Unternehmers. Laut einer von INTES durchgeführten Untersuchung bestreiten etwa die Hälfte aller Gesellschafter in Familienunternehmen einen wesentlichen Teil ihres Lebensunterhalts aus den Dividenden des Betriebs.

Deshalb sollte der Umgang mit Geld und Kapital in der Familie ein Thema sein – sinnvollerweise kann das in die Ausbildung der Nachkommen eingebettet werden. Setzen Sie diesen wichtigen Punkt auch bei Familientagen mit auf die Agenda. Es hilft Ihnen ebenso wie den nachfolgenden Inhabergenerationen, wenn diese frühzeitig eine professionelle Einstellung zum Vermögen lernen. Gezielte Workshops zum Thema Umgang mit Geld und Vermögen für die kommenden Unternehmergenerationen können hier in die richtige Richtung wirken. Ohne diese Vorbereitung geht es nicht, denn in den seltensten Fällen kommen die Kinder selbst auf die Idee, sich in die Thematik einzuarbeiten.

Steuern und Unternehmervermögen

Die Finanzbehörden stehen unter Druck. Weil die Regierung immer mehr Geld benötigt, wird der steuerliche Zugriff auf Vermögen stärker, ehedem noch bestehende Gestaltungsmöglichkeiten für den Steuerzahler verschwinden. Eine Steuerstrategie muss deshalb integraler Bestandteil Ihres Vermögensmanagements sein.

Besonders die Ertragsteuern werden als zu hoch empfunden. Zwar wollen sich die meisten Unternehmer keineswegs der Steuerzahlung entziehen. Der Vorstandsvorsitzende von *Porsche*, Wendelin Wiedeking, lässt sich immer wieder mit der Aussage zitieren: »Wir zahlen hier gerne Steuern.« Dennoch wird die Höhe der Belastung gerade von Inhabern kritisiert – sie kann mitunter durchaus konfiszierende Züge annehmen. Dann steigt Ärger auf, und die Unternehmer suchen nach Auswegen.

Diese Betrachtungsweise ist grundsätzlich richtig. Denn für den finanziellen Erfolg kommt es am Ende nicht darauf an, was man verdient, sondern darauf, wie viel einem der Staat davon lässt. Dass in manchen Fällen die subjektive Schmerzschwelle überschritten wird, zeigen immer wieder spektakuläre Falle von Steueropponenten. Der bekannte Milch-Unternehmer Müller ist in die Schweiz ausgewandert, um den deutschen Steuergesetzen zu entgehen. Viele andere haben es ihm gleichgetan.

Überdies ist eine ganze Industrie von spezialisierten Beratern entstanden. Sie suchen nach immer neuen Schlupflöchern im Steuerrecht, bauen darauf Geldanlage- und andere Produkte auf und betreiben damit ein florierendes Geschäft. Immer neue Instrumente der Steuerminimierung kommen auf den Markt. Es scheint, dass man nur die richtigen Produkte dieser Anbieter kaufen muss – und schon ist die Steuerlast weg. Viele der steueroptimierten Vorgehensweisen sind jedoch mit Vorsicht zu genießen. Sie machen Ihren Alltag sehr viel komplexer, die Eigentumsverhältnisse werden durch die nötigen Konstruktionen unübersichtlich, es entstehen neue Risiken wie etwa diese:

- Die Kontrolle wird schwerer. In einem nach den letzten Regeln der Steuervermeidungsberater durchoptimierten Vermögen besteht die Gefahr, dass die Übersicht verloren geht. Fehlanlagen oder Anlagen mit zu niedriger Rendite werden dann nicht mehr rechtzeitig entdeckt. Damit steigt das Risiko von Fehlentscheidungen, deren Folgen jeden Steuerspareffekt zunichte machen.
- Anlage nach Steuergesichtspunkten macht starr. Es gibt Bindungsfristen, Höchstbeträge, Verfügungseinschränkungen und allerlei andere Bedingungen, die dem unternehmerischen Interesse zuwiderlaufen. Tritt in ei-

ner solchen Konstellation der Bedarf nach Liquidität auf, kann dieser oft nicht befriedigt werden, weil die Mittel wegen Inflexibilität nicht zur Verfügung stehen.

Die Empfehlung lautet deshalb: Jeder Inhaber sollte einfache und auch unternehmerisch überzeugende Steuerstrategien bevorzugen. Nicht der Steuerberater, sondern Sie steuern Ihr Vermögen. Das Vorgehen sollte die naheliegenden Aspekte mit einbeziehen, sonst wird die wirtschaftliche Aktivität zur Nebensache, die von der steuerbedingten Vorgehensweise überlagert wird. »Nicht nach Steuern steuern«, dieser durch den Betriebswirtschaftler Horst Albach häufig verbreitete Rat ist immer noch uneingeschränkt gültig.

Anmerkungen zu diesem Kapitel

1 Hans Otto Eglau, *Erbe, Macht und Liebe, Unternehmerfamilien zwischen Interessen und Emotionen*, Düsseldorf 2001, S. 175 f.
2 Vgl. Zakaroff, in: Andreas Muth (Hrsg.), *Unternehmervermögen im Risiko*, Bonn-Bad Godesberg 2005, S. 28 ff.

Die Person des Unternehmers

In diesem Kapitel werden folgende Themen behandelt:

- Die Bedeutung des Unternehmers für den Unternehmenserfolg
- Die eigenen Grenzen erkennen und managen
- Die eigene Rolle aktiv bestimmen
- Teamwork mit dem Ehepartner und Außenstehenden
- Die Schaffung geistiger Hygiene
- Gesundheit als Erfolgsfaktor

Unternehmer-Energie macht den Unterschied

»Würdest du dieses Projekt auch machen, wenn du nur noch sechs Stunden am Tag arbeiten dürftest?«, fragt die Ehefrau den Unternehmer. Sie will herausbekommen, was die Sache bringt, was sie wirklich wert ist. Vor allem will sie ihren Mann davor schützen, dass aus seiner Sechstagewoche eine Siebentagewoche wird. Natürlich, der Inhaber macht das Projekt. Er will seinen Betrieb voranbringen – schließlich hat er das Geschäft aus kleinsten Verhältnissen aufgebaut.

Reinhold Würth ist ein Beispiel dafür. Als er das väterliche Unternehmen übernahm, gab es zwei Mitarbeiter: ihn und seine Mutter. Heute gebietet Würth über ein Milliardengeschäft. Operativ wird der Betrieb von familienfremden Managern geführt, seine Tochter Bettina ist Vorsitzende des Beirats. Aber der Alleininhaber war und ist der Ideengeber für die Firma. Schrauben verkaufen können auch seine Mitarbeiter, auch die Logistik managen.

Der Unternehmer dagegen hat eine besondere, nicht austauschbare Rolle: Er trägt einen Entwurf mit sich herum, hat ein Bild von dem, was der

Betrieb in 10, 20 Jahren sein soll. Bei manchen Inhabern ist das eher ein Gefühl, bei anderen ein richtiger Plan. Eine Aufgabe, die nur der Mann oder die Frau an der Spitze erfüllen kann: Es gilt, diesen Entwurf in die Praxis umzusetzen, also auf Ideen Taten folgen zu lassen – und Verbündete zu suchen, die beim Fortkommen auf den Märkten helfen. Bei näherer Betrachtung sehen wir, wie viel es ausmacht, wenn es einen Menschen gibt, der seine geistige Energie einsetzt und sein Vorhaben vorantreibt.

Die Gründung von Herbert Kelleher ist eine jener Bierdeckel-Gründungen. Abends beim Bier hatte er die Elemente seines Plans gut gelaunt hingeschrieben, halb im Ernst, halb im Spaß. Eine Fluggesellschaft, wie es sie noch nicht gegeben hatte, war in seinem Kopf entstanden. Entscheidend für den Erfolg der Gründung war Kellehers Unternehmer-Energie. Der Mann aus Dallas war wie ein Stehaufmännchen. Er konnte seine Mitmenschen immer wieder von seiner Vision überzeugen, er ließ sich durch Widerstände nicht einen Zentimeter von seinem Vorhaben abbringen, er zeigte sich als zäh, überzeugend, gewinnend, konsequent und hartnäckig. Ein Angestellter sagt sich vielleicht, wenn er auf eine Hürde stößt: »Okay, eine Hürde. Probiere ich vielleicht etwas anderes, später.« Hätte Kelleher so gedacht, hätte es die erfolgreichste Fluggesellschaft der Welt nie gegeben. Er stieß auf Widersacher, die ihm die Butter vom Brot nehmen wollten. Die großen, übermächtigen US-Fluggesellschaften brachten sich in Stellung: Sie schickten ihre Anwälte los, mit dem alleinigen Auftrag, das neue Unternehmen aus Dallas unmöglich zu machen. Southwest Airlines wurde zunächst der Betrieb verboten. Ihr Inhaber musste sein ganzes Kapital in Anwälte und Auseinandersetzungen vor Gericht stecken. Noch bevor der erste Passagier in eine gemietete Boeing 737 steigen konnte, war Kelleher praktisch pleite.

Aber er ließ sich nicht beirren, machte trotzdem weiter und fand einen neuen Weg, an den er zuvor noch nicht gedacht hatte. Er mühte sich so lange, bis seine Fluggesellschaft ein Erfolg wurde, bis ihm die großen, etablierten Konkurrenten nichts mehr anhaben konnten, bis er seine Idee »Fliegen zum Preis eines Busfahrscheins« durchgesetzt hatte.

An dieser und zahlreichen anderen Erfolgsgeschichten zeigt sich: Das Gelingen ist eine unmittelbare Folge der Persönlichkeit des Unternehmers. Wer stark, ideenreich und konsequent ist, hat Erfolg. Wer sich ablenken oder von der ersten auftretenden Hürde zermürben lässt, scheitert. In beiden Fällen mögen die Mitarbeiter genauso qualifiziert und engagiert sein. Den Unterschied macht die Qualität der Unternehmer-Energie. Wäre Reinhold Würth ein Zauderer, ein ängstlicher Typ gewesen – er hätte nicht einmal die erste Milliarde Umsatz geschafft.

Der Mann (oder die Frau) an der Spitze schafft den entscheidenden Wertbeitrag. Ein eindrucksvolles Beispiel dafür liefern oft die Verhältnisse im Fußball: Hier ist der Trainer der wichtigste Mann. Er spielt nicht mit, berührt keinen einzigen Ball, er schießt kein Tor. Und dennoch: Ein und dieselbe Mannschaft – ein guter Trainer führt sie zum Sieg, ein schlechter an das Tabellenende.

Vielen Fußballfans sind wahrscheinlich die Geschicke des 1. FC Kaiserslautern noch in Erinnerung. Der Verein war in die Zweite Bundesliga abgestiegen. Dann kam ein neuer Trainer. Er schaffte es mit seinem Einsatz und seiner Energie, eine zuvor glücklose Mannschaft wieder in die Erste Bundesliga zurückzuführen. Nur zwei Jahre nach dem Abstieg aus der Ersten Bundesliga wurden die Pfälzer mit dem neuen Trainer deutscher Fußballmeister – vor Bayern München. Ein Erfolg, den der Traditionsclub nach eigenem Bekunden dem Fußballlehrer verdankte. Otto Rehhagel schaffte Ähnliches mit der griechischen Fußballnationalmannschaft, die er aus dem Nichts zum Europatitel führte.

Mit Unternehmern und ihren Firmen verhält es sich nicht anders. Mehr noch als der Fußballtrainer geben sie ihrem Betrieb eine unverwechselbare Prägung:

- *Agenda:* Der Inhaber bestimmt die Agenda.
- *Ziele:* Das Unternehmen folgt in seiner Entwicklung dem Entwurf des Unternehmers. Der Entwurf prägt das Handeln.
- *Ressourcen:* Der Inhaber bestimmt, wann welche Ressourcen wie eingesetzt werden.
- *Stimmung:* Auch wenn das auf den ersten Blick unwichtig erscheint – das Gegenteil ist der Fall. Der Unternehmer gibt die Grundstimmung vor.

Jeder Unternehmer sollte diese Wirkungsweise kennen, um seinen Beitrag zum Ganzen zu bemessen. Hieraus folgt auch die Handlungsempfehlung: Der erfolgreiche Inhaber konzentriert sich auf genau die Aufgaben, die nur er für seinen Betrieb leisten kann – die also nicht an Mitarbeiter delegiert werden können. Hier liegt der Ort seiner größten Wirkung.

Wenn Sie sich an diese Regel halten, was im Alltag zugegebenermaßen manchmal nicht ganz einfach ist, haben Sie schon viel gewonnen: Ihre Agenda sind die wichtigen Aufgaben, nicht unbedingt die dringenden. So, wie ein Unternehmen sich insgesamt nicht von seiner Kernkompetenz ablenken lassen sollte, weil es dann an Schlagkraft verliert, sollte auch der tätige Inhaber als Einzelperson nach dieser Maxime handeln. Suchen Sie jederzeit den Ort Ihrer größten Wirkung. Das hält Sie von unnötigen Dingen frei, entlastet Ihren Terminplan und gibt Ihren Mitarbeitern Raum zum Handeln.

Nicht jeder Unternehmer schafft das. Klaus Conrad zum Beispiel, der heutige Seniorchef des Elektroniunternehmens *Conrad Electronic*, berichtet, wie sich sein Vater einst mit so manchen unwichtigen Vorgängen verzettelte. Der Vater war vom Geschehen des Krieges geprägt. Doch auch danach sorgte er noch für gnadenlose Sparsamkeit, persönlich: Er kümmerte sich darum, dass die Briefumschläge zum nochmaligen Einsatz aufbewahrt wurden.[1] Ein paar Mark Einsparung hat das *Conrad Electronic* sicher gebracht – doch eine Unternehmeraufgabe war das nicht. Der Inhaber hätte seine Zeit nutzbringender einsetzen können.

Sicher kennen auch Sie Menschen, die viel Verantwortung tragen und dabei von Aufgabe zu Aufgabe hetzen, getrieben von einem übervollen Kalender mit immer neuen Listen, was zu tun ist. Meist sind es die dringenden, aber delegierbaren und eigentlich nicht wichtigen Vorgänge, die einen Menschen so treiben, dass keine Ruhe mehr aufkommt. Jeder Unternehmer hat die Aufgabe, sich vor dieser Bedrohung zu schützen: Zeitstress, Hetze und Hektik haben noch selten einer Firma gut getan. Auch wenn das schwer fällt: Wer sich auf das Wichtige konzentriert, wird auch in Ruhe arbeiten – und wirken! – können.

Erfolgreiche Unternehmer haben deshalb gelernt: Es gilt, die eigene und für wichtig erachtete Agenda ständig zu verteidigen. Der Zugang zur Agenda sollte eng gehalten werden. Das meiste, was andere für dringend halten, kann auch von Angestellten erledigt werden. Denn Zeit und Energie des Inhabers sind ein sehr knappes und wertvolles Gut.

Der Unternehmer und seine Persönlichkeit prägen das Unternehmen

Jedes Unternehmen hat seine unverwechselbare Prägung. Wenn die Mitarbeiter schon am Empfang ängstlich und unselbstständig agieren (»Das weiß ich nicht. Da muss ich erst um Genehmigung nachfragen.«), dann ist ziemlich klar, dass an der Spitze vermutlich ein misstrauischer Mensch steht. Denn jede Firma ist das Spiegelbild seiner Spitze. Ein Visionär schafft ein visionäres Unternehmen. Ein Bürokrat schafft einen Betrieb, der eher einer Behörde ähneln dürfte als einem richtigen Unternehmen. Wer anderen misstraut, wird eine Misstrauenskultur schaffen.

Wer, wie der Inhaber Richard Branson (*Virgin*), keine Grenzen kennt, wird auch ein grenzenloses Unternehmen schaffen. Von seiner Denkweise lernen heißt: »The World is as it is – we Make the Difference.« Die Welt ist, wie sie ist – wir machen den Unterschied, das hat der indische Unternehmer und Managementlehrer Jagdish Parikh gesagt. Nicht die Umwelt gestaltet unsere Firma und unseren Erfolg. Wir selbst sind es. Wir werden außen nur das erschaffen, was wir sind. Die Schlussfolgerung dieser Einsicht liegt auf der Hand: Außergewöhnliche Ergebnisse brauchen außergewöhnliche Menschen. Wer mit dem erreichten Maß an unternehmerischem Erfolg nicht zufrieden ist, sollte deshalb nicht über die Konjunktur stöhnen oder die Mitarbeiter schelten. Der Inhaber sollte zuerst an sich selbst arbeiten. Denn wer seine Grenzen verschiebt, verschiebt zugleich die Grenzen seines Unternehmens.

Eines sei hierzu am Rande vermerkt: Sie müssen nicht ein ganz bestimmter Typ von Mensch werden, um Ihre Erfolgskraft zu steigern. Den Erfolgsunternehmertyp gibt es nicht. Es gibt so viele verschiedene Erfolgstypen, wie es Charaktere gibt: introvertierte, heitere, gewinnende, ernste, wortkarge, extrovertierte – beinahe alles, was überhaupt an menschlichen Ausprägungen möglich ist, ist dabei. Alle können erfolgreich sein, auf ihre Art.

Das Thema Persönlichkeit und Grenzen erweitern hat nichts mit Konformität oder einer neuen Managementmode zu tun. Hier geht es um Grundsätzliches, um den Kern des Unternehmererfolges. Denn die Entwicklung bestimmter Eigenschaften und Vorgehensweisen können Ihnen mehr Zufriedenheit und bessere Resultate mit Ihrem Unternehmen verschaffen. Erfolgreiche Inhaber erkennt man am beobachtbaren Verhalten und an von der Persönlichkeit geprägten Einstellungen.

Wenn es eine Regel gibt, dann diese: Große Unternehmer sind immer auch große Persönlichkeiten. Theo Lieven, Gründer der PC-Handelskette *Vobis* und selbst erfolgreicher Unternehmer, nennt in seinem Buch *Unternehmer sein heißt frei sein*[2] insgesamt zehn typische Eigenschaften erfolgreicher Inhaber:

- Risikobereitschaft
- Einsatzwillen
- Pragmatismus
- Entscheidungsfreude / Schnelligkeit
- Weitblick
- Ausdauer
- Neugier und Begeisterungsfähigkeit
- Kreativität
- Suche nach Anerkennung
- Freiheitsdrang

Die allgemeinen Regeln für den Erfolg, die schon der gesunde Menschenverstand nahe legt, gelten auch für den Erfolg von Unternehmern und ihren Firmen. Sie prägen auch das Bild der erfolgreichen Persönlichkeiten an der Spitze – so unterschiedlich sie charakterlich auch sein mögen, bei diesen verhaltensnahen Eigenschaften treffen sich alle. Sie alle vereint die Einstellung: Nur wer Außergewöhnliches leisten will, wird Außergewöhnliches leisten können. Die Fähigkeit, sich hohe Ziele zu setzen, ist ein unverzichtbares Merkmal der erfolgreichen Persönlichkeit.

Die eigenen Grenzen erkennen – und managen

Ein weiteres Merkmal der erfolgreichen Unternehmer sei hier genannt: Sie können mit ihren Grenzen umgehen. Das setzt Erkenntnis voraus. Sie sehen die Begrenzungen, die in ihrer Person liegen – Ängste etwa, Vorbehalte, bestimmte Dinge auszuprobieren, oder bestimmte Verhaltensweisen, die Optionen ausschließen. Sie haben so viel Distanz zu sich selbst, dass sie über sich selbst sagen können: »Das bin ich. Das sind meine Talente. Das sind meine Grenzen.« Nicht jeder vermag das in Worten auszudrücken – aber mancher weiß um diese Tatbestände ziemlich genau, auch ohne es gegenüber den Mitmenschen zu äußern.

Wichtig ist allein, dass Sie etwas daraus machen. An Grenzen kann man arbeiten. Denn: Das Wachstum der Firma beginnt mit persönlichem Wachstum. Ein Unternehmer kann lernen, die Wirkung seiner Person auf andere Menschen zu kontrollieren. Er kann lernen, mit den Ungewissheiten seiner

Arbeit besser umzugehen. Überdies bringt es auch die Routine mit sich, dass Unsicherheit durch Sicherheit ersetzt werden kann, wenn der Unternehmer lernt, die richtigen Fragen zu stellen – und aus den Antworten gewisse Muster abzuleiten, die ihm helfen, sich in einer komplexen Welt besser zurechtzufinden.

Viele Grenzen lassen sich verschieben. Das ist Arbeit an der eigenen Person. Diese geht anders vonstatten als die normale unternehmerische Tätigkeit. Hier wollen ausnahmsweise einmal keine neuen Produkte entwickelt, keine Märkte erobert und Kunden überzeugt werden – nein, hier geht es um den Unternehmer selbst. Er stellt sich einem Verbesserungsprogramm in eigener Sache, arbeitet beharrlich daran, seine Grenzen zu verschieben: Wer als Persönlichkeit größer wird, hat gute Chancen, auch den Erfolg seiner Firma nachhaltig zu steigern.

Das ist kein Hokuspokus – hier geht es um ganz praktische Dinge, um persönliche Disziplin. Man kann sich etwa beibringen, die Angst vor dem Risiko besser zu managen oder schnellere Entscheidungen zu treffen, getreu der Weisheit von Jack Welch, dem über ein Jahrzehnt erfolgreichen Chef von *General Electric*. Er sagte: »I've learned in a hundred ways that I rarely regretted acting, but often regretted not acting fast enough.« Er sah sich hundertfach darin bestätigt, dass er schnelles Handeln selten bedauert hat, aber sich selbst oft nachtrug, nicht schnell genug gehandelt zu haben.

Zwei Einsichten sind hier wichtig, die ein gewisses Maß an persönlicher Reife voraussetzen. Die erste: Man kann sich helfen lassen. Das ist für Unternehmer nicht selbstverständlich. Sie sind es gewohnt, ganz vorne zu stehen, voranzugehen, anderen Menschen den Weg zu weisen. Die Männer und Frauen an der Spitze sind Macher-Typen, die ihre Sache selbst in die Hand nehmen und mit eigener Kraft die richtige Lösung finden, zumal wenn es um persönliche Dinge geht.

Delegieren kann man freilich nicht nur die Einstellung neuer Mitarbeiter, den Kauf von Firmenwagen oder die Erstellung des Jahresabschlusses. Auch die Arbeit an den persönlichen Grenzen kann man wirksam mit Unterstützung von außen verbessern. Für den einen ist das das Gespräch mit einem langjährigen Freund, für den anderen die Einkehr in einem Kloster. Andere engagieren einen professionellen Coach. Nicht selten wird dieser über die gemeinsame Arbeit zum Freund. Das ist ein willkommener Nebeneffekt. Wichtig ist nicht, wie Sie sich Unterstützung holen. Wichtig ist, dass Sie es tun!

Ein zweiter Punkt: Sie sollten erkennen, welche Grenzen Sie sinnvollerweise als gegeben akzeptieren. Ein Beispiel: Wenn Sie schon immer ein introvertierter Typ waren, dann sollten Sie nicht versuchen, das mit Zwang zu ändern. Akzeptieren Sie Ihre Natur, lernen Sie, damit zu leben – und wenden Sie sich Aufgaben zu, mit denen auch ein introvertierter Unternehmer erfolgreich sein kann. Karl Albrecht von *Aldi* beispielsweise ist ein solch introvertierter Unternehmer – dass er deshalb weniger erfolgreich geworden wäre als der extrovertierte Richard Branson lässt sich nicht behaupten. Denken Sie daran: Stärken zu stärken ist noch wirkungsvoller als Schwächen abzubauen.

Wählen Sie die Rolle, die zu Ihrer Person passt

Als Unternehmer sind Sie Gestalter. Man muss die Verhältnisse nicht so hinnehmen, wie sie sind, sie lassen sich verändern. Deshalb ist es auch leichter als in anderen Berufen, einen Weg zu wählen, der zu den persönlichen Vorlieben und Fähigkeiten passt.

Der Unternehmer Bruno Franzen hatte als junger Mann eine geniale Idee: Er gründete eine Ferienhausvermietung, als dieses Geschäft in Europa noch unbekannt war. Mit einem Partner zusammen suchte er geeignete Ferienhäuser, kontaktierte die Vermieter, prüfte, ob die Unterkünfte den Ansprüchen der Urlauber genügten – und machte ein wachsendes Geschäft daraus. So entstand über die Jahre Europas größte Ferienhausvermietung, die Interhome AG mit Sitz in Zürich.

Inhaber Franzen war kein großer Liebhaber der Bürokratie. Zettel, Aktenordner, den für das Vermietungsgeschäft notwendigen Papierumlauf – all das schätzte er nicht besonders. Deshalb drückte er der Interhome AG seinen persönlichen Stempel auf: Er baute seine Abneigung gegen die umständliche Bürokratie in sein Geschäftskonzept mit ein. Frühzeitig setzte er alle Hebel in Bewegung, um das Papier aus den Büros zu verbannen. »Das einzige Papier, das es bei Interhome noch gibt, befindet sich in den WCs«, lautete damals die Devise. Zu einer Zeit, als das noch nicht Standard war, bildete Franzen alle geschäftlichen Vorgänge im Computer ab. So konnte etwa schon die Telefonzentrale Einblick in den elektronischen und selbstverständlich vernetzten Terminkalender des Chefs nehmen – und jeder An-

rufer war in wenigen Augenblicken informiert, wann der Chef zu erreichen war. Ohne lästiges Weiterverbinden!

Das zeigt, welche Chancen sich dem Unternehmer auftun – er kann seine Organisation so aufbauen, wie es zu seinen Vorlieben passt. Erfolgreiche Inhaber nehmen die Verhältnisse nicht als gegeben hin. Auch wenn ein bestimmtes Format am Markt üblich und etabliert ist, heißt das noch lange nicht, dass jeder es so machen muss. Oft kommen die innovativen Vorstöße dadurch zustande, dass aus persönlichem Interesse die gegebenen Verhältnisse geändert werden.

Der Gründer hat naturgemäß den größten Gestaltungsspielraum. Er kann nicht nur sein Geschäftssystem mit großen Freiheitsgraden aufbauen. Dasselbe gilt auch für die persönlichen Vorlieben.

Benedikt Taschen hat vor vielen Jahren einen Kunstbuchverlag gegründet. Inzwischen sind die von ihm verlegten Bücher bei den Freiluftbuchhändlern im New Yorker Central Park ebenso zu bekommen wie in Buchläden in Tokio, Berlin und São Paulo. Taschen gehört in seinem Geschäft mittlerweile zu den Weltmarktführern – weil er viele Dinge anders gemacht hat als die Konkurrenz. Auch im Persönlichen nutzt er seine Firma, um seine Arbeitsbedingungen an seine Vorlieben anzupassen: Er nimmt seinen Diener mit auf Reisen, der manche Widrigkeiten von ihm fern hält. In seiner Unternehmenszentrale am Kölner Hohenzollernring beschäftigt er einen Koch, der seine Leidenschaft für gutes Essen bedient. Die Mitarbeiter kommen so ebenfalls in den Genuss einer kleinen, hervorragenden Kantine.

Auch wer als Nachfolger eines Senior-Unternehmers in einen Betrieb einsteigt, sollte diese Einsichten kennen. Es geht darum, dass der Inhaber sich die Bedingungen schafft, die er braucht. Mein Rat deshalb an alle Junioren: Passen Sie das Unternehmen an Ihre Fähigkeiten und Bedürfnisse an. Widerstehen Sie der Versuchung, ein möglichst getreues Abbild Ihres Vaters werden zu wollen. Die Firma braucht einen starken Führer. Eine Kopie ist aber immer schwächer als das Original.

Deshalb sollte der Inhaber sich darüber im Klaren sein, was seine persönliche Vorstellung von Unternehmertum und Arbeit an der Spitze ist. Es gibt nicht den einen verbindlichen Stil, einen Betrieb zum Erfolg zu führen. Das gilt für Gründer ebenso wie für Unternehmernachfolger, die in x-ter Generation in die Firma eintreten. Das gilt auch für Käufer, die ein Unternehmen erwerben und es dann ihren Vorstellungen anpassen. Ihrer Fantasie sind dabei kaum Grenzen gesetzt.

Was alles möglich ist, zeigt der Arbeitsalltag von Warren Buffett. Der Unternehmer und Investor ist nicht gerade der Typ, der den Kontakt zu Menschen überaus liebt. Er bewältigt diese Aufgabe zwar durchaus, wenn es sein muss. Aber er hat auch erkannt: Am wirksamsten ist er dann, wenn er viel Zeit zum Nachdenken hat, um an seinen Firmen und Investments zu arbeiten. So schneidet er dann auch seine persönliche Agenda zu, was in seinem Umfeld gelegentlich zu Überraschungen führt, die er aber hinnimmt. Kauft er etwa ein neues Unternehmen, dann macht er einen Termin mit dem Geschäftsführer: zum gegenseitigen Kennenlernen. Dieses Treffen dauert ganze 20 Minuten. Buffett lässt sich einige wichtige Kennzahlen vortragen, er stellt einige Fragen und das war's. Dem verdutzten Geschäftsführer gibt er zum Abschied noch auf den Weg mit: »*Rechnen Sie nicht damit, dass wir in den nächsten zwölf Monaten miteinander sprechen werden.*« *Erst nach Ablauf eines Jahres kommt es wieder zum Kontakt, den Buffett dann meist auf ein kurzes Telefonat beschränkt.*

Auch so kann man vorgehen. Die Holding, die Warren Buffett betreibt, ist an der Börse eine der erfolgreichsten Firmen der letzten 40 Jahre geworden. Wer vor Jahrzehnten ein paar Aktien seines Unternehmens Berkshire Hathaway gekauft hat, ist heute Multimillionär.

Buffetts Büro übrigens ist ziemlich leer: ein Schreibtisch, Stühle, sonst nicht viel. Der Mann will sich nicht ablenken lassen. Er verzichtet deshalb auf Computer, Aktenablagen oder Bildschirme mit Börsenkursen von Unternehmen, die ihm gehören. All das würde er als Störung seiner Denkarbeit empfinden, denn die größten Posten im Zeitbudget sind Lektüre und Nachdenken.

Der Unternehmer, der im US-Bundesstaat Nebraska zu Hause ist, reduziert Besprechungen auf das Nötigste, sie dauern oft nur fünf oder zehn Minuten, dann ist seiner Ansicht nach alles Wichtige gesagt. Er verzichtet auch sonst auf einige Dinge, die im modernen Management üblich sind: Berkshire Hathaway hat keine Personalabteilung, keine Rechtsabteilung, keine Mitarbeiter, die für Investor-Relations zuständig sind, keine PR-Abteilung. So kommt Buffett mit 17 Mitarbeitern aus, um 43 Beteiligungsunternehmen zu führen.

Nicht, dass Sie jetzt auf Gedeih und Verderb einen der erfolgreichsten Investoren der letzten Zeit nachahmen müssen – dieses Beispiel soll nur als Anregung dienen, was alles geht. Wie Warren Buffett führt, findet nicht überall Zustimmung. Seine Art entspricht nicht dem allgemeinen Führungsverständnis. Er musste sich mit seinem Stil Widerständen entgegensetzen, Mitarbeiter, die von außen zu *Berkshire Hathaway* kommen, werden das eine oder andere zunächst merkwürdig finden, aber sich dann doch umstellen.

Auch der Unternehmernachfolger fährt am besten, wenn er Mut zur eigenen Persönlichkeit zeigt. Auf die Äußerung »Das hätte Ihr Vater aber anders gemacht« sollten Sie höflich, aber bestimmt entgegnen, dass Sie nicht der Vater sind. Denn eine solche Äußerung signalisiert ja nichts anderes als: »Ändere du dich, damit ich mich nicht ändern muss.« Veränderung aber ist überlebensnotwendig. Jedes Unternehmen braucht sie von Zeit zu Zeit. Wenn es dem Nachfolger nicht gelingt, aus dem Betrieb seines Vaters (oder des Verkäufers) sein eigenes Unternehmen zu machen, wird er nie ein großer Inhaber werden.

Die Kraft des Teams nutzen

Wer dieses Ziel erreichen will, sollte übrigens auch den Wert des Teams erkennen. Viele Inhaber sind hervorragende Einzelkämpfer. In gewissen Situationen ist die beherzte und schnelle Entscheidung des Mannes oder der Frau an der Spitze vonnöten – eben das genaue Gegenteil von Teamarbeit. Aber oft verhält es sich umgekehrt: Der Unternehmer gewinnt, wenn er sich Verbündete schafft.

Besonders eindrucksvoll ist das erkennbar an einer Gegebenheit, die sich vor vielen Jahren auf einem Viehmarkt zugetragen hat. Einer der Händler stellte einen Bullen aus. Das Tier war von sehr mächtiger Statur, ein Prachtexemplar, das vom vorbeikommenden Publikum bestaunt wurde. Viele Menschen blieben stehen. 800 von den zufällig vorbeikommenden Passanten willigten in eine Befragung ein: »Wie viel, schätzen Sie, wiegt dieses Tier?«, so lautete die einzige Frage. Die Antworten kamen von Bauern, Viehexperten wie von vollkommenen Laien, die sich mehr oder weniger zufällig oder als Schaulustige auf dem Viehmarkt aufhielten.

Interessant ist das Ergebnis. Die Veranstalter der Befragung werteten alle Antworten aus und waren anschließend selbst überrascht: Der Durchschnitt aller Schätzungen ergab das Gewicht des Bullen, mit einer Abweichung von nur wenigen hundert Gramm. Andere Beispiele bestätigen das:

Ein Team oder, allgemein, eine Gruppe von Menschen entwickelt eine Art Meta-Intelligenz, sie kommen zusammen auf Ergebnisse, die ein Einzelner so nicht ohne weiteres erreicht.

Auch Unternehmer können von dieser Einsicht profitieren: Das Team ist für Ihre persönliche Arbeit eine Ressource, die den eigenen Wirkungsgrad steigert. Sie sollten sich deshalb Verbündete suchen, die Ihnen helfen, Ihre persönlichen und privaten Ziele zu erreichen. Denn sobald andere an Ihrer Geistesleistung mitwirken, muss nicht mehr alles durch Ihren Kopf. Diese Wege stehen Ihnen dabei offen:

- *Mitarbeiter.* Ein erfolgreicher Unternehmer bezieht seine engsten Mitarbeiter ein, wenn er Entscheidungsgrundlagen entwickelt. Solange es um Beobachtungen, Assoziationen oder das Identifizieren von Chancen und Bedrohungen geht, erzielen Sie bessere Ergebnisse, wenn Sie diese Arbeit nicht allein tun, sondern im Team. Je mehr Augen, Ohren und Köpfe einbezogen werden, desto qualifizierter die Informationen, die zu Ihrer Entscheidung führen. Lernen Sie, die richtigen Fragen zu stellen! Nur entscheiden müssen Sie selbst.
- *Beirat.* Ein Beirat kann Sie auf Themen bringen, die Ihre Mitarbeiter gerne aussparen. Denn diese sind Angestellte, sie sind vom Arbeitgeber abhängig und haben in dieser Rolle bei manchen heiklen, aber wichtigen Themen die Schere im Kopf. Um aus dieser Schweigefalle von nicht angesprochenen Punkten auf der Agenda herauszukommen, versichern Sie sich der geistigen Zuarbeit von wissenden Außenstehenden, die ein unabhängiges Urteil einbringen können.
- *Ehepartner.* Ihr Ehepartner ist mit Abstand der wichtigste Verbündete. Denn als Inhaber-Unternehmer sind Sie in einer Rolle, die Sie 24 Stunden beschäftigt: Ihre ganze wache Zeit, sieben Tage in der Woche. Auch wenn Sie nicht im Büro sind und gar nicht an Kundenprojekten oder Strategieaufgaben arbeiten – Sie bleiben Unternehmer, die Agenda steckt auch in der Freizeit in Ihrem Kopf. Deshalb sollten Sie Ihren Ehepartner mit einbeziehen: Suchen Sie den Austausch. Informieren Sie ihn, sprechen Sie mit ihm über Ihre Gedanken, Ideen und Gefühle. Sie sollten wissen: Ihr Ehepartner kennt Sie am besten von allen. Er weiß ohnehin, wie es um Sie steht, auch wenn Sie nichts sagen. Das Gespräch aber ist zudem ein entscheidender Hebel, um die Qualität Ihrer Partnerschaft zu verbessern.

Sie und Ihr Ehepartner sind gemeinsam Unternehmer

In vielen Fällen hat der Ehepartner keine formale Funktion im Unternehmen. Gleichwohl verdanken viele Unternehmer ihren Ehefrauen unendlich viel. »Hinter jedem erfolgreichen Unternehmer steht eine starke Frau«, dieser Satz ist mehr als schiere Höflichkeit.

Ein Beispiel macht deutlich, was gemeint ist: Eine gut gehende mittelständische Firma war in eine Krise geraten. Es handelte sich nicht um einen vorübergehenden Absatzeinbruch – eine Turbulenz, die schnell wieder durch schönes Wetter abgelöst wird. Diesen Unternehmer traf es hartnäckig. Die Konkurrenz machte ihm zu schaffen, ohne eigenes Verschulden traten plötzlich Qualitätsprobleme auf, zwei seiner besten Mitarbeiter machten sich mit dem in der Firma erworbenen Wissen selbstständig und wurden zu Konkurrenten. Aus der Krise des Unternehmens wurde schnell eine des Unternehmers. Anfangs war der Inhaber noch guten Mutes (»Das schaffe ich schon!«), bald aber folgten Zermürbung und Depression. Nichts wollte mehr gelingen, der Mann hatte den Eindruck, alles habe sich gegen ihn verschworen, Pessimismus und negative Gefühle nisteten sich in seinen Gedanken ein. Er hatte keine Lust mehr, morgens aus dem Bett zu steigen, hätte am liebsten die Bettdecke über den Kopf gezogen und gehofft, dass er der Krise so entkommen könne.

Inzwischen geht es der Firma wieder gut. Die Probleme sind gemeistert, die Marktstellung bietet Anlass zur Freude. Der Inhaber hat sich längst wieder gefangen. »Ohne meine Frau gäbe es dieses Unternehmen nicht mehr«, sagt er freimütig im Rückblick, »sie hat mich manchmal morgens regelrecht aus dem Bett gezogen.« Nur dank seiner Frau, wegen ihrer beharrlichen, nimmermüden Unterstützung, konnte er sich während der schwierigsten Zeiten überhaupt noch aufraffen, etwas zu tun. Hätte sie ihm nicht ihre Energie eingeflößt – er hätte nicht einmal das Haus verlassen, weil er das Gefühl nicht loswurde, dass einfach alles zu viel war.

Ehepartner gestalten das Lebenswerk von Unternehmern mit. Sie sind Ideengeber, Unterstützer, Sparringspartner, sie bringen wichtige Fragen auf den Tisch, die sonst keiner stellt. Sie sind oft Mit-Arbeiter, immer aber Mit-Denker und Mit-Fühler. Häufig tragen sie die Last der Kindererziehung, müssen den Nachkommen oft den abwesenden Vater ersetzen. Sie geben Rückhalt in schwierigen Zeiten, sind mal Antreiber und mal Bremser. Manchmal treten sie auch ins öffentliche Bewusstsein. *Maria-Elisabeth Schaeffler,*

Grete Schickedanz, Friede Springer oder *Johanna Quandt* sind Beispiele für Unternehmerehefrauen, die später sogar die Rolle ihres Mannes übernommen haben.

Nur: All das ist nicht zum Nulltarif zu bekommen. Eine intakte Beziehung stärkt, eine gestörte schwächt. Sie kennen das vermutlich von Ihren Mitarbeitern. Ist jemand unkonzentriert, übellaunig, lassen seine Leistungen nach – Sie tippen intuitiv auf Beziehungsprobleme, und meistens haben Sie Recht. Am schlimmsten ist es, wenn die Beziehung des Unternehmers gestört ist. Denn Zoff und Missstimmung zu Hause strahlen auf den ganzen Betrieb aus. Die Familie kann, wenn es schlecht läuft, mehr Schaden in der Firma anrichten als jeder Wettbewerber und jede Konjunkturkrise.

Umgekehrt zeigt das Beispiel des Ehepaars Schaeffler, dass die gelebte Gemeinsamkeit sowohl die Ehe als auch das Geschäft stabilisieren kann.

Der Unternehmer Georg Schaeffler hatte mit seinem Bruder Wilhelm ein ansehnliches Nadellager-Imperium aufgebaut. Das war in den 60er Jahren. Die Expansion der Firma forderte vollen Einsatz – der Inhaber war oft sieben Tage in der Woche für sein Unternehmen eingespannt.

Seine Ehefrau bezog er in seine Arbeit mit ein. So konnte Maria-Elisabeth Schaeffler an den Sitzungen der Geschäftsleitung teilnehmen. Sie war auf Betriebsversammlungen präsent und begleitete ihren Mann zu Kunden und auf Tagungen. So hatte Frau Schaeffler Gelegenheit, mit ihrem Mann die Zeit zu teilen, und erfuhr auf diese Weise, was ihn praktisch seine gesamten wachen Stunden über beschäftigte. Überdies lernte sie das Geschäft kennen, und zwar gründlich. Denn diese Begleitung war nicht etwa eine kurze Episode, sondern währte über 33 Jahre unternehmerischer Tätigkeit. Dadurch hatte Maria-Elisabeth Schaeffler nie das Gefühl, nur eine Restgröße im Privatleben ihres vielbeschäftigten Gatten zu sein. Und sie erwarb unternehmerische Qualifikationen.

Diese Qualifikationen trugen eines Tages sogar dazu bei, dass der Betrieb vor Turbulenzen geschützt wurde. Der 33 Jahre ältere Ehemann starb überraschend im Jahr 1996. Seine Ehepartnerin übernahm die Firma, richtete einen Beirat ein, der ihr bei den anstehenden Aufgaben mit Rat und Tat den Rücken stärkte, und engagierte einen familienfremden Manager, der das operative Geschäft weiterführte. Inzwischen ist die INA Schaeffler-Gruppe weiter gewachsen, mit der Übernahme der FAG Kugelfischer ist ihr sogar die erste Übernahme eines Börsenkonzerns durch ein Unternehmen in Familienbesitz gelungen. Maria-Elisabeth Schaeffler ist längst selbst eine erfolgreiche Unternehmerin geworden und für ihr Wirken als »Famlienunternehmerin des Jahres« geehrt worden. Dieser Übergang wäre so nicht geglückt, wenn Frau Schaeffler nicht über Jahre so gründlich einbezogen worden wäre – ohne offizielle Funktion, ohne Eigentümerschaft, als angeheirateter Partner des Inhabers.

Nicht nur dieser Fall zeigt: Es lohnt sich, für eine gute Ehe etwas zu tun. Sie ist Quell von Glück und Kraft, sie gibt die Heimat, die ein Unternehmer mit anspruchsvollen Aufgaben braucht. Deshalb sollte die Partnerschaft den Stellenwert auf der Agenda bekommen, den sie verdient. Eine Ehe ist eben mehr als eine kleine Zweigstelle im Geschäft eines großen Unternehmers. »Ihr Ehepartner ist Ihr wichtigster Kunde«, sagt Günter F. Gross. Der Buchautor und Berater hat sich eingehend mit diesem Thema befasst, sein Buch *Beruflich Profi – privat Amateur?*[3] beschreibt, welche privaten Prioritäten die beruflich Erfolgreichen sinnvollerweise setzen sollten.

Der Ausweg aus all den Gefährdungen, denen speziell eine Ehe unterliegt, in der einer der beiden Inhaber-Unternehmer ist, lautet: Die Partnerschaft sollte ebenso professionell gestaltet werden wie das Berufsleben. Die Zeit, die man mit der Familie verbringt, darf nicht zur Restgröße auf dem Terminkalender verkommen. Viele Unternehmer nehmen gerade dieses Thema inzwischen ernst: Sie setzen sich auch im Privaten Ziele. Sie reservieren einen vorgegebenen Teil ihres Zeitbudgets, der nicht durch den Beruf belegt werden darf. Vor allem: Sie machen die Familie, speziell ihren Ehepartner, zum Bestandteil ihres sorgsam gepflegten Kommunikationsnetzes.

Es schadet überhaupt nichts, wenn Sie auch Ihre Partnerschaft in das System einbeziehen, das Ihr berufliches Wirken bestimmt. Wörter wie »Ziel«, »Strategie« oder »Regeln« sollten auch in Ihr privates Leben Eingang finden, weil sie der Schlüssel zu Erfüllung und Erfolg sind. Ihr Ziel könnte zum Beispiel so lauten: Sie wollen Glück, Zufriedenheit und Erfolg miteinander teilen, Sie wollen das gute Gefühl, mit dem Sie geheiratet haben, ein Leben lang erhalten. Dazu passt eine Regel, die Günter F. Gross empfiehlt: Lassen Sie sich von Ihrem Ehepartner helfen, beziehen Sie ihn mit ein, wenn es darum geht, wie Sie mit Ihrer Zeit umgehen. Ermutigen Sie Ihren Ehepartner, Ihnen Fragen zu stellen. Das bringt viel mehr, als wenn Sie ungestützt nur dies und das berichten. Die Navigation durch die Fragen kann Ihnen helfen, zu einer besseren, will sagen: glücklicheren Entscheidung zu kommen. Fragen dieses Typs könnte Ihr Ehepartner stellen, wenn Sie vor einer neuen Aufgabe stehen:

- Warum willst du dieses Projekt machen?
- Worauf willst du zurückschauen, wenn es beendet ist?
- Wie passt das Projekt in deine Agenda?
- Wird es andere Aufgaben verdrängen?
- Wer kann dir bei der Umsetzung helfen?
- Was passiert, wenn das Projekt abgebrochen wird oder misslingt?
- Was würde fehlen, wenn du es nicht machen würdest?
- Wie berührt das Ganze unser Familienleben?
- Musst unbedingt du das Projekt durchführen?
- Wie sicher ist der Erfolg?

Sie werden schnell feststellen: Der Partner hat eine andere Sichtweise. Er kennt Sie und die Firma – aber er lässt sich weit weniger von irgendwelchen neuen Kunden, Synergieeffekten oder Ertragschancen fesseln und euphorisieren. Er hält Sie auf dem Boden der Realität!

Zeit als Risikofaktor

Genau aus diesem Grund hat auch Ihre Familie einen festen Platz in Ihrem Zeitplan. Die intakte Familie ist für jeden erfolgreichen Unternehmer ein Ort des Rückzugs, Schutzzone und Auftankstation. Nur wie immer im Leben gilt auch hier die Einsicht: »Everything comes with a price«, frei übersetzt: Ein erfülltes Leben in der Partnerschaft ist nicht zum Nulltarif zu haben. Es verlangt von Ihnen Einsatz und Planung.

Zunächst sollte sich der Inhaber über seine berufliche Rolle im Klaren sein: Jeder Unternehmer hat irgendwann einmal eine bewusste Entscheidung gefällt, diesen Beruf auszuüben. Er hat »Ja« zu der Aufgabe gesagt. Der Inhaber geht jeden Tag in seinen Betrieb, kümmert sich um Geschäft, Mitarbeiter und Kunden. Er weiß auch, dass er das nicht machen muss, sondern freiwillig diese Rolle ausübt. Das sollte auch Ihnen bewusst sein: Selbst wenn die Verhältnisse aufgrund von Wettbewerb oder Absatzkrisen widrig sind – Sie haben diesen Beruf selbst gewählt. Sie üben ihn grosso modo gerne aus, weil Sie Gestalter, Inhaber und Innovator in einer Person sind.

Zu dieser Rolle gehört, dass die 35-Stunden-Woche schon am Mittwoch vorüber ist. Fast alle Unternehmer arbeiten überdurchschnittlich viel, wenn man allein ihren zeitlichen Einsatz betrachtet. Ein angestellter Manager kann abends um 18 Uhr das Büro abschließen, die Gedanken über das Geschäft zurücklassen und sich seinem Feierabend zuwenden. So einfach hat es der Inhaber nicht. Diese Rolle kann man nur ganz oder gar nicht ausüben, was aber auch Folgen mit sich bringt:

- Sie arbeiten mit höchstem Energieeinsatz.
- Ihre Arbeitswoche hat häufig mehr als fünf Tage.
- Auch wenn Sie nicht im Büro sind, kreisen Ihre Gedanken um das Geschäft.
- Oft gibt es keine Trennung zwischen Arbeit und Privatleben.

Insgeheim wissen die meisten Unternehmer, dass es anders nicht geht. Man kann Aufgaben delegieren. Man kann Zeitmanagement betreiben, sich von unwichtigen Engagements trennen. Aber der verbleibende Rest verlangt ganzen Einsatz. Teilzeit-Unternehmertum gibt es nicht.

Dennoch haben auch Ihr Lebenspartner und Ihre Familie Ansprüche. Sie wollen ihr Leben mit dem Vater oder der Mutter teilen, wollen, dass er oder sie nicht nur für den Betrieb zur Verfügung steht, sondern auch ein guter Familienmensch ist, abends, am Wochenende und in den Ferien. Diese Agenda wird manchen Unternehmern zur Qual. Ständig fühlt man sich hin- und hergerissen zwischen Firma und Familie, bekommt ein schlechtes Gewissen, weil man nicht, wie versprochen, beim Kindergartenfest der Tochter dabei sein konnte, oder insgeheim genervt ist, wenn der Ehepartner sich schon wieder auf dem Mobiltelefon meldet – und das mitten in einer wichtigen Besprechung. Der Konflikt nagt im Kopf, es türmt sich die Last der nicht eingehaltenen Versprechen in der Familie, verknüpft mit dem ständig schlechten Gewissen abends am Schreibtisch, dass man die Seinen wieder einmal allein lässt.

Auch hier gibt es einen Ausweg – er ist nur anders, als die meisten denken. Die dazu gehörende Lebensregel habe ich von Jens Corssen gelernt, einem Coach, dem mancher Unternehmer viel zu verdanken hat. Sie lautet ganz einfach: »Stehen Sie zu Ihrer Rolle.« Das heißt: Ja, die Aufgabe als Unternehmer kostet Familienleben. Das geht allen so. Aber die meisten machen ihre Aufgabe gern. Sie sollten sich nur immer klar machen: Wer eine Firma führt, ist kein Opfer. Er ist Gestalter mit hohem Einsatz. Dass Sie nicht so viel mit Ihrer Familie zusammen sein können wie ein Angestellter, der von seinem Betrieb einen Vertrag für eine Vierzig-Stunden-Woche bekommen hat, ist normal. Es geht nicht anders.

Die entscheidende Regel, die Last von der eigenen Seele zu nehmen, lautet: Man sollte zu seiner Rolle stehen, mit allen Konsequenzen, die sie mit sich bringt. Die Aufgabe, die ein hohes Maß an Gestaltungsfreiheit mit sich bringt, die Spaß macht, ist nur dann zu haben, wenn man auch bereit ist, den einen oder anderen Samstag im Büro zu verbringen. Das sollte der Unternehmer sich und seiner Familie verdeutlichen – und nicht in dem ständigen, aber erfolglosen Versuch leben, diese Seite seiner Rolle zu unterdrücken. Nur wer zu seiner Rolle vorbehaltlos »Ja« sagt, kann sie ohne Schuldgefühle ausüben.

Damit ist ein wichtiges Stressmoment beseitigt. Denn erfahrene Vielarbeiter wissen: Stress macht nicht das Arbeitspensum – sondern der Wunsch, immer an mehreren Orten gleichzeitig zu sein, alle Ansprüche gleichzeitig zu bedienen – und, wie Jens Corssen richtig sagt: »Stress ist häufig die Folge von ›Nein‹ denken und ›Ja‹ sagen.« Wer abends noch eine Besprechung hat, sich aber schon in die Gesellschaft der Familie wünscht, leidet unter dieser Art Stress. Deshalb ist es hilfreich, in jedem Augenblick voll hinter dem zu stehen, was Sie gerade tun, ganz gleich, ob es für die Firma oder für die Familie ist. Der Coach fasst das in der Empfehlung zusammen: »Fassen Sie den Beschluss: Ab heute lebe ich ohne Schuldgefühle.«

Rendite ist nicht das Maß aller Dinge

Gleichwohl darf die Familie nicht zum Restposten auf dem Terminkalender verkommen. Wer den Seinen nur das an Zeit gewährt, was der geschäftliche Terminkalender übrig lässt, wird bald ein verkümmertes Familienleben führen. Denn dann ist das häusliche Leben nicht mehr planbar (»Die Besprechung hat doch länger gedauert«), die Qualität des Zusammenlebens erodiert. Zur Zeitarmut gesellt sich die geistige Armut. Der Inhaber kommt spät am Abend müde nach Hause, isst etwas, ist anwesend-abwesend, setzt sich vor den Fernseher (»Nur eine Viertelstunde die Nachrichten«) und schläft dabei ein.

Manchen beruflich erfolgreichen Unternehmern reicht es aus, wenn sie sich zu Hause auf diese Weise fallen lassen können. Ihnen genügt es, merkt der Managementtrainer Günter F. Gross an, »zu Hause keinen Partisanenkampf führen zu müssen. Die Hoffnung, dass es gelingt, aus den auf ihrem Territorium wohnenden Menschen herzliche Verbündete zu entwickeln, haben sie längst aufgegeben.«

Nur: Beruflich erfolgreich zu sein, ein finanziell prosperierendes Unternehmen zu führen und ein im besten Falle störungsfreies, bei näherem Hinsehen aber verarmtes Privatleben zu haben – reicht das? Ist die Rendite das Maß für den Lebenserfolg? Viele erfolgreiche Persönlichkeiten haben bei aller Verschiedenheit der Lebens- und Berufswege eines gemeinsam. Im Rückblick auf Jahrzehnte des oft ununterbrochenen Schaffens hat noch niemand beklagt, zu wenig im Büro gewesen zu sein, aber viele sagen: »Ich habe zu wenig schöne Stunden mit der Familie verbracht.«

Lebenserfolg wird in einer anderen Währung gemessen als in Geld. *Bei einem privaten Anlass fragte ich einmal den gastgebenden Unternehmer, ob er etwas anders machen würde, wenn er seinen Weg noch einmal begänne. Der Mann in den Fünfzigern hatte seine Firma vor vielen Jahren selbst gegründet und zur Marktführerschaft geführt, mit Niederlassungen rund um den Globus. In seinem Markt, um ein altes Bild abzuwandeln, geht die Sonne nicht mehr unter. Er führt eine glückliche Ehe und hat zwei erwachsene Kinder. »Ich freue mich immer, wenn meine Kinder zu Besuch kommen. Eigentlich ist es zu selten. Deshalb hätte ich mehr Kinder in die Welt setzen sollen«, gab er mir als Antwort.*

Die Qualität wirklichen Lebens misst sich nicht nur am erzielten Unternehmenswert. Ohne glückliches Privatleben ist all das nicht viel wert. Erst wer intakte Beziehungen zu Menschen in der Familie und im Freundeskreis (außerhalb des Geschäfts!) hat, wer ohne ein Übermaß an Ängstlichkeit leben kann, wer seinem Beruf mit innerer Ruhe und einer heiteren Gelassenheit begegnen kann, hat so etwas wie Lebenserfolg.

Bei Unternehmern stellt sich dieser meist nicht von allein ein, auch wenn das Geschäft gut läuft. Das liegt an ihrer besonderen Rolle. In vielen Betrieben, speziell bei Gründern oder wenn Umbruchsituationen herrschen, gibt es kaum Hoffnung, dass der Inhaber sehr viel Zeit mit seiner Familie verbringen kann. Das familiäre Zeitbudget ist nur in Grenzen steigerbar – vielleicht einmal ein zusätzliches Wochenende hier oder ein paar längere Abende da. Aber die vorgegebene Aufteilung des Zeitvorrats lässt sich kaum radikal verändern. Den größten Teil der wachen, produktiven Zeit nimmt die Führungsarbeit in Anspruch.

Was Sie aber unbedingt tun sollten, weil hier der Schlüssel zu erheblich mehr Zufriedenheit liegt: Verbessern Sie die Qualität Ihres Privatlebens. Laut Günter F. Gross ist es sehr hilfreich, wenn Sie Ihre private Agenda mit denselben professionellen Mitteln planen wie die berufliche. In seiner ihm eigenen, ironisierenden Art stellt er etwa fest: »Die Ehe ist das einzige konferenzlose Unternehmen.« Viele Eheleute leben in den Tag hinein und wundern sich, wenn sie sich nach dem zehnten Hochzeitstag nichts mehr zu sagen haben. Sie haben die Chance verpasst, für ein gemeinsames Leben zu sorgen. Deshalb ist Gross beizupflichten, wenn er empfiehlt: »Auch Ihre Ehe bedarf der Ziele, der Maßnahmenplanung, vielleicht sogar der Fortschrittskontrolle.«

Es ist deshalb eine gute Idee, wenn Sie Ihren Lebenserfolg so planen wie Ihr nächstes Projekt im Geschäft. Mit einem Unterschied: Rufen Sie nicht Ihren Controller hinzu, sondern Ihren Ehepartner. Das Vorgehen entspricht bekanntem Terrain: Arbeiten Sie schriftlich. Halten Sie Ihre Ideen fest und geben Sie ihnen eine Systematik. Formulieren Sie, was Sie erreichen wollen, welche Mittel und welches Zeitbudget Sie dafür einplanen. Sprechen Sie offen an, worauf Sie verzichten müssen, wenn Sie bestimmte Ziele im Privaten erreichen wollen. Sichern Sie die Termine so ab wie sonst auch, wenn Sie sich mit einem A-Kunden verabreden. Einen solchen Anlass verteidigen Sie, er wird nicht so schnell wieder aus Ihrem Terminkalender herausfallen.

Für geistige Hygiene sorgen

Zudem gibt es ein sehr einfaches, sofort verfügbares Mittel, mit dem ein Unternehmer die Stimmung in der Familie stark beeinflussen kann. Es beruht auf einer naheliegenden Einsicht: Mit unserer Sprache steuern wir Gefühle, Wahrnehmungen, Einschätzungen und Bewertungen – bei uns selbst wie auch bei denen, mit denen wir zusammenarbeiten und -leben. Sprache programmiert. Wie stark diese Wirkungen sein können und wie weitreichend, hat schon manche Unternehmerfamilie schmerzhaft erfahren müssen.

Ein Beispiel: Der Vater kommt abends nach Hause. Beim gemeinsamen Abendessen erzählt er aus dem Betrieb. Er ist einigermaßen geladen von all den Dingen, die heute wieder schief gegangen sind. Die Familie hört sich den Tagesbericht an, es fallen Formulierungen wie »der Prokurist, dieser

Versager« oder »in der Bank sitzen nur Betrüger«, der Betrieb ist mal der »Sauladen«, mal sind alle Mitarbeiter »unfähig« und »faul«.

Gut, es mag Tage geben, an denen alles schief läuft, die einfach auf Misslingen programmiert sind. Man hat das Gefühl, dass die ganze Welt gegen einen ist. Dann sind solche Einschätzungen wie die unseres Unternehmers am Abendbrottisch nicht ganz von der Hand zu weisen. Wenn die Familie aber Tag für Tag solche Klagen anhören muss, macht sie sich ein Bild von den Verhältnissen im Betrieb. Da sie nur die abendlichen Tiraden des Vaters als Quelle hat, ist vollkommen klar, in welche Richtung die Meinung ausschlägt: Alles, was mit dem Unternehmen zu tun hat, ist negativ belegt, zwar ernährt es die Familie, aber sonst gibt es nicht viel Positives zu berichten. Die Arbeit an der Spitze ist eine Last, die Mitarbeiter sind dumm, die Bank nimmt uns das Geld weg.

Menschen, die solche Äußerungen Tag für Tag hören, werden mental programmiert. Das schadet nicht nur einem entspannten Feierabend in der Familie, weil es die Stimmung vergiftet – es schadet auch dem Fortkommen des Unternehmens. Der Sohn oder die Tochter, die dereinst in Vaters Fußstapfen treten und die Führung übernehmen soll, wird voreingenommen. Wenn im Alter mit 25 oder 30 Jahren die Entscheidung ansteht, wie der weitere berufliche Weg verlaufen soll, ist eines klar: Eine Berufstätigkeit außerhalb des elterlichen Betriebs ist allemal verlockender, als sich auf die Chefposition in einer Firma einzulassen, in der die Geschäftsführerkollegen »Versager« und die Mitarbeiter »Loser« sind. Manche Unternehmernachfolge ist an mentalen Programmen gescheitert. Die Sprösslinge der Inhaberfamilie wollten alles lieber als in den vermeintlich verhassten Familienbetrieb eintreten: Sie studierten Kunstgeschichte, eröffneten eine Galerie oder – noch trauriger für die betroffene Familie – sie traten in ein anderes Unternehmen ein und machten dort ihren erfolgreichen Weg.

Wenn Sie auf negative sprachliche Programmierungen verzichten, verbessern Sie auch Ihre eigene geistige Hygiene. Denken Sie an Ihre Rolle: Sie sind Täter, nicht Opfer. Sie können die Verhältnisse ändern.

Nicht klagen und fluchen heißt: Sie sparen Zeit. Sie können sich gleich an die Umsetzung machen, nämlich einen unbefriedigenden Zustand so verändern, dass er Ihnen gefällt. Zudem verbessert sich auch der Stimmungshaushalt. Sie halten schlechte Gefühle von sich fern, indem Sie sie gar nicht erst aufkommen lassen. Das ist auch für Ihre Umgebung gut, für Mitarbeiter und Kollegen im Büro ebenso wie für das Zusammensein mit der Fami-

Abbildung 9: Liste der verbotenen Formulierungen

Diese Formulierungen schaffen ein schlechtes Bild von Ihrem Betrieb, lösen in Ihrer Umgebung ungute Gefühle aus und bewirken negative mentale Prägungen:

- Die Mitarbeiter sind alle Idioten.
- Ich schmeiße sie alle raus.
- Die kapieren ja überhaupt nichts.
- In der Bank sitzen nur Betrüger.
- Ich bin nur von Dummköpfen umgeben.
- Die Lieferanten sind alle Versager.
- Die Kunden verlangen immer Unmögliches.
- Der Betriebsrat macht nur Stress.
- Können die denn gar nichts?
- Auf niemanden ist Verlass.
- Ich verkaufe den Laden.
- Ich schmeiße alles hin.
- Ich höre auf.

Anleitung für den Leser: Kopieren Sie diese Seite auf einen Karton. Schneiden Sie den Text entlang der markierten Linien aus und legen sie ihn in Ihre Geldbörse oder an einen anderen wichtigen Ort.

lie. An beiden Orten ist ein heiterer, ausgeglichener und zufriedener Unternehmer viel willkommener als einer, der ständig klagt.

Notabene: Es geht nicht darum, irgendetwas zu unterdrücken. Vielmehr ist die Einstellung zur eigenen Umgebung wichtig. Ein Beispiel zeigt, was gemeint ist. *Der Coach Jens Corssen hat in seinen Seminaren eine interessante Übung für die Teilnehmer entwickelt. Er bittet sie, sich vorzustellen, dass sie gerade auf dem Bahnsteig eintreffen, als der Zug schon anrollt und keine Chance mehr besteht, noch mitzukommen.*

Wer jetzt die Rolle des Opfers annimmt, wird sofort anfangen zu fluchen, vielleicht noch den Bahnhofsvorsteher aufsuchen und ihn beschimpfen, sich gegen die ganzen Idioten auf der Straße wenden, welche die eilige Fahrt zum Bahnhof vollkommen unnötigerweise aufgehalten haben. Nur: Damit ist nichts gewonnen. Man ist voll von negativen Gefühlen und hat noch ein paar Menschen aus seiner Umgebung mit schlechter Laune infiziert. Verbessert hat sich derweil gar nichts.

Die Übung soll deshalb eine andere Denkweise begründen. »Nennen Sie acht Optionen, die aus dieser Situation herausführen«, fordert der Coach seine Teilnehmer auf. Und siehe da, wie durch Zauberhand entstehen die Handlungsalternativen, die Ärger gar nicht erst aufkommen lassen und auf jeden Fall weiterbringen. Wer den Zug gerade verpasst hat, überlegt, ob er stattdessen mit dem eigenen Auto fahren kann, ob er zum Schalter geht und sich einen Mietwagen nimmt oder ein Flugticket kauft und per Flugzeug sogar noch früher am Ziel ist als der Zug. Man kann auch in sich gehen und prüfen, ob der Termin wirklich nötig war – und ihn gegebenenfalls einfach bedauernd absagen. Überdies wäre es auch möglich, die Gegenseite anzurufen mit der Frage: »Was halten Sie davon, wenn wir uns in der Mitte treffen?«

Ohne große Mühe sind so schon fünf Optionen auf dem Tisch, die alle viel weiterbringen als jede Klage. Zudem zeigt dieses Beispiel: Gerade ein Unternehmer sollte nicht »Versager« oder »neuen Ärger« sehen, sondern nur günstige oder weniger günstige Zustände, die er nach seinem Gusto ändern kann. Es gilt immer das Gesetz des Handelns!

Jeder Mensch hat die Möglichkeit, seine Einstellung zu einer Situation entweder in negative Gefühle umzusetzen (»Warum hat dieser verdammte Versager mir das nicht eher gesagt?«) oder in Veränderungsenergie. Die Ergebnisse sind, wie am Beispiel des verpassten Zuges gesehen, je nach Entscheidung sehr verschieden. Aber wir bestimmen unseren Weg selbst. Nicht die Umstände machen aus einem Menschen das verzagte, zweifelnde, immer nur klagende Etwas – sondern allein die Bewertung der Umstände.

Unternehmerschaft zeigt sich deshalb auch im Persönlich-Privaten. Mit der Einstellung, dass sich fast alles zum eigenen Vorteil wenden kann, lässt sich viel gewinnen. Kaum eine Situation ist per se hoffnungslos, im Gegenteil, in jeder Lage steckt eine Chance: Man muss sie nur erkennen.

Mut als Erfolgssfaktor

Die Hygiene im Kopf ist ein wichtiger Ausgangspunkt für unternehmerische Aktivitäten. Denn wer mit sich selbst im Reinen ist, wer gelassen sein kann, der erkennt auch eher die Chancen, als sich vor möglichen Risiken zu fürchten. Optimismus gebärt Mut – eine Eigenschaft, die in feiner Abgrenzung zum selbstzerstörerischen Wagemut eine der wichtigsten Erfolgsfaktoren der Unternehmerpersönlichkeit ausmacht.

Wie wichtig dieses Prinzip ist, wurde auf einem der Unternehmerkongresse deutlich, den ich gemeinsam mit meinen Partnern und Mitarbeitern jedes Jahr veranstalte. Der Unternehmer Norman Rentrop stand auf dem Podium, vor vielleicht 250 Zuhörern im Schlosshotel Bensberg, und berichtete über seinen Werdegang, genauer: darüber, wie wichtig Mut für seinen späteren Erfolg war.

Seine ersten Schritte als Unternehmer unternahm er, als er noch keine 20 Jahre alt war. Er arbeitete als Redakteur bei einer Lokalzeitung im Rheinland und entdeckte, dass im Anzeigengeschäft einige Chancen steckten. Er beobachtete den Markt – und entschloss sich gemeinsam mit einem Kompagnon zu einem großen Plan: »*Wir gründen ein Anzeigenblatt«, so lautete die Agenda der beiden jungen Männer. Sie hatten im Umkreis ihrer Heimatstadt eine Gemeinde entdeckt, der es an einer Zeitung fehlte. Sie wurde von den Redaktionen der marktbeherrschenden Lokalzeitungen kaum abgedeckt.*

Das erkannten die beiden Gründer als ihren Markt. Sie planten ihr Unternehmen, es sollte ein Blatt werden, das einmal in der Woche gratis in jeden Briefkasten gesteckt wird. Druckkapazität wurde organisiert, Austräger rekrutiert und eingearbeitet, Anzeigenkunden geworben. Sogar eine Nullnummer des künftigen Wochenblatts konnten die Kunden bereits in Händen halten, als plötzlich der Elan des Duos gebremst wurde: Die beiden hatten ihre Rechnung ohne den örtlichen Platzhirsch gemacht. Der lokale Großverlag, Betreiber einer traditionsreichen Tageszeitung, fürchtete um sein Geschäft. »*Jede Anzeige kann nur einmal verkauft werden«, so lautete die Überlegung des Konkurrenten. Alle Aufträge, welche die beiden Neueinsteiger schreiben konnten, wären also dem etablierten Blatt verlustig gegangen.*

Deshalb drohte der Große mit »*Krieg«. Er ließ die beiden jungen Unternehmensgründer nicht im Unklaren darüber, was passieren würde, wenn* tatsächlich in den kommenden Wochen die Auslieferung des neuen Anzeigenblatts gestartet würde: Er würde den kleinen Wettbewerber mit allen Mitteln bekämpfen, wirtschaftlichen wie juristischen.

Das war den Jungunternehmern zu viel. Sie zogen sich aus dieser Aktivität zurück – aber sie gaben nicht auf. Dann zeigte Norman Rentrop Mut und stellte sich dem Gesetz des Handelns. »Ich gründe ein zweites Unternehmen«, beschloss er. Er hielt sich nicht damit auf, seine Niederlage zu bedauern oder sich mit schlechten Gefühlen zu lähmen – er setzte auf eine schnelle neue Entscheidung und realisierte sie sofort: Aus dem Anzeigenblattverlag wurde eine Prospektverteilagentur. Die einmal rekrutierte Truppe von Zeitungsverteilern konnte so doch noch beschäftigt werden, fortan brachten sie die Werbung der örtlichen Edeka-Händler, Tankstellen und Getränkemärkte unters Volk.

Inzwischen ist Norman Rentrop Verleger. Seit über 30 Jahren betreibt er einen Wirtschaftsverlag, der zu den erfolgreichsten in seiner Branche gehört, er verlegt weit über 100 Periodika. Sein Weg dorthin führte über Mut und Entschlossenheit.

Sein Beispiel zeigt: Neben allem Fachwissen und der Beherrschung von Instrumenten sind diese persönlichen Eigenschaften sehr wichtig für das Fortkommen. Kein Betrieb kann blühen, dessen Inhaber nicht mutig und beherzt an die Realisierung geht – der Erfolg braucht Macher. Das teilt der Bonner Verleger mit allen anderen Unternehmern: So unterschiedlich die Charaktere sind, sie alle vereint, dass sie umsetzungsstark sind, Freude an der Realisierung haben, Dinge zum Gelingen treiben und auch unter unsicheren Bedingungen handeln, nicht abwarten.

Die gute Nachricht lautet: Mut kann man trainieren. Nicht jedem ist es gegeben, mit Lust Terrain zu betreten, auf dem zuvor noch niemand gewirkt hat. Die meisten Menschen haben eine durchaus gesunde Furcht vor dem Unbekannten, Unwägbaren. Am Anfang steht, wieder einmal, die richtige sprachliche Einbettung, denn die Wörter, die ein Mensch benutzt, prägen auch seine Einstellung und die Gefühle seiner Umgebung.

Wie dieser Mechanismus auch auf Mut und Entschlossenheit wirkt, zeigt Axel Hacke. Der Schriftsteller, vielen Lesern bekannt durch seine Kolumnen in der *Süddeutschen Zeitung*, lokalisierte in seiner Familie interessante Mitbewohner. Sie heißen »man«, »jemand« und »einer«. Sie sind ständig und überall dabei. Wenn er und seine Frau zusammen sind und es eine Aufgabe gibt, dann wird das etwa so angesprochen: »Man müsste mal ...« oder

»Jemand sollte vielleicht...« oder »Es könnte ja einer mal...«. Solche Formulierungen sind der beste Weg dazu, eine Sache gar nicht erst in Angriff zu nehmen. »Man müsste mal den Wagen in die Werkstatt bringen« ist das Signal für Nichtstun: Ich mache es nicht, du machst es wahrscheinlich auch nicht.

In Unternehmen gibt es dieselben Rituale. Achten Sie bei der nächsten Besprechung darauf – man, jemand und einer sind auch hier ständige Gäste. »Man müsste noch mal Kontakt mit dem Niederlassungsleiter in Frankreich aufnehmen.« Sie wissen, was dann oft folgt: nichts. Der mutige Realisierer wählt deshalb eine andere Formulierung. Er benutzt eine aktive Sprache, mit der er sich und die ihm anvertrauten Mitarbeiter in die richtige Richtung lenkt. »Ich werde morgen als Erstes den Niederlassungsleiter anrufen.« Diesen Worten folgen Taten, kleine und große. Die erfolgreiche Unternehmerpersönlichkeit macht sich deshalb diese Grundsätze zu Eigen:

- Realisieren ist wichtiger als das zu 100 Prozent perfekte Konzept. Auf den heutigen Märkten ist Tempo eine wichtige Dimension im Wettbewerb. Der Schnelle gewinnt. Wir können es uns deshalb nicht leisten, grenzenloses Perfektionsstreben an den Tag zu legen. Erfolg ist eine Mischung aus dem richtigen Maß an Perfektion und Tempo. Ein gutes Ergebnis braucht beides – wer als Unternehmer Erfolge erzielen will, achtet deshalb auf den rechtzeitigen Start. Denn die Erfahrung lehrt: Viele Projekte werden zu spät gestartet, aber nur wenige zu früh.
- Sicherheitsstreben und Befürchtungen bremsen. Angst ist ein Schutzmechanismus. Zu viel Angst aber verhindert den Erfolg. Ein kluger Unternehmer hat deshalb gelernt, mit seinen Ängsten umzugehen. Er lässt sich von ihnen Indizien für mögliche Risiken liefern – aber er lässt sich nicht in seiner Realisierungskraft lähmen. Wer in der Umsetzung Erfolg haben will, darf deshalb seinen Mut nicht von den Einwänden der Bedenkenträger überrollen lassen.
- Methoden haben wir genug, knapp ist nur der Mut. Gute Unternehmensführung braucht die richtigen Werkzeuge – ohne sie geht es nicht. Als Unternehmer haben Sie ein Gespür dafür, was hier für Ihr Geschäft wichtig ist. Freilich sollte stets auch klar sein: Ein Übermaß an Instrumenten ist weitaus häufiger anzutreffen als ein Übermaß an Mut. Deshalb sollte sich der Inhaber nicht in immer neue Instrumente flüchten, wenn er etwas verändern will. Viel wirksamere Schlüssel zur Veränderung sind Entschlusskraft und Realisierungsstärke.

Gesunder Unternehmer = guter Unternehmer

Zum erfolgreichen Inhaber gehört nicht nur die Arbeit an seiner Persönlichkeit. Auch Körper und Gesundheit gilt es zu achten. Denn: Nur ein gesunder Unternehmer ist ein guter Unternehmer! Das klingt banal und sollte eigentlich nicht der Rede wert sein. Doch das Gegenteil ist der Fall – viele Familien haben mit großem Leid erfahren müssen, wie zerbrechlich unternehmerischer Erfolg ist, wenn der Mann (oder die Frau) an der Spitze plötzlich ausfällt.

Abbildung 10: Ihr immaterielles Vermögen
(in Anlehnung an: Gross 2001, S. 39)

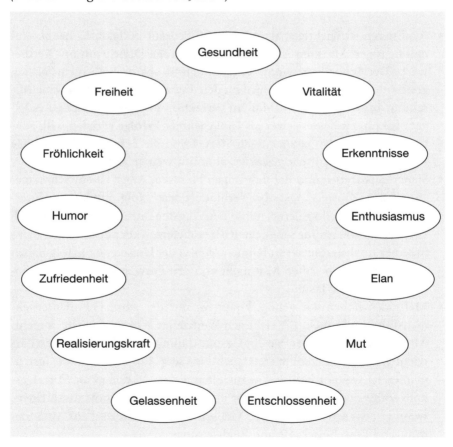

Viele Inhaber kennen diese Verknüpfung. Sie wissen: Ohne Gesundheit geht es nicht. Nur in den operativen Alltag schafft es diese Einsicht nicht. Wie so oft überlagert dann das Dringende das Wichtige. Aufgaben, die mit einer lauten Lobby daherkommen, müssen scheinbar immer zuerst angegangen werden. Diesen Kunden noch gewinnen, jene Akquisition noch in trockene Tücher bringen. Diese Krise noch mit erhöhtem Einsatz überstehen – und dann, ja dann soll endlich Zeit sein für das Wichtige. Dann kann sich der Unternehmer endlich um seine Gesundheit kümmern – alles wird gut.

Dieses Vorgehen beruht auf einer Annahme, die auf sehr wackligen Füßen steht. Inhaber sehen sich gerne als die Typen, die mit einer Bärengesundheit durch das Leben gehen. Sie sind auf der mitternächtlichen Sitzung noch ebenso präsent wie am Morgen. Sie können mit ihrer Energie auch dem fünften Besucher des Tages das Gefühl geben, man habe sich die ganze Zeit eigentlich nur auf diesen einen Termin gefreut. Unternehmer durchmessen scheinbar mühelos alle Zeitzonen auf dem Globus, stecken jeden Transatlantikflug so weg, als sei er nichts anderes als die tägliche Fahrt ins Büro. Wenn es nötig ist, verzichten sie auf Urlaub, auf freie Wochenenden, auf Muße. Das alles kostet noch nicht einmal Überwindung. Denn wer an der Spitze einer Organisation steht, Freude am Gelingen hat und das eigene Werk wachsen sieht, macht diesen Einsatz oft auch noch gern.

Dennoch sollte uns klar sein: Inhaber sind von der Natur nicht per se besser ausgestattet worden als andere Menschen auch. 70- bis 80-Stunden-Wochen hinterlassen auch bei ihnen ihre Spuren. Späte Abendessen, überhaupt unregelmäßige und unpassende Ernährung belasten ebenso wie eine ausgeprägte Reisetätigkeit, der stets übervolle Terminkalender, die Auseinandersetzungen mit Lieferanten, Kunden und der Gewerkschaft, der ständige Druck, Entscheidungen mit großer Tragweite unter Unsicherheit zu fällen.

All das bleibt nicht in unseren Kleidern stecken – und ich habe nicht wenige der auf den ersten Blick so Erfolgreichen kennen gelernt, die zweimal sehr hart zur Kasse gebeten wurden: Sie haben ihren hohen Einsatz mit dem Verlust des Privatlebens und mit einer zerstörten Gesundheit bezahlt.

Ein Unternehmer führte seinen Industriebetrieb als Inhaber in der dritten Generation. Viele Jahre war der Mann an der Spitze sehr erfolgreich. So hatte er das Geschäftsmodell den veränderten Bedingungen des Marktes angepasst, zudem seine Produkte gewinnbringend auch auf den internationalen Märkten eingeführt. Als der Macher, der jede Maschine in seinem Be-

trieb genau kannte und stolz darauf war, die Fertigung noch in persönlichen Rundgängen zu kontrollieren, den 50. Geburtstag hinter sich gelassen hatte, meldete sich seine Gesundheit: Herzprobleme. Er versuchte, sein Geschäft weiter wie bisher zu führen. Termine, Reisen, Messen, neue Kunden bestimmten seine Agenda. Nur wer den Unternehmer besser kannte, merkte, dass die einst so unerschöpflich scheinenden Energien aufgebraucht waren. Der Inhaber arbeitete an seinem persönlichen Limit, er versuchte, seine Leistung durch Herztabletten zu steigern, die große Müdigkeit zu verdrängen. Irgendwann war er so weit, einen Termin mit einem Kardiologen zu vereinbaren, welcher der Sache mit allen Mitteln der Medizin auf den Grund gehen sollte. Zu diesem Arztbesuch freilich kam es nicht mehr. Der Unternehmer starb im Alter von 57 Jahren.

Dieses Beispiel zeigt: Gesundheit ist keine Währung, mit der man unternehmerischen Erfolg kaufen kann. Denn am Ende geht alles verloren: Die Firma, die so viel Einsatz verlangt hat, gerät durch den erzwungenen Führungswechsel doch in die Krise – wenn nicht schon der Erfolg durch einen ermüdeten und nur noch eingeschränkt leistungsfähigen Inhaber deutlich nachgelassen hat.

Deshalb dient derjenige seinem Betrieb und seiner Familie am meisten, der auf seine Gesundheit achtet. Das fängt mit zwei Eingeständnissen sich selbst gegenüber an:

1. Unser Organismus ist ein sensibles Gleichgewicht. Störungen dieses Gleichgewichts haben Krankheiten zur Folge.
2. Die persönlichen Energien sind nicht unbegrenzt. Wer vom Energiekonto immer nur abhebt, aber nie einzahlt, gerät schnell in ein gesundheitliches Defizit.

Ein gesundes Leben fängt deshalb nicht im Sprechzimmer des Arztes an. Es reicht nicht, wie mancher Unternehmer meint, die 42 Kilometer des New-York-Marathons zu laufen und vom Arzt bescheinigt zu bekommen, dass das EKG und das Lungenvolumen in Ordnung sind. Gesundheit ist mehr als ein Computerausdruck, der alle Blutwerte im Normbereich zeigt.

Der richtige Lebensstil beginnt im Chefbüro. Denn Schlafprobleme, regelmäßige Kopfschmerzen, Bluthochdruck oder Herzrhythmusstörungen werden zwar als physische Störungen angesehen – ihre Wurzeln liegen aber in Vorgängen, die sich im Kopf abspielen. Stress, Druck und Anspannung als dauernde Begleiter haben regelmäßig Krankheiten zur Folge. Manche

Ärzte behaupten, dass inzwischen 85 Prozent aller Krankheiten eine psychologische Ursache haben.[4] Das mag hoch gegriffen erscheinen, aber so viel ist sicher: Beruflich extrem belastete Menschen öffnen mit ihrem Verhalten ein Einfallstor für gesundheitliche Störungen aller Art. Wer pausenlos Ärger an sich herankommen lässt, ständig richtet und nach Schuldigen sucht, sich permanent angegriffen fühlt, gegen alles und jedes kämpft, braucht sich eigentlich nicht zu wundern, wenn er irgendwann von seinem Körper signalisiert bekommt, dass dieser Lebens- und Arbeitsstil so nicht mehr weitergehen kann. Wir alle haben schon Choleriker kennen gelernt, die später an einem Herzinfarkt erkrankten.

Deshalb gehört auch die Aufgabe des langfristigen Erhalts der Schaffenskraft, der Gesundheit, zum INTES-Prinzip. Sich um das persönliche Wohlbefinden zu kümmern sollte keineswegs als »unmännlich« oder »nur etwas für Warmduscher« abgetan werden. Wer die bewährten Einsichten für einen die Lebensqualität fördernden Arbeitsstil ebenso ignoriert wie die kleinen Warnsignale seines Körpers, betreibt nicht nur Raubbau an sich selbst, sondern auch an der Erfolgskraft seines Unternehmens und an der Stabilität seiner Familie.

In all dem steckt eine Chance. Jeder Inhaber ist in der Rolle des Gestalters. Er hat, verglichen mit dem Durchschnitt der Berufstätigen, überdurchschnittliche Freiheitsgrade – er muss nur selten um Genehmigung für etwas bitten. Manch erfahrener Firmeninhaber hat diese Botschaft schon verstanden und lässt seine Gestaltungskraft auch auf dem Feld des persönlichen Lebensstils wirken. Ein erfolgreicher Technologie-Unternehmer etwa legt jeden Abend am Schreibtisch die für den nächsten Tag wichtigen Aufgaben fest. Meist ergeben sich daraus drei oder vier Punkte, die es zu erledigen gilt. Der Mann macht nur das, anschließend geht er nach Hause.

Man muss nicht unbedingt diesen Weg wählen, um eine gewisse geistige Hygiene in seinem Umfeld zu erzielen. Wichtig ist, dass Sie sich bewusst machen: Sie sind kein Opfer – nicht der Konjunktur, nicht der Konkurrenz und auch nicht von irgendwelchen Dritten, die Ihnen vermeintlich einen Arbeits- und Lebensstil aufzwingen wollen. Sie können selbst entscheiden. Viele Unternehmer haben das für sich erkannt und umgesetzt. Sie sind diejenigen, die bei einem Empfang nur zum Wasserglas greifen – und dennoch an der fröhlichen Runde teilnehmen. Sie trauen sich auch, die Gesellschaft so rechtzeitig zu verlassen, dass sie vor Mitternacht im Bett sind, um genug Schlaf zu bekommen. Sie respektieren ihren persönlichen Entspannungsbedarf und jagen nicht jeder Gelegenheit nach – in der ständigen Angst, sonst etwas zu verpassen.

Der Unternehmer Ludwig-Georg Braun ist ein Beispiel für einen derart dosierten Lebensstil. Er ist Vorstandsvorsitzender und Miteigentümer der B. Braun Melsungen AG, einem der weltweit führenden Hersteller von Krankenhausbedarf. Der 1943 Geborene ist Vater von fünf Kindern, sein Familienleben ist ihm so wichtig, dass der Sonntag ein reservierter Tag ist, er nimmt an diesem Tag eigentlich nie Termine an, wie aus seiner Umgebung zu hören ist. Auch für den Auftritt in einer Sonntagabend-Talkshow macht er hier keine Ausnahme, er hat bislang allen Versuchen der Redaktion widerstanden, den Unternehmer vor die Kamera zu holen. Das ist bemerkenswert, denn Braun amtiert als Präsident des DIHK. Er hätte viele Gründe, sich in der Talkrunde zu präsentieren, hat aber ganz bewusst eine Entscheidung zu Gunsten eines gesunden Privatlebens getroffen.

Wer seine Gesundheit und Schaffenskraft erhalten will, sollte deshalb einen ganzheitlichen Ansatz wählen. Einmal in der Woche 50 Kilometer mit dem Fahrrad zu fahren ist eine gute Idee – aber es hilft nicht als Gegengewicht gegen ein Übermaß an Stress. Wer gesund leben will, muss versuchen, sein Leben in Balance zu halten. Arbeit, ein gewisses Maß an Stress und Anspannung sind sicher notwendige Stimuli, aber wenn die Sicherungen nicht durchbrennen sollen, bedarf es auch des Ausgleichs durch Entspannung und Muße. Wer viel geistig arbeitet, sollte auf angemessene, nicht übertriebene körperliche Aktivität achten. Das hält Körper und Geist im Gleichgewicht und stabilisiert das Immunsystem. Letzterem dient auch eine gesunde Ernährung: Warum seinem Körper durch Alkohol, Nikotin, zu viel Fett, ein Übermaß an Zucker und Konservierungsstoffen schaden, wenn man sich auch ausgewogen und ungiftig ernähren kann?

»Wer stark und gesund sein will, übe den Körper, atme reine Luft und heile sein Weh eher durch Fasten als durch Arznei«, gab schon der griechische Arzt Hippokrates (er lebte von 460 bis 375 v. Chr.) seinen Mitmenschen als Empfehlung mit auf den Weg. Diese Einsicht hat bis heute nichts an Gewicht verloren. Für die Gesundheit der Seele, ohne die körperliche Gesundheit nicht denkbar ist, sind menschlicher Rückhalt (Hippokrates: »gute Gesellschaft«), Lebenszufriedenheit und ein selbst-, nicht fremdbestimmtes Leben auf der Grundlage eines intakten Selbstwertgefühls unverzichtbar.

Hier stehen Ihnen als Unternehmer viele Wege offen. Die einen ziehen sich regelmäßig ins Kloster zurück. Andere haben einen persönlichen Fitnesstrainer engagiert, der sie bei sportlichen Aktivitäten unterstützt und ihnen Ratschläge für die richtige Ernährung gibt. Das materielle Vermögen kann Ihnen dazu dienen, Ihr immaterielles Vermögen zu sichern. Es lohnt sich, Zeit und Einkommen in die persönliche Gesundheit zu investieren; die Rendite dieses Einsatzes ist hoch. Auch geistigen Interessen kann man durchaus Raum geben – nicht wenige Unternehmer pflegen ihren Glauben nicht nur etwa an Weihnachten und Ostern, sondern jeden Tag. Natürlich stellt das alles hohe Anforderungen an die Person. Aber ebenso wie ein Unternehmen nur erfolgreich sein kann, wenn es konsequent ein als richtig erkanntes Ziel verfolgt, setzt auch Lebenserfolg ein hohes Maß an Fokussierung, Konsequenz und Verzicht voraus, verlangt also, in einem Wort gesagt, Disziplin.

Auch hier macht die Konsequenz, das zu leben, den Unterschied zwischen dem Außergewöhnlichen und dem Gewöhnlichen aus. Die Masse wird immer den Weg des geringsten Widerstandes gehen, sei es in Bezug auf die Arbeit oder auf die eigene Person. »Die Masse steht im Gegensatz zur rechten Vernunft und verteidigt die eigenen Übel und Leiden. Lasst uns fragen: Was ist das Beste? Und nicht: Was ist das Übliche?«, formulierte schon Seneca. Auch ohne diese Empfehlung des römischen Philosophen zu kennen, halten sich viele erfolgreiche Unternehmer an genau diese Regel. Sie gehen ihren eigenen Weg auch im Privaten – und wählen die Richtung so, dass sich für die Arbeits- und Lebensqualität das langfristig beste Ergebnis ergibt.

Anmerkungen zu diesem Kapitel

1 Dazu: Axel Gloger, *Millionäre. Vom Gründertraum zur Wirklichkeit*. Wien 1999, 2. Auflage, S. 71 ff.
2 Theo Lieven, *Unternehmer sein heiß frei sein. Mein Weg in die Unabhängigkeit*, München 2000.
3 Günter F. Gross, *Beruflich Profi – privat Amateur?*, 20. Auflage, Landsberg am Lech 2006.
4 Brian Tracy, Frank M. Scheelen, *Personal Leadership. So wird Spitzenleistung möglich*, Landsberg am Lech 1999.

Die Familie

In diesem Kapitel werden folgende Themen behandelt:

- Familien-Management
- Die Folgen von Familienkriegen
- Angeheiratete Familienmitglieder
- Family Education
- Die Nachfolgeregelung

Was eine einfache Regel alles bewirken kann

Vor einigen Jahren war ich bei einem Familienfest eingeladen. Der Ort war eindrucksvoll, man hatte Räumlichkeiten in einem kleinen Schloss gemietet. Die Schar der Gäste traf nach und nach ein, festliche Garderobe, Willkommensgrüße und nicht enden wollende Umarmungen bestimmten das Bild.

Als die Gäste in einem der Nebenräume zu Tisch gebeten wurden, hatte ich ein Schlüsselerlebnis. Nicht nur Namensschilder fanden sich an jedem Platz – auf den zahlreichen Tischen stand jeweils ein Schild, unübersehbar für jeden Gast. »No Business Talk at the Dinner Table« war dort zu lesen, bitte keine Gespräche über das Geschäft. Ich war aufrichtig berührt. Etwas Vergleichbares hatte ich zuvor noch nie zu Gesicht bekommen. Es wurde ein wunderbarer Abend, einer von der Sorte, die man so schnell nicht vergisst – gute Gespräche, nette Menschen, ein ausgelassenes Fest.

Erst später, im Hotel, fiel mir der Text auf dem Schild wieder ein. Der Gastgeber war Mitinhaber eines erfolgreichen Unternehmens in Großbri-

tannien. Der Betrieb bestand mittlerweile in der fünften Generation, die Firma hatte das stattliche Alter von 100 Jahren bereits deutlich überschritten. Nach kurzer Überlegung war mir klar: Praktisch alle Gäste dieses Festes waren Miteigentümer des Unternehmens, bis auf einige wenige Ausnahmen wie mich. All die Tanten, Vettern, Cousinen, Geschwister verschiedener Generationen – sie alle besaßen Gesellschafteranteile.

Was verband diese Menschen? Sie hatten ein großes, gemeinsames Thema: Man interessiert sich für den Gang der Geschäfte, diskutiert hitzig die Chancen und Risiken des letzten Firmenzukaufs. Manchen ist das Gehalt der Geschäftsführung zu hoch, andere wollen gerne noch mal über die genaue Höhe der Gewinnausschüttung im nächsten Jahr reden.

Obwohl es schon spät war, ließ ich das Fest in Gedanken noch einmal ablaufen. Und in der Tat: Es gab keinen Business-Talk. Ein Außenstehender, der das Unternehmen des Gastgebers nicht kannte, wäre nie darauf gekommen, dass hier die Eigentümer eines Betriebs miteinander feierten. Es wurde gelacht, gescherzt, politisiert, es wurden alte Anekdoten aus der Familie zum Besten gegeben, alle waren ausgelassen, fröhlich – und überhaupt nicht auf das Geschäftliche fixiert. Das Schild »No Business Talk« hatte seine Wirkung getan, mit großem Erfolg. Es war vielleicht sogar der wesentliche Grund dafür, dass das Fest so unbeschwert und fröhlich werden konnte.

Abbildung 11: Kleine Regel – große Folgen

Mir hat dieses kleine Ereignis einmal mehr verdeutlicht, dass das Glück der Unternehmerfamilie gesteuert werden will. Jeder Inhaber hat eine Familie, Betrieb und Angehörige sind auf das Engste miteinander verwoben, auf Gedeih und Verderb. Im inhabergeführten Unternehmen sind Beruf und Familie nicht zwei Welten, sondern eine. Dass es der Firma gut geht, liegt zu großen Teilen auch daran, dass es den Angehörigen gut geht. Der Firmenchef schaffte es, der Familie ein schönes Fest zu bereiten – und den Business-Talk dahin zu lenken, wo er hingehört: in die Gesellschafterversammlung. Stellen Sie sich vor, das Schild hätte nicht dort gestanden. Irgendwann hätte einer mit der Höhe der letzten Gewinnausschüttung angefangen (oder mit dieser neuen Produktionsstätte in Polen, die immer noch tief in den roten Zahlen steckt), und flugs wäre aus der Party eine Geschäftskonferenz geworden. Die Folgen für den Ausgang können Sie sich leicht ausmalen.

Die Familie braucht Management

Das Schild enthält einen Fingerzeig, der für jeden Inhaber-Unternehmer gilt: Die Familie will gemanagt werden. Sie ist nicht einfach da, das harmonische, fröhliche Zusammenleben ist nicht das Ergebnis eines Zufalls. »Das sind doch alles vernünftige, kluge und wohlerzogene Menschen, die werden sich schon verstehen und zusammenhalten«, diese Einstellung gilt in keiner Familie von selbst. Für ein stabiles und stressfreies Familienleben muss etwas getan werden. Das ist eine professionelle Aufgabe, die so angegangen werden will wie jede Herausforderung im Geschäft. Deshalb ist das Management der Eigentümerfamilie ein weiterer wesentlicher Baustein des IN-TES-Prinzips. Zur Unternehmer-Strategie gehört auch der Erfolg zu Hause – damit die Verwandtschaft das Unternehmen nicht belastet, sondern ihr Kraftquell wird.

Wie wichtig das Thema ist, zeigt sich dann, wenn von den Angehörigen Turbulenzen ausgehen. In inhabergeführten Unternehmen reichen die wirtschaftlichen Interessen bis in die Familie hinein. Das ist anders als bei angestellten Führungskräften. Diese können abends beruhigt ihr Büro abschließen und die Firma hinter sich lassen. Daheim stehen andere Themen auf der Agenda – vom nächsten Urlaub über die Gartenarbeit bis zur Frage, welches Gymnasium die Tochter besuchen soll. Als Unternehmer aber nehmen Sie das Geschäft mit nach Hause. Es ist Gegenstand der Tischgespräche, es schwingt immer mit, dass der eigene Betrieb gleichzeitig die Existenzgrundlage ist, und wenn man Angehörige trifft, die Miteigentümer sind, dann sind Geld und Geschäft immer ein Thema, offen oder latent.

Schwere Auseinandersetzungen in der Familie können erhebliche wirtschaftliche Nachteile mit sich bringen, welche die Firma über Jahre belasten – denken wir nur an den Fall der Bingener Racke-Gruppe. Das Unternehmen wurde 1865 gegründet und steht für bekannte Marken wie Pott, Dujardin, Amselfelder und Racke-Rauchzart. Der Inhaber in vierter Generation, Harro Moller-Racke, holte seinen Sohn zunächst in die Firma. Der Plan lautete: Nach einer gewissen Übergangszeit sollte der Junior die Nachfolge in der Rolle des geschäftsführenden Gesellschafters antreten. Aber kaum war der Filius im Unternehmen, begann der Vater, seinen Sprössling zu bekämpfen. Der Sohn hatte angefangen, einige Dinge anders zu machen, als es der Senior über viele Jahre getan hatte. Die sich anschließende Auseinandersetzung im Kreis der Gesellschafter, im Aufsichtsrat und in der Geschäftsführung brachte der Gruppe nicht nur eine schlechte Presse (»Dallas in Bingen«) und wirtschaftlichen Stillstand. Sie führte auch dazu, dass Marcus Moller-Racke seinen Vater und einige weitere Gesellschafter im Zuge des Konflikts auszahlen musste, was der Racke-Gruppe für mehrere Jahre eine erhebliche finanzielle Zusatzlast aufbürdete. Der Streit zwischen Vater und Sohn hat viel Kraft gekostet, die dem Geschäft naturgemäß fehlte. Dabei hat Racke noch Glück gehabt. Auseinandersetzungen in der Familie entwickeln oft genug eine so starke Eigendynamik, dass der Betrieb daran zu Grunde geht. Nicht wenige inhabergeführte Unternehmen sind auf diese Weise gescheitert.

Die richtige Strategie geht alle in der Familie an

Deshalb brauchen Unternehmer eine Familienstrategie. Sich damit zu beschäftigen ist nicht nur etwas für Inhaber in der fünften Generation, die überlegen müssen, wie sie die in alle Welt versprengten Gesellschafter mit teils widerstreitenden Interessen unter einen Hut bringen. Auch einen Unternehmer, der seine Firma erst vor ein paar Jahren gegründet hat, geht dieses Thema schon etwas an. Denn seine heute noch kleinen Kinder sind vielleicht die Anwärter auf eine Nachfolgeposition im elterlichen Unternehmen – und viel von dem, was an Konfliktpotenzial auf die nächste Generation zukommen kann, können Sie frühzeitig beseitigen, wenn Sie einige Dinge richtig machen.

Alle Inhaber haben hier eine noch zu wenig erkannte Führungsaufgabe mit viel Verantwortung. Sie hat zwar nichts mit Kunden, Markt und Produkten zu tun, aber ihre Wirkungen sind deshalb nicht weniger weit reichend.

Sie haben Recht, Ihre Aufgabe wird dadurch nicht einfacher. Die Familie fügt der geschäftlichen Tätigkeit eine zusätzliche Dimension zu. Aber richtig angegangen, können Sie Ihre Angehörigen zu einem wirksamen Stabilisator für Ihr Unternehmen machen, der zum Wettbewerbsvorsprung beiträgt. Lassen Sie diese Aufgabe hingegen liegen, handeln Sie sich zusätzliche Risiken ein.

Denn die Familie hat besondere Eigenheiten. Streiten etwa die Vorstände einer anonymen Kapitalgesellschaft, hat das selten existenzbedrohende Folgen. Entweder der Streit wird irgendwann geschlichtet – oder der Aufsichtsrat fällt eine Personalentscheidung, und einer der beiden Vorstände muss das Unternehmen verlassen. Danach herrscht erst einmal wieder Ruhe. Tritt dieser Streit aber in inhabergeführten Firmen auf, sieht die Lage anders aus. Die Vorstände sind miteinander verwandt. Sie begegnen sich nicht nur auf der professionellen, sondern auch auf der familiären Ebene. Der Konflikt hat nie Feierabend und selten ein vorprogrammiertes Ende. Denn streitende Vorstände sind in der Regel auch Gesellschafter, womöglich sogar die Repräsentanten zweier Familienstämme, zwischen denen schon immer eine unterschwellige Rivalität herrschte.

Eine Entlassung wird damit erschwert, häufig auch unmöglich gemacht. Selbst wenn sie gelingt, ist das oft nur ein Pyrrhus-Sieg des bleibenden Vorstands. Denn der andere kann ihm auch aus seiner Position des Nur-Gesellschafters das Leben schwer machen. Nicht umsonst gab Hans Otto Eglau seinem lesenswerten Buch über Familienunternehmen den Titel *Erbe, Macht und Liebe*. Verwandtschaftliche Beziehungen und die familiären Leidenschaften machen aus Konflikten ein explosives Gemisch.

Auch Angehörige, die nicht Gesellschafter sind, etwa die Ehepartner, spielen dabei eine nicht gering zu schätzende Rolle. Brüskiert die Ehefrau des einen Inhaber-Geschäftsführers die Ehefrau des anderen in der Öffentlichkeit, liegt der Streit im Unternehmen nicht fern: Auch zwischen den Geschäftsführern wird es dann bald zu einer Auseinandersetzung kommen.

Abbildung 12: Zwei Welten begegnen sich

Unternehmen	Familie
• Hierarchie	• Gleichheit
• Leistung	• Solidarität
• professionelle Beziehungen	• verwandtschaftliche Beziehungen
• Geschäft bestimmt die Dauer der Zusammenarbeit	• Verknüpfung durch Zusammenarbeit, gemeinsame Abstammung
• Geld, Nutzen	• Gefühl, Liebe
• Marktanteil	• Geborgenheit
• Auswahl	• Abstammung
• sachorientiert	• personenorientiert

Wie in einem System kommunizierender Röhren sind Firma und Familie verbunden. Steigt der Konfliktdruck in der einen Röhre, steigt er auch in der daneben liegenden.

Kleine Ursachen können hier weit reichende Folgen haben. Lehnt etwa Erwin in der letzten Geschäftsleitungssitzung des Jahres den schon beantragten neuen Firmenwagen für seinen Vetter Johannes ab, sollte niemand glauben, dass es anschließend eine friedvolle Familienweihnacht geben kann. Zudem wird Johannes auf Revanche sinnen – und die nächste Möglichkeit nicht auslassen, es seinem Cousin heimzuzahlen.

Solcher Streit lässt sich nicht unter den Teppich kehren. Bekämpfen sich die Eigentümer, tut das dem Unternehmen selten gut.

Familienkrieg: Dallas und die Folgen

Beobachten wir nur das Beispiel der berühmten französischen Kaufhauskette Galeries Lafayette, die auch in Berlin eine Niederlassung unterhält. An der Spitze des Unternehmens herrschte dicke Luft, die Börse hatte den Zwist natürlich gewittert, der Kurs von Lafayette war prompt eingebrochen, was eine deutliche Minderung des Unternehmenswerts signalisierte.

Was war geschehen? Die Firma gehörte mehrheitlich zwei Familienstämmen zu je gleichen Teilen. Einer der Mitinhaber, Etienne Moulin, starb. Der Mann war bis zu seinem Tod der Garant für den Frieden unter den Eigentümern gewesen, weil er das Unternehmen als Chef so führte, dass keiner dem anderen etwas anhaben konnte. Er hielt das konfliktgeladene Gebilde der Familie so zusammen, dass Auseinandersetzungen nicht ausbrachen, zumindest nicht offen. Mit seinem Tod änderte sich das schlagartig.

Etiennes Ehefrau Ginette verlangte den Chefposten. Sie wollte ihren Mann in diesem Amt beerben, auch deshalb, weil sie nur dann keine Erbschaftsteuer hätte zahlen müssen. Der andere Familienstamm stellte sich dagegen – Ginettes Cousine Léone-Noëlle Meyer war alles andere als erbaut von der Idee, dass die Witwe fortan das Kaufhausunternehmen führen würde. Weil sie dem Aufsichtsrat vorstand, konnte sie Ginette ausbremsen. Der Zoff war perfekt und übertrug sich sofort auf die Nachkommen der verfeindeten Cousinen. Beide haben je einen Schwiegersohn, die im Unternehmen tätig sind. Die angeheirateten Söhne machen keinen Hehl aus ihrer gegenseitigen Abneigung. Jeder zieht am Seil, aber in eine andere Richtung – und träumt derweil davon, die Firma dereinst allein zu führen. Zwei Enkel der Clan-Mütter sind ebenfalls schon im Unternehmen tätig. Auch diese arbeiten daran, die jeweils andere Seite auszustechen.[1]

Streit an der Spitze macht jeden Betrieb verwundbar. Die Aufmerksamkeit gegenüber dem Geschäft ist getrübt, die Führenden müssen einen Teil ihrer Energie darauf verwenden, den Konflikt für die eigene Seite günstig zu beeinflussen. Das hat Folgen, wie das Beispiel *Galeries Lafayette* zeigt: Eine Bank ahnte die Turbulenzen, kaufte an der Börse eine Minderheitsbeteiligung zusammen – und versuchte, sich mit einer der streitenden Parteien zu verbünden. Das kann das Ende des Unternehmens in Familienhand bedeuten – wenn etwa externe Käufer Einfluss gewinnen und versuchen, das Vermögen des Betriebs gewinnbringend zu verkaufen. Vor solchen Turbulenzen ist kein Inhaber gefeit, der sich nicht durch geeignete Maßnahmen davor schützt.

Die Familie als Wettbewerbsvorteil

Ein Familienkrieg wie bei der französischen Kaufhauskette ist das Gegenteil von dem, was es sein sollte. Eigentlich sollen ja am Markt die Vorzüge des inhaber- oder familiengeführten Unternehmens ausgespielt werden. Es verfügt über einen überschaubaren und berechenbaren Gesellschafterkreis, der sich langfristig mit der Firma identifiziert. Die Eigentümerfamilie steht mit ihrem guten Namen für das Geschäft, ein deutlicher Pluspunkt in einer anonymisierten Welt. Mitarbeiter, Kunden und Lieferanten sowie das Gemeinwesen können sich an eine Geschichte binden – Unternehmen wie *Heraeus*, *Haniel* oder *Miele* stehen für bestimmte Werte, für Kontinuität und Verlässlichkeit. Viele Angestellte, die im Laufe ihres Berufslebens beide Welten erleben konnten, sagen: »Ich fühle mich in einem familieneigenen Betrieb besser aufgehoben.« Die Familie als Eigentümer wird von Außenstehenden für berechenbarer und vertrauenswürdiger gehalten. Man hat das Gefühl, dazuzugehören – ein immaterieller Wert, der nicht gering zu schätzen ist.

Wie die Beispiele zeigen, liegen Sonnenschein und Gewitter im Inhaber-Unternehmen eng beieinander. Deshalb gilt es, die Dynamik von Erbe, Macht und Liebe so zu managen, dass ein positiver emotionaler Mehrwert entsteht. Das Management der Familie sollte deshalb diese Punkte betonen:

- Wir sind stolz. Unser Clan ist eine attraktive Gemeinschaft. Wir sind nicht irgendwer, sondern eine Familie, die sich verbunden fühlt. Die Eigentümer des Unternehmens stehen auf einer gemeinsamen Wertebasis, die Einigkeit und eine positive Außenwirkung schafft.
- Bei uns macht es Spaß. Dabeisein macht Freude! Die Familie vermittelt ein positives Gemeinschaftsgefühl. Man kommt gerne zusammen, freut sich schon auf den nächsten Anlass – und blickt auf eine Fülle gemeinsamer Erlebnisse, an die man gerne zurückdenkt. Man kann Geschäftliches und Privates auseinander halten und hat eine eigene Kultur entwickelt, tolle Feste zu feiern.
- Wir vermitteln Geborgenheit. Die Verwandtschaft bietet sozialen Halt. In einer Welt, in der oft ein raues gesellschaftliches Klima herrscht, ist die Familie eine Lebensbasis und ein Rückzugsort – der die Sicherheit vermittelt, dass einem auch dann jemand zur Seite steht, wenn es einmal nicht so gut läuft.
- Es gibt einen wirtschaftlichen Nutzen. Die Unternehmensleitung bringt den Kapitaleignern aus der Familie Wertschätzung entgegen und achtet darauf, dass deren berechtigte wirtschaftliche Interessen so bedient werden, dass die Firma gleichzeitig ihre langfristigen wirtschaftlichen Ziele erfüllen kann.

Unternehmer, die diese Punkte wirksam angehen, haben wesentliche Risiken des Themas im Griff. Sie minimieren die Gefahr von Konflikten und sorgen für Stabilität und Frieden in der Verwandtschaft. Eine Agenda, die diese Punkte berücksichtigt, trägt der Tatsache Rechnung, dass das Management der Familie im Wesentlichen ein emotionales Thema ist. Ausschüttungen und Erfolg im Wirtschaftlichen allein machen noch kein gutes Familienunternehmen aus. Wenn aber zusätzlich die hier genannten Interessen bedient werden, steigt die Attraktivität der Kapitalanlage im Betrieb. Denn sie bietet dann nicht nur eine wirtschaftliche, sondern darüber hinaus auch eine emotionale Dividende. Diese ist am freien Kapitalmarkt für die Familienmitglieder viel schwerer oder gar nicht zu bekommen, geht es doch hier allein um Geld und Zinsen, nicht aber um Gefühle.

Die Aufgabe des Familienmanagements verlangt von Ihnen, sich einmal mehr als Stratege zu erweisen. Es gilt nicht nur, das zu tun, was heute dringend und wichtig ist. Der sorgfältig geplante Umgang mit den Angehörigen ist eine Investition – so wie gute Unternehmer schon heute daran denken, was sie tun müssen, um Märkte zu gewinnen, die im kommenden Jahrzehnt wichtig sind. Der Rückfluss dieser Investition wird sich nicht in der Bilanz des nächsten Jahres niederschlagen – und dennoch ist sie von zentraler Bedeutung für die zukünftige Erfolgskraft des Betriebs.

Beim Thema Familie ist die langfristige Dimension sogar die allein entscheidende: Kurzfristig erreicht man hier kaum etwas. Auf lange Sicht aber geht fast alles – wenn die Familie nur früh genug die Weichen für ein friedvolles Miteinander stellt.

Inaktive Gesellschafter nutzbringend einbinden

Wem gehört Ihr Unternehmen? Vor allem in größeren Firmen ist es wahrscheinlich, dass Eigentümer nicht nur der tätige Geschäftsführer ist. Nichttätige Gesellschafter gehören in vielen inhabergeführten Unternehmen zum Alltag. Bei mehr als jedem zweiten Familienbetrieb haben die nichtaktiven Gesellschafter aus der Familie die Mehrheit der Anteile, haben wir in einer wissenschaftlichen Studie herausgefunden. Die Nichtaktiven sind ein Macht-, Konflikt- und Managementfaktor.

Deshalb ist es wichtig, die Interessen der nichttätigen Gesellschafter zu bedienen. Das ist für jedes Unternehmen von Bedeutung, auch für Ihres, wenn Sie Kapitalgeber in dieser Rolle haben. Denn zufriedene Gesellschafter und ein leistungsfähiger Firmenchef sind ein unschlagbares Gespann, das vieles zuwege bringen kann. Umgekehrt: Wenn ein Konflikt zwischen diesen Parteien besteht, ist Gefahr im Verzug. Das Management der Ziele, Erwartungen und Hoffnungen der Miteigentümer ist deshalb eine wichtige Aufgabe.

Das Interesse der Kapitalgeber an ihrem Betrieb ist legitim. Denn von ihrem Wohlwollen ist es abhängig, ob das Unternehmen die benötigten Mittel bekommt – oder nicht. Die Konkurrenz kapitalsuchender Anlagemöglichkeiten um die Geber ist groß. Diesen Wettlauf gewinnt nur, wer die Inhaber des Kapitals davon überzeugen kann, dass das eigene Produkt, in diesem Falle der GmbH-Anteil am Familienbetrieb, das beste ist. Das braucht Marketing, das Management von Emotionen und Bindung.

Kapitalmarktorientierte Unternehmen haben dies längst erkannt. Ihr Vorgehen sollte deshalb den Mindeststandard vorgeben für die Art, wie ein Inhaber-Unternehmen seine Kapitaleigner bedient und gleichzeitig seine spezifischen Vorzüge ausspielt:

1. Regelmäßige Information gehört zu den Grundbedingungen, die jeder Investor erwarten darf. Anleger wollen die Verlässlichkeit ihres Investitionspartners einschätzen können. Dazu gehört, dass sie jährlich, halbjährlich oder quartalsweise über die den Wert ihres Anteils bestimmenden Entwicklungen in der Firma informiert werden.
2. Anleger informieren ist Bringschuld, nicht Holschuld. Der erfolgreiche Unternehmer wartet deshalb nicht, bis der Kapitalgeber ihn um eine Information bittet – sondern setzt seine Miteigentümer zeitnah und unaufgefordert ins Bild. Alle den Wert der Anlage bestimmenden Entwicklungen erhält der Investor unaufgefordert, auch und gerade dann, wenn das Geschäft einmal nicht so gut läuft. Denn: Mehr noch als ein schlechter Geschäftsgang zerstören zurückgehaltene Informationen das Vertrauen der Investoren.
3. Emotionalisierung der Eigentümerschaft. Erinnern Sie sich, welchen Aufwand der Unternehmer Erich Sixt oder auch die *Telekom* bei der Börseneinführung getrieben haben, um das Publikum für sich zu gewinnen. Aktionärswerbung, Unternehmensfilme, eine tolle Hauptversammlung – all das verbessert den ökonomischen Wert der Anlage um keinen Cent.

Aber es schafft emotionale Bindungswirkung, es bedient die Hoffnung der Anleger, in einem erfolgreichen Unternehmen investiert zu sein.

Als Inhaber sollten Sie sich verdeutlichen: Auch wenn Ihre Anteile nicht an der Börse gehandelt werden, so erfüllen Ihre Miteigentümer doch eine wichtige Funktion. Sie finanzieren Ihr Unternehmen. Auch Tante Erna, die ihren Anteil nur geerbt hat, ist Kapitalgeberin. Ihre Leistung besteht darin, dass sie ihren Kapitalanteil trotz alternativer Angebote in Ihrem Betrieb stehen lässt. Tante Erna könnte auch anders, etwa wenn sie nach dem baldigen Verkauf ihres Anteils streben würde. Deshalb erfüllen auch die nichttätigen Gesellschafter eine wichtige unternehmerische Funktion. Aus der Sicht der Geschäftsführung sollte deshalb klar sein: Investoren im Unternehmen behandelt man ähnlich wie Kunden, und zwar auch und gerade dann, wenn sie aus der Familie kommen.

Setzt sich die Geschäftsführung über die Interessen der Inaktiven hinweg, wird eine wichtige Unternehmeraufgabe vernachlässigt. »Von den nichttätigen Gesellschaftern kann ein erhebliches Störpotenzial ausgehen«, sagt Hans-Jürgen Rahlemeyer. Er ist Unternehmensmakler bei *Concess* in Saarburg und kennt genügend Fälle, in denen Streit zwischen Gesellschafterstämmen eine Firma so zerrüttet hat, dass nur der Verkauf als Ausweg blieb. Eine Geschäftsführung, welche die Anteilseigner aus der Familie für dumm, frech und faul hält, bekommt diese Einstellung von der Gegenseite auch zurückgespielt.

Ein gutes Beispiel für ein sinnvolles Vorgehen liefert die Firma Haniel. Das Familienunternehmen hat wegen der zahlreichen Erbgänge einen sehr großen Gesellschafterkreis. Inzwischen gibt es über 500 Anteilseigner aus der weit verzweigten Nachkommenschaft des Gründers Franz Haniel, denen die Firma gemeinsam gehört. Die Familie versteht es als Gestaltungsaufgabe, die Eigentümer an das Unternehmen zu binden. Sie bedient deren Interessen ähnlich professionell wie eine börsennotierte Firma, zusätzlich bereichert um ein emotionales Element, das jene niemals leisten können.

Dass die Gesellschafter von Haniel ordentliche Ausschüttungen erwarten dürfen, die mit den Verhältnissen am Kapitalmarkt mithalten können, versteht sich bei diesem Mischkonzern von selbst. Wichtig ist bei Haniel neben der vertrauensbildenden und zeitnahen Information der Eigentümer aber auch die emotionale Seite. Ganz bewusst bedienen die Verantwortlichen das Wir-Gefühl. So gibt es etwa für die kommende Inhabergeneration alle zwei Jahre die so genannten Jugendtreffen. Um die 160 Miteigentümer sind Adressaten dieses Anlasses, der zweierlei Zwecken dient: Die Jugendlichen werden an die Belange des Unternehmens herangeführt. Sie bekommen das Geschäft der Haniel-Gruppe in für sie verständlicher Weise erklärt. Überdies werden sie mittels des dreitägigen Jugendtreffens offiziell in den Kreis der Haniel-Eigentümer aufgenommen. Über gemeinsame Erlebnisse wie den Besuch eines Musicals, in der Diskothek durchtanzte Nächte und andere Aktivitäten gleicher Art wird das Wir-Gefühl gestärkt. »Wir sind eine große Familie. Es lohnt sich und macht Spaß, bei Haniel dabei zu sein«, diese Botschaft sendet das Unternehmen an seine Miteigentümer.

Zwar ist *Haniel* auf den ersten Blick ein Sonderfall. Die Firma ist besonders alt – und hat besonders viele Gesellschafter. Doch macht dieses überaus erfolgreiche Familienunternehmen wie unter einem Vergrößerungsglas deutlich, worum es geht, wenn die Interessen der Nichtaktiven ins Spiel kommen. Hier existiert eine Managementaufgabe, auch wenn ihr Ausmaß nicht immer so gewichtig ist wie bei *Haniel*, wo einige hundert Gesellschafter unter einen Hut gebracht werden wollen.

Die alltägliche Praxis, die auch Ihre Firma betreffen dürfte, sieht so aus: Nur 16 Prozent der Betriebe in Familienhand haben einen oder höchstens zwei Gesellschafter. Die Mehrheit der Unternehmer aber muss mit einer ganzen Gruppe von Miteigentümern umgehen – 59 Prozent haben zwischen drei und sechs Gesellschafter, ein Viertel hat sogar mehr als sechs Miteigentümer. Alles in allem ist das ein überschaubarer Kreis, was sowohl eine gute als auch eine schlechte Nachricht für Ihre Arbeit ist: Anders als in einer anonymen Kapitalgesellschaft ist der Kreis der Anteilseigner eng begrenzt und überschaubar. Hinter Ihrer Kapitalseite stecken keine Anlegerkonten, sondern Persönlichkeiten, zu denen in der Regel eine familiäre Beziehung besteht. Das macht es einfacher, deren Interessen zu bedienen – den Fahrplan dafür zeigt Ihnen Abbildung 13; gleichzeitig aber hat Missmanagement hier besonders gravierende Folgen – kommt es zum Streit, geht es weitaus öfter ums Ganze, als wenn nur zwei oder drei von 100 Gesellschaftern unzufrieden sind.

Auch für Gründer-Unternehmen sind diese Überlegungen wichtig. Der Inhaber muss nur ein oder zwei Jahrzehnte in die Zukunft denken: Wer führt dann das Unternehmen? Wem wird es gehören? Was wird aus den Sprösslingen der Inhaberfamilie? Das Thema inaktive Gesellschafter kommt auf die meisten Firmen zu. Wenn es heute bei Ihnen noch nicht ak-

Abbildung 13: Zehn goldene Regeln für den Umgang mit nichtaktiven Gesellschaftern

Regel 1

Es gibt keine automatische Harmonie zwischen aktiven und nichtaktiven Gesellschaftern. Akzeptieren Sie, dass hier Konflikte entstehen können, die durch die unterschiedlichen Rollen bedingt sind, und setzen Sie sich mit diesem Thema aktiv auseinander.

Regel 2

Fordern Sie von den nichtaktiven Gesellschaftern Interesse am und Einsatz für das Unternehmen. Helfen Sie ihnen dabei, sich das nötige Fachwissen anzueignen.

Regel 3

Ermutigen Sie Gesellschafter, die nicht im Betrieb aktiv sind oder sein werden, einen eigenen Beruf zu ergreifen – und sich wirtschaftlich vom Familienunternehmen unabhängig zu machen.

Regel 4

Denken Sie daran, dass es Familiengesellschafter geben kann, die einen wesentlichen Teil ihres Einkommens aus den Ausschüttungen beziehen. Behandeln Sie deren Interessen mit dem nötigen Fingerspitzengefühl – und bedenken Sie dabei, dass deren Rolle bedingt, dass persönliche Interessen mitunter mit dem Wohl der Firma konkurrieren.

Regel 5

Lassen Sie Ihren Beirat oder Aufsichtsrat über die Mitarbeit und Vergütung von Familienmitgliedern entscheiden. Legen Sie dabei die gleichen Kriterien zugrunde wie bei Nichtfamilienmitgliedern.

Regel 6

Geschäfte zwischen Gesellschaftern und dem Familienunternehmen bergen Konfliktpotenzial. Begrenzen Sie deshalb deren Umfang auf einen gewissen

Betrag und binden Sie das Geschäft an die Zustimmung des Beirats oder Aufsichtsrats.

Regel 7

Wenn aktive und passive Gesellschafter betriebliche Sonderleistungen in Anspruch nehmen, sollte es hierfür klare, verbindliche und allen Beteiligten bekannte Regelungen geben.

Regel 8

Schaffen Sie eindeutige Regeln für die Besetzung und Kompetenzen des Beirats – insbesondere wenn Familienmitglieder in Geschäftsführung und Beirat sitzen.

Regel 9

Entwickeln Sie eine Familienstrategie, und managen Sie Ihre Angehörigen ebenso professionell wie Ihr Unternehmen.

Regel 10

Beschließen Sie konkret ausformulierte und verbindliche Regeln, wie Sie sich als Familie im Konfliktfall verhalten wollen – und vereinbaren Sie dabei insbesondere, was Sie in einem solchen Fall nicht tun.

tuell ist, haben Sie einen Vorteil: Sie können eine Lösung planen, bevor das Thema akut wird. Sie haben die Chance, an einer für die Zukunft tauglichen Konstruktion zu arbeiten, bevor es drängt. Schleifen lassen sollten Sie die Sache nicht, denn von allein bekommen Sie keine stabilen Verhältnisse. Das liegt am natürlichen Rollengegensatz zwischen aktiven und inaktiven Eigentümern. Ohne weitere Einflüsse denken die aktiven eher an die Interessen des Betriebs und verhalten sich im Alltag nach dem Grundsatz »Business first«. Sie werden schon deshalb die Entnahmen begrenzen und danach streben, dass die Unternehmensinteressen vorrangig bedient werden, weil praktisch ihr gesamtes Schicksal damit verbunden ist. Bei inaktiven Gesellschaftern verhält sich das anders. Für sie ist die Firmenbeteiligung nur ein

Teilaspekt ihrer Lebensplanung. Rollenbedingt schauen sie erst einmal auf die Rendite: »Was bringt mir mein Firmenanteil dieses Jahr ein?«, so lautet die häufig gestellte Frage. Immerhin 45 Prozent der nichttätigen Gesellschafter beziehen ihr Einkommen überwiegend aus den Gewinnausschüttungen des Familienbetriebs. Da interessiert es zumindest nicht allein, dass der Unternehmer Investitionsmittel braucht, um in fünf Jahren Erfolg auf einem neuen Markt zu haben.

Es gibt freilich Auswege aus einem möglichen Konflikt, wie dieses Kapitel gezeigt hat. Ihre Leitsätze sollten sein: Auch die nichtaktiven Gesellschafter sind Unternehmer – und sollten so behandelt werden. Wechseln Sie Ihre Sichtweise. Ihre Kapitaleigner sind nicht lästige Familienmitglieder, die einmal im Jahr auf die Gesellschafterversammlung kommen und herumnörgeln – sondern es sind Ihre Kunden, weil sie einen Kapitalanteil halten, und sie sollten so gut informiert sein, dass sie die Belange der Firma auch verstehen.

So behandeln Sie angeheiratete Familienmitglieder richtig

Wie wichtig das Management der Familie ist, zeigt sich auch in einem anderen Punkt: Die meisten Unternehmer haben eine Ehepartnerin, Unternehmerinnen haben einen Ehepartner. Wie aber wird der in das Firmengebilde eingebunden? Dass es auch hier gute und weniger gute Lösungen gibt, wurde mir durch ein persönliches Erlebnis klar.

In der Zeit, als ich das familieneigene Unternehmen führen durfte, gab es auch die erwähnten Zusammenkünfte. Nach einer gewissen Zeit fiel mir auf, dass meine Frau bei der Rückfahrt von diesen Treffen meistens unzufrieden war. »Ihr Brüder hockt zusammen und sprecht nur über das Geschäft«, so lautete ihr leise geäußerter Vorwurf. Sie hatte Recht. Die May-Brüder hatten das Familientreffen rasch zu einer Gesellschafterversammlung umfunktioniert. In der Tat sprachen wir über Kunden, Projekte und Finanzen. Unsere Frauen war dabei außen vor – sie hatten keine Gesellschafteranteile und waren auch nicht operativ für den Betrieb tätig. Klar, dass sie nach diesen Treffen enttäuscht nach Hause fuhren. Sie hatten zu spüren bekommen, dass sie bei dem, was wir verhandelten, nicht dazugehörten. Überdies hat-

ten wir den eigentlichen Zweck des Familientreffens unterlaufen, denn für Spaß, Zusammenhalt und gemeinsames Erleben hatten wir nichts getan.

Dieses Ereignis zeigt zweierlei: Einmal unterstreicht es, wie wichtig bei gewissen Anlässen die Verständigung auf eine Agenda ist. In diesem Fall: Familientreffen sind Familientreffen und keine Geschäftsversammlungen (»No Business Talk at the Dinner Table!«). Überdies haben es Inhaber hier mit einer Rolle zu tun, die ebenfalls bedacht werden will, ich spreche von der des angeheirateten Familienmitglieds.

Es wäre falsch, dieses Thema mit einem »wird schon laufen« abzutun. Es läuft in vielen Fällen nicht. Wir sehen das an der oft schwierigen Position der Unternehmerehefrau. (Es geht mir nicht darum, hier ein bestimmtes Rollenbild festzuschreiben. Aber ich nehme den immer noch häufigsten Fall als Vorlage.) Sie ist, wenn der Ehemann geschäftsführender Gesellschafter ist, auf eine Nebenposition abgedrängt. Sie hat vordergründig keine Anteile an der Gesellschaft, nimmt nicht an den Gesellschaftertreffen teil – und hat natürlich auch kein Mandat in der Geschäftsführung.

Obwohl sie so gesellschaftsrechtlich nirgendwo verankert ist, spielt sie doch eine wichtige Rolle: Sie ist die Mutter der Kinder, die möglicherweise später die Firma übernehmen werden. Zudem hat sie das engste persönliche Verhältnis zum Inhaber. Sie bekommt alles mit, Höhen und Tiefen des unternehmerischen Alltags, die Erfolge und Weiterentwicklungen ebenso wie die Hoffnungen und Ängste, die der Mann an der Spitze hat. Sie ist in jeder Hinsicht der Spiegel des Unternehmers. Zudem leben wir in aufgeklärten Zeiten – dass der Mann nach Hause kommt und nichts aus dem Geschäft erzählt, das gehört in den meisten Unternehmerfamilien der Vergangenheit an. Heute unterhält man sich über alles, zumal wenn der Ehepartner ebenfalls berufstätig ist.

Ehen können vielen Turbulenzen ausgesetzt sein, bei Unternehmern gibt es eine zusätzliche Dimension: Stress, der an der Schnittstelle zwischen Ehe und Firma entsteht. In genügend Krisenfällen lag der Keim des Konflikts genau hier.

Ein Beispiel: Ein Unternehmen wird von zwei Brüdern geführt, Karl und Ernst. Man kommt ganz gut miteinander aus. Es ist nicht die heiße Liebe zwischen den Geschwistern, aber das Geschäft ist groß genug, damit sich die beiden Charaktere ausleben können – das Inhabergespann hat Erfolg. Aber die Ehefrauen konnten noch nie so richtig gut miteinander. Es herrscht Burgfrieden. Bis die Ehefrau von Karl das Gefühl bekommt, dass ihr Gatte im Unternehmen etwas zu kurz kommt. Der Bruder hat sich gerade ein neues, größeres Auto kommen lassen. Karl dagegen fährt immer noch seinen fünf Jahre alten Mercedes-Kombi. Außerdem hat sich Ernst angeblich die interessanteren – und vor allem öffentlichkeitswirksameren Aufgaben – unter den Nagel gerissen. Nun geht es los: Abend für Abend stachelt Karls Frau ihren Mann an. »Du musst etwas tun. Das kannst du nicht mit dir machen lassen. Jetzt wehre dich doch endlich.« Dieser Druck beim Abendessen verfehlt seine Wirkung nicht – nach wenigen Wochen ist der Konflikt zwischen dem bis dahin so erfolgreichen und stabilen Duo offen ausgebrochen. Karl traut Ernst nicht mehr über den Weg – und umgekehrt. Das Klima ist gründlich verdorben, und es ist nur noch eine Frage von einigen Monaten, bis auch das Geschäft darunter leidet und die Mitarbeiter in die Fehde hineingezogen werden.

Diagnose: In der Firma war eigentlich alles in Ordnung. Markt, Produkte, Rendite – alles okay. Karl und Ernst hatten ihr Geschäft im Griff, sie konnten überdies auf einige aussichtsreiche Projekte für die Zukunft verweisen. Wenn nur nicht die Sache mit den Ehefrauen gewesen wäre!

Sie können den Faden weiterspinnen. Jeder Unternehmer kennt aus seinem Umfeld solche Geschichten über Eifersucht, Neid und Missgunst, die schwerwiegende Folgen nach sich gezogen haben – von der Ehescheidung über gesundheitliche Probleme bis zum unternehmerischen Misserfolg. Betroffen sind die Gesellschafter – tätige wie nichttätige. Deshalb lohnt es sich, die Interessen auch der angeheirateten Familienmitglieder zu bedienen. Durch die Heirat werden sie Teil der Familie und Teil des Betriebs. Über das Bettgeflüster üben sie Einfluss auf die Geschicke von Familie und Firma aus. Eben deshalb ist der Umgang mit den Angeheirateten oft von Angst getrieben: Man fürchtet Intrigen und einen schlechten Einfluss und verhält sich in der Folge schrecklich unprofessionell.

Es ist eben nicht damit getan, dass der neue Partner nach der Hochzeit in die Familie kommt und einfach da ist. Ohne Kenntnis familiärer Regeln und Werte verhält sich der Neue einfach irgendwie. Die Familie deutet das schnell als »falsches Verhalten« und fühlt sich in ihren Vorurteilen bestätigt. Man grenzt sich voneinander ab, der Außenseiter bleibt Außenseiter, per Ritual werden Grenzen errichtet: »Die/der gehört nicht wirklich zu uns!« Damit ist freilich überhaupt nichts erreicht. Denn wer eine Mauer baut, kann nicht verhindern, dass die dahinter Lebenden dennoch ihre Interessen äußern. Sie setzen sogar alles daran, ihren Einfluss auf unmittelbare Weise auszuüben. Hier ist jedes Mittel recht: Die Ehefrau schwärzt bei ihrem Mann den Schwager an, der ebenfalls in der Geschäftsführung arbeitet, und damit es richtig wirkt, wird gleich noch die Gattin des Schwagers angegiftet.

Um das zu verhindern, sollten Rituale geschaffen werden. Dass ein angeheirateter Partner zum Clan stößt, sollte zum Anlass für eine förmliche Aufnahme gemacht werden. Große Familien können hier eine einfache Regel aufstellen: Ist das Aufgebot für die Hochzeit bestellt, wird der oder die Neue aufgenommen, so könnte die Vorgabe lauten. Das Ritual, wie auch immer es in der Praxis ausgestaltet wird (ein Essen, eine kleine Feier, eine Zusammenkunft nach der Gesellschafterversammlung), sollte diese Bestandteile haben:

- Willkommen! Das angeheiratete Familienmitglied fühlt sich aufgenommen. Ihm wird das Gefühl gegeben: Ich bin hier gerne gesehen. Die Familie schätzt sich glücklich über den Neuankömmling und zeigt das auch. Damit wird diesem Ereignis die Belanglosigkeit genommen, der angeheiratete Partner bekommt die nötige Wertschätzung.
- Die Einführung. Jede Familie hat Traditionen, Werte, Rituale und Einstellungen. Für einen Neuling kann es Jahre dauern, all das herauszufinden. Zudem ist diese Entdeckungsarbeit ein stark vermintes Gelände. Deshalb hilft es, wenn zur formalen Aufnahme auch eine Orientierung über die Eigenheiten stattfindet – das angeheiratete Familienmitglied sollte hier die Ziele, Werte und Regeln der Unternehmerfamilie kennen lernen.
- Die Einordnung. Alle, Familie wie Angeheiratete, sollten die Botschaft bekommen: Mitglieder zweiter Klasse gibt es nicht. Familie ist Familie, und jeder lebt das. Jeder Neuankömmling sollte deshalb offensiv in die Familie aufgenommen werden – das ist eine wichtige symbolische Handlung.

Zudem hilft es, wenn auch gleich das Thema Unternehmen mit abgedeckt wird. Der angeheiratete Partner sollte über alle wesentlichen Vorgänge im Betrieb so gut informiert sein wie ein Gesellschafter – schließlich hat er eine ganz ähnliche Interessenlage. Wer informiert wird, empfindet Wertschätzung. Er bekommt das Gefühl: »Ich bin dabei. Man nimmt mich ernst.« In Konzernen ist es Mode geworden, von Stakeholdern zu sprechen – das sind alle Interessengruppen, die überhaupt von der Tätigkeit des Unternehmens berührt werden: Anwohner, die Stadt und Mitarbeiter ebenso wie Aktionäre, Kunden und Lieferanten. Im Sinne dieses Ansatzes sind beim inhaber- oder familiengeführten Betrieb auch die Angeheirateten eine wichtige Interessengruppe, die es zu bedienen gilt.

Wie man das in der Praxis ausgestaltet, dafür gibt es viele mögliche Wege. Eine Empfehlung etwa lautet: Laden Sie die Angeheirateten mit ein zu den Gesellschafterversammlungen – sie können dort als Gast ohne Stimmrecht dabei sein. Zahlreiche Firmen haben damit gute Erfahrungen gemacht.

Wie Family Education den Gemeinsinn der Eigentümer stärkt

Erfolgreiche Unternehmen in Familienhand machen es vor: Gut informierte Familienmitglieder sind gut für die Firma. Je mehr die Angehörigen über das Geschäft wissen, desto besser für den Betrieb – denn umso unwahrscheinlicher ist es, dass sie mit ihren Interessen den Belangen des Unternehmens in die Quere kommen. Das ist insbesondere bei nichttätigen Familienmitgliedern wichtig, aber auch für die nächste Inhabergeneration.

Das haben inzwischen auch andere fortschrittliche Firmen entdeckt. Sie betreiben das, was im angelsächsischen Sprachgebrauch Family Education heißt – sie bilden ihre Angehörigen aus. Diese Praxis ist keine Konkurrenz zur Schule, sondern eine Wissensvermittlung in allen Belangen, die den Betrieb betreffen.

Der Hintergrund ist durchaus ernsthaft. Denn viele Familienmitglieder wissen zu wenig darüber, wie ein Unternehmen funktioniert. Das Wissen ist ungleich verteilt. Natürlich versteht der Inhaber seine eigene Bilanz sowie die Gewinn- und Verlustrechnung. Deshalb weiß er, was der Betrieb in Zukunft braucht, wo er investieren muss und wo die Bedrohungspunkte liegen, wenn zu wenig Liquidität fließt.

Anders die nichttätigen Familiengesellschafter. Weshalb sollten der Neffe Julian, der in Marburg Ethnologie im dritten Semester studiert, oder Tante Erna, die ihren Anteil von ihrem verstorbenen Mann geerbt hat, die Bilanz verstehen? Für sie sind Begriffe wie Bilanzverkürzung oder Mezzanine-Kapital Bücher mit sieben Siegeln. Hier zeigt sich der Unterschied zwischen Information und Wissen. Natürlich wurde den Miteigentümern Julian und Tante Erna der letzte Jahresabschluss geschickt, sie waren informiert. Aber bei beiden liegt die Zahlenbroschüre bis heute ungelesen auf irgendeinem Stapel – weil sie nicht wissen, was sie mit dem Material anfangen sollen und wie es zu deuten ist. Da ist es nur naheliegend, dass beide sich auf die Position zurückziehen, die aus ihrer Rolle nachvollziehbar ist: Sie messen die Qualität des Unternehmens einzig an der Höhe der Ausschüttungen. Etwas anderes haben sie nicht gelernt. Eine von uns durchgeführte Studie bestätigt das; von den nichtaktiven Gesellschaftern können weniger als die Hälfte einen Jahresabschluss beurteilen, ergab eine Befragung von Miteigentümern von Familienunternehmen. Zudem sind die meisten Familiengesellschafter fern der betrieblichen Praxis – nur 27 Prozent verfügen über eigene Erfahrung aus einer Führungsposition. Die Rolle der Miteigentümer ist so beschrieben:

- eher geschäftsfern als geschäftsnah,
- kein Spezialwissen über die Belange der Betriebsführung,
- Zahlen aus der Firma kann die Mehrheit nicht deuten,
- am ehesten interessiert die Höhe der jährlichen Ausschüttung,
- die Bilanz liegt zwar vor, wird aber nicht gelesen,
- Anwendung von Triviallogik: schwarze Zahlen = gutes Unternehmen.

Daraus folgt Ihre Gestaltungsaufgabe: Die heutigen Gesellschafter und die der nächsten Generation sollen Wissen erlangen, das sie in den Stand versetzt, betriebliche Belange auch mit den Augen des Unternehmers zu sehen. Es gilt, die Gesellschafterrolle zu professionalisieren – sie sollen dem Management auf Augenhöhe begegnen können, also das Geschäft verstehen, die Wettbewerbslage, die Risikofaktoren.

Denn das löst wesentliches Konfliktpotenzial zwischen Tätigen und Nichttätigen auf und macht dem aktiven Inhaber den Alltag leichter. Family Education lässt den typischen Konflikt zwischen den Rollen verschwinden, stabilisiert die Familie und richtet die Interessen aller Beteiligten an einem gemeinsamen Ziel aus. Die Praxis bestätigt das – in Familienunternehmen, die ihre Gesellschafter gezielt weiterbilden, läuft die Zusammenarbeit besser.

Wie wichtig es sein kann, aus Information Wissen zu machen, zeigt ein Beispiel,[2] das der Wittener Professor Fritz B. Simon in einem Buch über die Erfolgskonzepte langfristig erfolgreicher Familienunternehmen schildert. Fünf blinde Männer stoßen auf einen Elefanten. Der eine fasst den Stoßzahn und meint, die Form des Elefanten müsse die eines Speeres sein. Ein anderer ertastet ihn von der Seite und behauptet, er gleiche eher einer

Mauer. Der dritte befühlt ein Bein und verkündet, der Elefant habe große Ähnlichkeit mit einem Baum. Der vierte ergreift den Rüssel und ist der Ansicht, er gleiche einer Schlange. Der fünfte fasst an eines der großen Ohren und vergleicht den Elefanten mit einem Fächer. Jeder der Fünf hat aus seiner Sicht Recht! Jeder ist über einen Teil des Tiers informiert und schließt aus dieser Information auf das Ganze. Er glaubt, das Ganze erkannt zu haben, ihm fehlt aber das Wissen darüber, dass der Elefant eigentlich ganz anders aussieht. Wenn man die Fünf zusammenriefe zu einer gemeinsamen Sitzung mit dem Ziel, das Tier zu beschreiben – ein heilloses Durcheinander wäre die Folge. Das Treffen würde im Streit enden, weil jeder meint, er habe das richtige Bild.

Im Unternehmen ist die Lage ähnlich. Jede Rolle hat ihre Informationen – und schließt mittels dieser auf das Ganze. Konflikte entstehen deshalb, weil die Rollen auf verschiedenen Ausgangspositionen beruhen. Tante Erna und Julian sind nicht bösartig und wollen der Firma auch nicht schaden. Sie handeln aus ihrer Rolle mit den ihnen zur Verfügung stehenden Informationen richtig.

Family Education hat zum Ziel, dass alle, die am Unternehmen beteiligt sind, ein gemeinsames Bild gewinnen. Für den Inhaber bedeutet das: Tante Erna und Julian lernen, seine Position zu verstehen. Es wird weniger Spannungen auf den Versammlungen der Gesellschafter geben. Sie erreichen das, wenn Sie die nachwachsenden Inhaber ab einem bestimmten Alter sowie auch neu hinzukommende Gesellschafter (und neue Familienmitglieder!) in ein Ausbildungsprogramm einbinden. Der Inhalt einer solchen Family Education richtet sich an diesen Grundlinien aus:

- Betriebs- und finanzwirtschaftliches Grundwissen: Hier kann in einem Schnellkurs das wichtigste Wissen vermittelt werden, das es anschließend erlaubt, die Unterlagen zu verstehen, welche die Miteigentümer regelmäßig erhalten: Bilanzen, Gewinn- und Verlustrechnung sowie deren betriebswirtschaftliche Auswertung. Die Bedeutung der Unternehmensstrategie, der typische Aufbau eines Unternehmens und die Gründzüge der Finanzierung gehören ebenso zum vermittelten Wissen wie einige wichtige rechtliche und steuerliche Aspekte.
- Die Besonderheiten von inhaber- und familiengeführten Firmen: Hier sollten die Familienmitglieder verstehen lernen, wie sich ihr Unternehmen von einem Betrieb in anonymer Eigentümerschaft unterscheidet –

Abbildung 14: Jede Rolle hat ihre eigenen Interessen

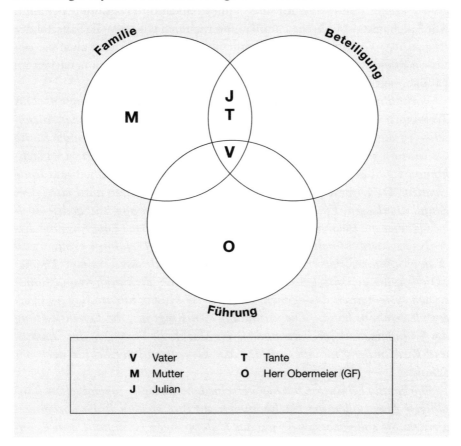

V	Vater	T	Tante
M	Mutter	O	Herr Obermeier (GF)
J	Julian		

und welche Eigenheiten sich daraus für die Strategie ergeben. Außerdem wird über Good Governance im Familienbetrieb informiert, also über das produktive und stabile Zusammenwirken von Angehörigen, Unternehmen und Führung. Daneben geht das Programm auch auf Besonderheiten der Finanzierung von Familienbetrieben ein.
- Die Besonderheiten Ihrer Firma: Lassen Sie die Geschichte Ihres Unternehmens und seiner handelnden Personen lebendig werden. Machen Sie die Neuen zum Bestandteil dieser Geschichte. Legen Sie auch die Werte, die Ziele sowie die Besonderheiten Ihrer Strategie und Marktstellung offen.

Einige Unternehmen setzten dieses Thema bereits um. In Deutschland sind etwa *Heraeus* und *Haniel* für ihre Family-Education-Programme bekannt. Aber auch mittelständische Familienunternehmen wie etwa die Sauerländer *Rüggelsweg-Gruppe* oder das Familienunternehmen *Wrede* haben die positiven Effekte dieser Vorgehensweise für Frieden und Zusammenarbeit im Familienbetrieb erkannt.

Vorbildlich verhält sich auch das britische Unternehmen Ringtons. Das Teeimport- und Handelsgeschäft wurde im Jahr 1907 gegründet. Inzwischen ist die vierte Generation in die Führungsetage eingezogen, die fünfte Generation wird langsam an das Unternehmen herangeführt. 26 Nachkommen gibt es insgesamt, sie sind im Alter zwischen Kindheit und Ende zwanzig. Deren Beschäftigung mit dem elterlichen Betrieb wird nicht dem Zufall überlassen. Ein Family-Newsletter informiert alle Mitglieder regelmäßig über die Belange von Familie und Unternehmen. Eine Ausgabe dieses Newsletters enthielt eine Einladung: Die 14- bis 17-Jährigen sollten sich in den Sommerferien treffen, zu einer Art Einführungsseminar. Thema: »Die Familie und das Tee-Geschäft«. Hier lernten die Junioren und Juniorinnen systematisch das kennen, worüber sie bislang nur zufällig und vereinzelt erfahren hatten. Die Gründung von Ringtons, die Lebensleistung des Gründers, das Geschäftsmodell, der Markt, die Finanzen, die Chancen und Risiken der Zukunft – all das war Gegenstand der Schule nach der Schule.

Die Family Education hat hier verschiedene Ziele: Im jugendlichen, lernfähigen Alter sollen die Nachkommen auf ihre spätere Rolle vorbereitet werden. Sie sollen verstehen, wo das Unternehmen herkommt, was es antreibt und für die Familie bedeutet – und was ein verantwortungsvoller Umgang mit den Gesellschafteranteilen mit sich bringt.

Schaffen Sie Anlässe, die Raum für Gemeinsamkeiten bieten

Das britische Tee-Unternehmen Ringtons unterscheidet sich von vielen Betrieben, die heute kommen, morgen aufsteigen und übermorgen schon wieder von der Bildfläche verschwunden sind. Sein über hundertjähriges Bestehen zeigt, dass hier einiges an Lebenskraft gebündelt ist. Immerhin haben

Abbildung 15: Beispiel Ringtons: Empfehlungen zur Führung der Familie (Quelle: Financial Times Deutschland vom 18.1.2006)

- *Halten Sie Kontakt mit allen Familienmitgliedern*, ganz gleich, ob diese im Betrieb tätig sind oder nicht. Tauschen Sie Neuigkeiten aus und führen Sie Treffen durch, bei denen entweder die Familie oder das Geschäft im Mittelpunkt steht. Der Familien-Newsletter ist das Bindeglied zwischen den Treffen, er verzeichnet sogar bestandene Prüfungen der jüngeren Verwandten. Ermöglichen Sie allen Familienmitgliedern, ihre ehrlichen Ansichten über den Gang des Geschäfts zu äußern.
- *Beziehen Sie die nächste Generation mit ein.* Halten Sie Einführungstage ab, interessieren Sie sich für die Fortschritte der Junioren in Ausbildung und Beruf – und diskutieren Sie mit ihnen, welches der beste Weg ist, um sich persönlich weiterzuentwickeln.
- *Stellen Sie ein Grundgesetz der Familie auf*. Legen Sie klare, praktische Regeln fest, welche die Beziehungen zwischen den Angehörigen und dem Unternehmen leiten. Stellen Sie sicher, dass es eine Übereinkunft aller Anteilseigner gibt, halten Sie diese schriftlich fest und machen Sie sie allen Familienmitgliedern zugänglich.
- *Stellen Sie die Regeln auf, solange die Stimmung gut ist*. Warten Sie nicht, bis Spannungen aufgekommen sind.
- *Zahlen Sie keine exorbitant hohen Dividenden oder Gewinne aus*. Die Gewinne sind lebenswichtig, um die Zukunft des Unternehmens – und damit auch der Familie – zu sichern.
- *Stellen Sie faire Regeln für den Verkauf von Firmenanteilen auf*. Kaufen Sie die Anteile von Familienmitgliedern, die aussteigen wollen, und zahlen Sie dafür einen fairen Preis.

die Inhaber, eine Familie Smith, zahlreiche Krisen mit Erfolg überstanden, darunter die Turbulenzen zweier Weltkriege. Das Tee-Geschäft der Familie erwirtschaftet einen Umsatz von 42 Mio. Euro, der Gewinn vor Steuern liegt bei 4 Mio. Euro, davon werden 1,3 Mio. Euro an die 24 Anteilseigner aus der Familie ausgeschüttet.

Deshalb lohnt ein Blick auf das Warum dieses dauerhaften Erfolgs. Ein kleines, in Leder gebundenes Buch könnte einen Hinweis geben auf die Kraft, die in diesem Unternehmen steckt. Jeder der Miteigentümer hat so ein Buch, bei manchen liegt es auf dem Schreibtisch, bei anderen hat es einen gebührenden Platz im Bücherregal bekommen. Auf dem schönen, repräsentativen Einband des Werkes steht: »To be a strong and united Family« (Eine starke und geeinte Familie sein).

Jeder, der das Buch bekommen hat, nennt es die Familienbibel. Nicht weil das Werk religiöse Inhalte enthielte – sondern weil es eine Art Grundbekenntnis zum familieneigenen Betrieb und seinen Werten verkörpert. Zu den Prinzipien gehört die stabile, harmonische Familie. Enge und liebevolle Verhältnisse in der Großfamilie seien nicht selbstverständlich, heißt es in der Bibel, man verdanke sie dem Wirken der Vorfahren und müsse etwas dafür tun, damit sie erhalten bleiben.

Einer der tätigen Inhaber, Chairman Nigel Smith, bestätigt das: »Wenn wir eine glückliche Familie und ein erfolgreiches Geschäft haben wollen, ist es sehr wichtig, sich um ein Gefühl von Zusammengehörigkeit und Vertrauen zu kümmern.«[3] In der Führung des Unternehmens arbeiten vier Verwandte. Ihnen ist offensichtlich klar: Ringtons kann es nur gut gehen, wenn es der Familie gut geht.

Das Beispiel *Ringtons* zeigt: Anker für den wirtschaftlichen Erfolg im Unternehmen ist die Familie. Es gilt, die Dynamik der Gefühle so zu managen, dass sie die Gemeinschaft und die Firma befruchtet. Denn dort, wo Angehörige und Betrieb zusammentreffen, sollte es nicht nur um die Sorge um das Geschäft, das nicht vorhandene Familienleben der überbeschäftigten Geschäftsführer und die Spannungen unter den Anteilseignern gehen – im Gegenteil.

Eine Unternehmerfamilie, ob nun Gründer oder fünfte Generation, sollte Raum für Gemeinsamkeiten schaffen. Alle sollten zusammen etwas tun, sie sollten durch gemeinsame schöne Erlebnisse einen Vorrat an positiven Gefühlen schaffen, der die Gemeinschaft in guten wie in schwierigen Zeiten nährt. Nicht das rechtliche Eigentum an einem Firmenanteil stiftet die Identität, auch nicht das jährliche Anrecht auf eine Gewinnausschüttung. Erst Liebe und Vertrauen schaffen dieses Fundament, wie der britische Unternehmer richtig feststellt.

Deshalb inszenieren erfolgreiche Inhaberfamilien ihre Gemeinsamkeit. Man überlässt den Gefühlshaushalt nicht den Zufälligkeiten des Tages, sondern setzt mit Ereignissen Akzente. Der Fantasie sind hier keine Grenzen gesetzt. Es gibt Unternehmerfamilien, die gemeinsam Rennen auf einer Cartbahn fahren, andere treffen sich in einer europäischen Hauptstadt und gehen abends nach einer Besichtigungstour gemeinsam in die Oper, wieder andere bevorzugen ein gemeinsames Fußballturnier, bei dem verschiedene Zweige der Familie gegeneinander antreten. Wichtig ist, dass die Aktivität nicht allein den Kopf anspricht. Familienleben findet im Herzen statt, es ist das Gegengewicht zur vernunftgesteuerten Welt des Geschäfts.

Auch die Familie Wrede aus Arnsberg stellt sich dieser Agenda. Einmal im Jahr kommen die 21 Mitglieder der Familie aus zwei Generationen zu einem Treffen zusammen. Dieses Treffen dauert zwei bis drei Tage. Hier wird auch über die Belange des Unternehmens informiert – aber nicht zuletzt dienen die Familientage dazu, die Bande zwischen der teilweise weit voneinander entfernt lebenden Verwandtschaft zu festigen: Hier können die Cousins und Cousinen, aus Kanada und Deutschland kommend, ihre Gemeinsamkeiten entdecken und festigen. Die fünfte Generation, der einmal die Firma allein gehören wird, lernt, was es heißt, über das Eigentum an einem Familienbetrieb miteinander verbunden zu sein. »Die gemeinsamen Unternehmungen sind wichtig; sie verbinden«, sagt Thomas Wrede, das einzige Familienmitglied, das als Geschäftsführer der Wrede Holding im Unternehmen tätig ist.

Der Familientag ist ein gut geeignetes Instrument, um Emotion und Geselligkeit mit den Interessen des Unternehmens zu verknüpfen. Es geht um das Geschäft und das Familienvermögen, aber eben auch um die Bindekräfte jenseits der Ökonomie. Das ist eine gemeinsame Investition in Zeit und Geld, die mehr Einsatz erfordert als das Management von Beteiligungen in einem Aktiendepot bei der Bank. Das Familienunternehmen erzeugt die Pflicht, am Familientag teilzunehmen, diese zwei oder drei Tage im Jahr zu reservieren – komme, was wolle. Alle nehmen teil, Gesellschafter und Nichtgesellschafter, Ehegatten und dauerhafte Lebenspartner, vor allem auch sämtliche Kinder. Der Familientag ist eine Tradition, in welche die nächste Generation ganz automatisch hineinwächst.

Zur Begründung der Tradition hilft es, wenn Sie den Familientag immer zur gleichen Zeit (»drittes Wochenende im Mai«) stattfinden lassen. Je früher eine Familie diesen Anlass als festes Datum verankert, desto schneller ist auch für jedermann klar, dass dieses Ereignis vor der individuellen Zeitplanung rangiert. Der Familientag sticht den geplanten Segelurlaub.

Sind Sie Gründer oder Inhaber in erster Generation, sollten Sie dieses Thema nicht mit einem »Für mich uninteressant« abtun. Das Gegenteil ist richtig. Denn Sie tun gut daran, nach vorne zu schauen und die Dinge nicht

Abbildung 16: Beispiel-Agenda eines Familientags

1. Tag

9.00 – 13.00 Uhr	**Schwerpunktthema Unternehmen**
	• Vorstellung und Diskussion der neuen Unternehmensziele und der strategischen Planung (Geschäftsführung)
	• Darstellung der aktuellen Geschäftsentwicklung (Geschäftsführung)
	• Vorstellung des neuen Beiratsvorsitzenden (Dr. Müller)
15.00 – 18.00 Uhr	**Schwerpunktthema Person**
	• Vortrag: Wie erziehe ich Unternehmerkinder? (Frau Dr. Meyer)
	• Erfahrungsbericht Auslandsstudium (Klaus)
ab 19.00 Uhr	*Gocart-Rennen*

2. Tag

9.00 – 13.00 Uhr	**Schwerpunktthema Vermögen**
	• Bericht über die Arbeit des Family Office: Anlagestrategie und Performance (Dr. Heller)
	• Vortrag: Wege zur steueroptimalen Nachfolgegestaltung (Dr. Findig)
15.00 – 18.00 Uhr	**Schwerpunktthema Familie**
	• Ideen-Workshop: Vorbereitung des diesjährigen Family Weekend (Ilse)
ab 19.00 Uhr	*Dampferfahrt auf dem Rhein*

dem Zufall zu überlassen. Ihre Familie mag sich zwar täglich sehen, im Betrieb oder außerhalb, aber der Familientag verändert Ihre Perspektive und gibt Ihnen neue Einblicke. Er durchbricht das wiederkehrende Einerlei des Tagesgeschäfts. Der andere Ort, die gemeinsame Agenda für alle, das jährlich wiederkehrende Datum, die Verbindlichkeit des Termins – all das gibt dem Familientag das Besondere, das seine Funktion als emotionaler Anker für die Familie sichert.

Wer eine solche Tradition schafft, öffnet Angehörige und Unternehmen für die Zukunft: So können auch neue Gesellschafter und Familienmitglieder aufgenommen und in die Werte eingeführt werden, so können auch die heute vielleicht noch jugendlichen Unternehmernachfolger oder Erben an ihre künftige Verantwortung herangeführt werden. Ihr Familientag wird so zur Schule der Generationen!

Denken Sie überdies an die Empfehlung der Familie Smith, der die Firma *Ringtons* gehört: Regeln und Rituale sollten dann geschaffen werden, wenn die Stimmung gut ist. Wenn Sie mit dem Organisieren erst anfangen, wenn Ihnen Tante Erna und Julian ihre Meinung schon über ihren Rechtsanwalt zukommen lassen, ist es wahrscheinlich zu spät.

Den Familientag etabliert man in guten Zeiten, um schlechte gar nicht erst aufkommen zu lassen – er verhindert die Entfremdung der Verwandten voneinander, er bildet die Identität, er baut neben dem Firmen- ein emotionales Vermögen auf, das als Stabilisator wirkt. Wer viele Sommerfeste miteinander gefeiert hat, wird mit geringerer Wahrscheinlichkeit in eine Erbfeindschaft verfallen. Wen gemeinsame Erlebnisse verbinden, wird kaum auf der Versammlung der Gesellschafter plötzlich das Kriegsbeil ausgraben. Wenn man sich kennt und mag, schwinden überdies die Vorurteile.

Die Familientage sind so verschieden wie die einzelnen Familien und ihre Firmen. Größe des Unternehmens, Alter und Zahl der Familienmitglieder – all das spielt eine Rolle bei der Gestaltung. Ein Muster für eine Agenda können Sie dem Plan in Abbildung 16 entnehmen.

In seiner Stellung ist der Familientag zwischen der Feier eines runden Geburtstags und der Gesellschafterversammlung angesiedelt. Er bedient die Interessen der Familie als Unternehmerfamilie. Die Einrichtung wird sich auch in Ihrem Betrieb als praktisch erweisen – denn dann müssen Sie nicht mehr auf der nächsten Geburtstagsfeier besprechen, wie Sie mit dem familieneigenen Immobilienvermögen weiter verfahren, nur weil sich hier alle, die es angeht, zufällig treffen. Unternehmer, die den Familientag eingeführt haben, berichten mir unisono, wie sehr die reinen Familienfeiern seither gewonnen haben. Denken Sie an das Schildchen »No Business Talk at the Dinner Table«. Dieser Aufforderung werden alle Gäste gerne folgen – können sie doch ihr Thema die Firma betreffend entspannt bis zum nächsten Familientag warten lassen.

Einige Vorgaben, die jeder Inhaberfamilie helfen

Regeln wie das Schildchen auf dem Tisch können das Zusammenleben erheblich erleichtern. Damit können Fehlentwicklungen vermieden werden, die erhebliches Konfliktpotenzial und manchen Sprengstoff bergen. Es gilt, mit einer Paradoxie umzugehen, denn die meisten Familien neigen zu einem Verhalten, dass ich als wortloses Verstehen bezeichnen würde. Die Grundbedingung ist der Zusammenhalt – wir sind eine Familie, wir lieben einander, wir schenken einander Zuwendung und Geborgenheit, so lautet die Haltung.

Der Konsens, das Einigsein ist das erwünschte Verhalten, welches das Miteinander prägt. Streit wird als unwillkommene Störung angesehen, die man besser vermeidet. Jede Familie hat einen Vorrat an Streiterfahrungen, jeder trachtet aber danach, dass dieser nicht größer wird. So geht man allen möglichen Fragen, die Sprengstoff enthalten, eher aus dem Weg. Das wortlose Verstehen ist ein hohes familiäres Gut: Man will ja schließlich den nächsten runden Geburtstag von Tante Erna in Frieden und Eintracht feiern. Der natürliche, liebevolle und ungezwungene Umgang soll den Alltag bestimmen: Man will unbelastet leben.

Nur kann sich gerade dadurch im System Familie über die Jahre erheblicher Überdruck aufbauen, aufgestaute schlechte Gefühle, die unter der Oberfläche weiter wirken. Aber sie anzusprechen würde ja das Wir-Gefühl stören. Mein Kollege Rudolf Wimmer, Professor an der Universität Witten/Herdecke und anerkannter Kenner der Verhältnisse in Unternehmerfamilien, hat festgestellt: Dort gibt es eine Verknappung des direkten Miteinanderredens über die Belange der Familie. Nur: Dieses Verhalten macht den vorhandenen Dissens nicht ungeschehen, sondern höchstens unsichtbar. So schafft der bürgerliche Liebescode allzu oft Tabuzonen.

Deren Dynamik sollte man nicht unterschätzen. Schnell kann die Bindekraft der Familie auch in ihr Gegenteil umschlagen: Nicht verarbeitete Tabus werden zum nachhaltigen Schaden für das Unternehmen.

Der Niedergang der Firma Bauknecht liefert dafür ein Beispiel.[4] *Der Gründer des Betriebs, Gottlieb Bauknecht, gehörte zu den bedeutendsten Unternehmern seiner Zeit. Seine beiden Söhne, Günther und Gerd, hatten es nicht leicht, unter dem starken und dominierenden Patriarchen heranzuwachsen.*

Häufig, so wird berichtet, wurden die erwachsenen Söhne von ihm auch in Gegenwart Dritter wie kleine Kinder behandelt. Sie hatten keine eigenen Entscheidungs- und Verantwortungsräume. Gleichwohl war es, wenn auch unausgesprochen, klar, dass die Brüder einmal die Nachfolge an der Spitze des Unternehmens antreten sollen. Aber die Zeit schritt ins Land, der Patriarch dachte nicht daran, das Zepter zu übergeben und die Söhne eigene Erfahrungen machen zu lassen. Er bemerkte überdies nicht, dass seine Expansionspolitik, die ihn lange Jahre so erfolgreich gemacht hatte, nicht mehr in die Zeit passte. Schließlich starb der alte Herr. Die Söhne, mangels besserer Einsicht, setzten das fort, was der Vater begonnen hatte – in dem Glauben, das wäre richtig für die Firma. Die Errichtung neuer Fertigungsstätten ging weiter. Das führte zum Zusammenbruch des Unternehmens.

Die genauen Verhältnisse in der Familie müssen wir gar nicht kennen. Es wird auch so für den Außenstehenden deutlich: Hier muss es eine Tabuzone gegeben haben, die ziemlich groß war. Die Söhne, immer im Schatten des Patriarchen wirkend, trauten sich nicht, die drängenden Fragen auf den Tisch zu legen: Wer führt das Unternehmen in zehn Jahren? Wie organisieren wir den Übergang? Welche Schlussfolgerungen ergeben sich daraus für das Ausscheiden des Gründers? Wie wächst die Nachfolgegeneration in die Führungsrolle hinein? All diese Fragen wurden in einem falsch verstandenen Harmoniestreben unter den Teppich gekehrt, man verlängerte einfach die Gegenwart in die Zukunft und lebte mit der ungültigen Annahme, dass die Regentschaft des Gründers noch ewig währen und er schon alles regeln würde.

Das ist beileibe nicht der einzig mögliche Fall. Auch andere Konstellationen wirken in dieselbe Richtung – sie erhöhen den Druck der unausgesprochenen Konflikte im System Familie. Zwei Beispiele für zahlreiche weitere denkbare Fälle: Tante Erna erzählt bei jedem Kaffeekränzchen unter ihren Freundinnen, dass sie das Management für unfähig und die Ausschüttungen für zu niedrig hält – nur: Niemand in der Familie hat je offiziell davon erfahren.

Ein zweiter Fall: Onkel Franz ärgert sich, weil Bruder Paul seinem Sohn einen Platz im Management der Firma verschafft hat, nachdem er den Sohn von Franz noch zwei Jahre zuvor mit fadenscheinigen Argumenten zurückgewiesen hatte. Das Thema gegenüber seinem Bruder offen anzusprechen traut sich Franz nicht. Lieber mosert er im Kreis der Angehörigen.

Aber aus solchen fatalen Entwicklungen gibt es einen Ausweg: Jede Familie, insbesondere die Unternehmerfamilie, sollte sich bestimmte Regeln auferlegen. Diese dienen dazu, die negativen Folgen des Liebescodes zu unterbinden. Wie in allen anderen Fällen auch sollten die Regeln vorausschauend aufgestellt sein – und nicht erst, wenn das Kind in den Brunnen gefallen ist. Sie sollten es hier mit Victor Hugo halten: »Erledige das Schwierige, solange es noch einfach ist.«

Unterliegen Sie bitte nicht der irrigen Annahme, dass Ihr Unternehmen anders ist und Sie so etwas nicht brauchen. Regeln helfen jeder Eigentümerfamilie auf dem Weg zu mehr Stabilität und Zufriedenheit. Das Grundgerüst dafür sieht wie folgt aus:

1. *Wir reden nicht übereinander, sondern miteinander.* Wenn eine Unklarheit, Informationsbedarf oder störende Befindlichkeiten aufkommen, wird die Sache auf den Tisch gebracht. Erfolgreiche Inhaberfamilien zeichnen sich dadurch aus, dass sie aufkommende Probleme erkennen und schnell abarbeiten. Bewährt hat sich diese Vorgabe: Taucht ein Thema grundsätzlicher Natur auf, sollte es innerhalb von 48 Stunden angesprochen werden, damit nichts hochkocht.
2. *Wir haben Riten, nach denen Konflikte bearbeitet werden.* Diese Riten sind verbindlich und allen Beteiligten bekannt. Das kann etwa eine bestimmte Reihenfolge sein, die eingehalten wird, wenn es ein Problem gibt: Erst wird durch eine offene Diskussion zwischen den direkt Beteiligten eine Lösung gesucht. Wenn auch nach ehrlichem Bemühen keine Einigung zu erzielen ist, tritt Stufe zwei in Kraft: Man bedient sich externer Unterstützung, etwa durch einen Moderator oder Mediator. Die hier erzielte Einigung ist für alle bindend. Erst Stufe drei sollte dann der Verkehr über einen Anwalt sein – die Erfahrung zeigt allerdings, dass das fast nie nötig wird, wenn man sich an die Stufen eins und zwei hält.
3. *Regeln können beim Auftritt nach außen für Entspannung sorgen.* Eine Familie kann hier festlegen, wofür sie in der Außenwahrnehmung stehen will. Tritt man bescheiden auf, diskret, zurückhaltend? Oder will man

auf der Bühne des öffentlichen Lebens mitspielen, gar zur regionalen oder überregionalen Prominenz gehören? Diese Fragen werden nur allzu oft nicht geklärt. Es zeigt sich aber, dass manchmal schon zwischen Ehepartnern unterschiedliche Vorstellungen bestehen. Die Unternehmergattin Regine Sixt wird auf den großen Bällen gesehen, lädt die Promi-Presse für Homestorys zu sich nach Hause ein und führt den Fotografen selbst ihr Schlafzimmer vor. Ehemann Erich Sixt dagegen zeigt sich kaum in der Öffentlichkeit. Oft bestehen in Unternehmerfamilien unterschiedliche Vorstellungen über Lebensstil und Auftritt, zwischen Familienstämmen und Geschwistern noch mehr als zwischen Eheleuten. Damit es nicht zu Konflikten und Reibereien kommt (»Warum hat sich Onkel Anton schon wieder einen neuen Ferrari bestellt, geht es nicht auch etwas weniger auffällig?«), sollte Klarheit für alle geschaffen werden.

Dass die Familie sich Regeln unterwirft, mag auf den ersten Blick befremdlich erscheinen. Die kleinste Einheit des menschlichen Zusammenlebens soll in erster Linie eine spontane Lebensform sein, die der Zuneigung, dem Zuhause und dem Geborgensein Raum gibt. Regeln gehören nicht hierher, sollte man meinen. Aber das gilt nur auf den ersten Blick. Denn das Lebensglück für die Familie im Verein mit einem erfolgreichen Betrieb kommt nicht von allein – Sie müssen als Inhaber, Familienmitglied und Unternehmer etwas dafür tun. Das ist ein Stück Verantwortung, auch gegenüber Mitarbeitern, deren Familien und möglichen Inhabern, die nach Ihnen kommen.

Sie sollten sich bewusst sein: Der NEM-Virus, also Neid, Eifersucht und Missgunst, hat mehr Firmen zugrunde gerichtet als von außen kommende Ereignisse. Deshalb gibt es keine Alternative, wenn Sie eine funktionsfähige, starke Unternehmerfamilie sein wollen – wohlgemerkt auch dann, wenn Sie Gründer und Ihre Kinder noch im Kindergartenalter sind.

Der Nutzen einer Familienverfassung

Um das Miteinander zu vereinfachen, Zusammenhalt und Commitment zu verstärken, haben sich in den letzten Jahren viele Unternehmerfamilien eine Verfassung gegeben. Mit diesem Instrument können Sie alles festhalten, was

Abbildung 17: Inhalte einer Familienverfassung

Präambel

Aussagen zum Selbstverständnis
- Wer sind wir, woher kommen wir, wohin wollen wir?
- Wer gehört zur Familie?
- Wer darf Gesellschafter sein?
- Welche Werte verkörpern wir?
- Welche Ziele verfolgen wir?
- Welche Rolle will die Familie in Bezug auf das Unternehmen spielen?

Governance-Regeln für die Firma
- Ausdrückliches Bekenntnis zum Gedanken »Firma geht vor«
- Regeln zu Führung, Kontrolle und Mitwirkungsrechten der Gesellschafter
- Regeln zu Dividenden, Entnahmen, Abfindungsansprüchen und anderen Vermögensrechten der Gesellschafter

Family Governance
- Gemeinsame Aktivitäten
- Family Education
- Regeln für den Umgang miteinander sowie für den Auftritt nach außen

Schlussbestimmungen
- Bindekraft
- Veränderungsmodus
- Sonstiges

nötig ist, um die positiven Eigenschaften Ihrer Familie offen zu legen und zu verankern. Schon der Weg zu einer Familienverfassung ist hilfreich: Reden Sie offen miteinander statt übereinander. Ersetzen Sie Forderungen und Positionen durch Wünsche und Interessen, verfallen Sie dabei nicht in den Drohungsmodus. Sprechen Sie über diejenigen Themen miteinander, die Sie wirklich beschäftigen. Reden Sie über Ihre Sorgen, Ängste, Nöte sowie über Ihre Hoffnungen und Erwartungen. Es hilft, wenn über all die Themen geredet wird, die Unternehmerfamilien normalerweise in die Tabuzone schieben. Keine Angst, Sie werden in diesem Prozess schnell feststellen: Wer Vertrauen gibt, wird auch Vertrauen ernten.

Deshalb lohnt es sich, Antworten auf Sprengstoff-Fragen zu geben, bevor sie ihre vernichtende Wirkung entfalten können. Beispiele für Klärungsbedarf, dessen Beantwortung erleichternd wirkt: Wollen wir das Unternehmen in der Familie halten oder verkaufen? Welche Ergebnisse erwarten wir? Wer soll die Firma führen? Wer darf mitarbeiten? Was geschieht, wenn einer der Beteiligten die in ihn gesetzten Erwartungen nicht erfüllt? Wer wird beteiligt und in welcher Höhe? Wer ist Familienoberhaupt? Wer gehört zur Familie? All das sind Fragen, die auf eine Inhaberfamilie im Laufe der Jahre nachweislich zukommen. Am leichtesten ist es, wenn Sie sich einen Vorrat an Antworten zulegen, bevor sich ein Interessenkonflikt oder eine Krisenlage ergibt. Deshalb ist die Familienverfassung so wertvoll: Sie ist nichts anderes als ein Antwortenspeicher für Sie, welcher der Familie das Leben erleichtert.

Die Nachfolgeregelung

Ein zentraler Inhalt jeder Familienverfassung sollten Aussagen zur Nachfolgeregelung sein. 75 Prozent der Inhaberfamilien wünschen sich, dass das Unternehmen auch in der nächsten Generation in den Händen der Familie bleibt und von einem Familienmitglied geführt wird! So das Ergebnis einer von INTES im Jahr 2005 durchgeführten Studie.

Nur: Nicht jeder tut etwas dafür! Kann der Gründer ahnen, dass seine drei Kinder in weniger als einem Jahrzehnt Auslöser einer erbitterten, lang andauernden Fehde in der Familie sein werden – weil zu der Frage, wer von den Sprösslingen das Unternehmen weiterführen soll, jeder der Beteiligten eine andere Meinung hat? Können die Inhabergeschwister, die wie selbstverständlich annehmen, dass ihre Nachkommen dereinst an der Spitze des Betriebs stehen werden, wissen, dass sie eventuell auf einen handfesten Geschwisterkrieg zusteuern, der ihnen lange Zeit alle Kraft nehmen wird? Und wie sollen die Eltern eine ihrer großen Lebensfragen beantworten: Sie lieben beide ihren Sohn, sie wünschen sich nichts sehnlicher, als dass auch in der nächsten Generation einer der Ihren die Firma führt – aber in seiner Eigenschaft als Unternehmer spürt der Vater in seinem tiefsten Innern: Der Sohn wird es nicht schaffen. Er ist ein begnadeter Denker. Aber für die Aufgabe, dereinst den Chefsessel zu übernehmen, ist er nicht geeignet. Wie soll die Familie damit umgehen?

Die Antwort auf all diese Fragen lautet: planen, entscheiden, rechtzeitig Vorkehrungen treffen, Regeln aufstellen, die für alle gelten und die allen bekannt sind. Unternehmernachfolge ist eine der wichtigsten Fragen, über die sich Inhaber und Familienmitglieder Gedanken machen sollten. Denn die verpatzte Nachfolge ist einer der Hauptgründe, warum Familienfirmen scheitern. Deshalb sollte die Familienverfassung auch regeln, wie die Angehörigen mit der Frage umzugehen gedenken, wer einmal die Firma führen soll.

So sollte etwa rechtzeitig, das heißt bevor die Entscheidung über eine konkrete Nachfolge ansteht, festgelegt sein:

- wer von den Familienmitgliedern der nächsten Generation Geschäftsanteile erben kann,
- die Zahl der Angehörigen, die in der Geschäftsführung Position beziehen dürfen,
- die Qualifikationen, die ein Familienmitglied mitbringen muss, wenn es eine Führungsposition besetzen will,
- das Auswahlverfahren, das zu einer Besetzung führt,
- eine Regelung für den Fall, dass ein Angehöriger in einer Spitzenposition scheitert.

Jeder Unternehmer sollte sich im Klaren darüber sein: Regeln dieser Art erleichtern das Leben, denn sie verringern die Wahrscheinlichkeit existenzieller Auseinandersetzungen erheblich. Überdies sollte auch klar sein, dass dieses Thema jeden Inhaber berührt, der Nachkommen hat. Nichtstun ist keine Alternative. Die dann sicher folgenden Turbulenzen werden den Frieden in der Familie auf eine Zerreißprobe stellen.

Auch die Machtlösung wird sich als wenig geeignet erweisen. Denn ein starker Unternehmer und Patriarch kann zwar, solange er seinen Einfluss ausübt, eine bestimmte Lösung erzwingen (»Ich sorge dafür, dass beide Söhne den Betrieb erben und ihn gemeinsam und einträchtig weiterführen«). Aber sobald seine Energie schwindet, entweicht der Druck. Geschwisterkonflikte beginnen nicht zufällig in der Regel erst dann, wenn der Vater tot oder aus der Firma ausgeschieden ist. Auch ein Gesellschaftervertrag kann weder eine bevorzugte Lösung erzwingen noch den Familienfrieden sichern.

Eine Gruppe bekannter und erfolgreicher Unternehmer hat deshalb einige Empfehlungen erarbeitet, wie Betriebe in Familienhand sinnvollerweise geführt werden sollten. Dazu gehören Stefan Dräger (*Drägerwerk AG*), Franz Haniel (*Haniel*), Karl-Erivan Haub (*Tengelmann*), Jürgen Heraeus (*Heraeus*) und weitere Persönlichkeiten. Die Empfehlungen sind im Governance-Kodex für Familienunternehmen gebündelt – sie widmen sich auch dem für viele Betriebe besonders wichtigen Thema der Unternehmernachfolge.

Hier heißt es eindeutig: Für den Zugang zur Geschäftsführung sollte die fachliche und persönliche Qualifikation maßgeblich sein. Kommen Angehörige für eine Position im Unternehmen in Frage, sollte wie folgt verfahren werden: Das Familienmitglied, das sich für eine Stelle im Betrieb interessiert, stellt sich den gleichen Anforderungskriterien und Auswahlverfahren wie Stellenbewerber, die vom externen Arbeitsmarkt kommen.

Es gibt also keinen privilegierten Zugang zum Arbeitsmarkt der Firma, keine Protektion und keine Ämterpatronage. Denn das familieneigene Unternehmen hat nicht die Aufgabe, die Mitglieder der Familie um jeden Preis mit Arbeitsplätzen zu versorgen. Privilegien, die einzelnen Personen oder Personengruppen ein Anrecht auf Positionen in der Führung des Betriebs einräumen, soll es deshalb nicht geben.

Ein weiteres sicherndes Element: Auch bei der Ausgestaltung der Anstellungsverhältnisse sollten Angehörige nicht anders behandelt werden als externe Kandidaten. Vergütung, Laufzeit und andere Merkmale sollten dem entsprechen, was auch von außen kommende Mitarbeiter erwarten dürfen.

Für den Fall, dass mehrere Gesellschafter an der Firma beteiligt sind, erscheint es sinnvoll, familienfremde Personen in den Entscheidungsprozess einzuschalten – erfahrene Persönlichkeiten, die das Unternehmen, seinen Markt, das Geschäft und die Familienverhältnisse kennen, aber nicht mit den Eigentümern verwandt sind. Sie stellen das Ziel der bestmöglichen Fortführung des Betriebs in den Vordergrund und vertreten ihr Votum im Kreis der Angehörigen.

So können Konflikte vermieden werden, vor allem, wenn Sprösslinge aus mehreren Familienstämmen in das Unternehmen eintreten wollen. Denn die Familienmitglieder sind hier stets befangen: Jeder Stamm will verständlicherweise seinen Sprössling an der Spitze sehen. Hier können sich Konfliktfelder auftun. Die Außenstehenden schützen die Firma vor Fehlbesetzungen und die Familie vor überflüssigem Zwist.

In vielen Unternehmen hat deshalb ein Beirat die Auswahlkompetenz. Er wendet die Kriterien an, ist für das formale Auswahlverfahren verantwortlich und trifft am Ende die Entscheidung. Der Beirat wirkt so als Scharnier zwischen Familie und Betrieb.

Wie der Familienmanager dem Unternehmer viel Arbeit abnehmen kann

»Noch mehr Aufgaben für den ohnehin voll ausgelasteten Unternehmer – kann das gut gehen?«, wird jetzt mancher Inhaber denken. Familienkonferenz, Familienverfassung: Wie soll das Platz haben auf einer ohnehin schon gut gefüllten Agenda? Der Weg dorthin ist ebenso einfach wie wirkungsvoll: Der Unternehmer sollte diese Aufgabe gar nicht erst selbst in die Hand nehmen. Viel besser ist es, hier direkt die Familie einzuspannen. Denn die in den vorangegangenen Kapiteln beschriebenen Aufgaben lassen sich hervorragend auf einen oder auch mehrere Angehörige übertragen, die nicht in der Führung der Firma aktiv sind. Sie haben den Kopf frei für diese Aufgaben – und die nötige Zeit. Die einzigen Bedingungen, welche sie erfüllen sollten: Jeder, der hier aktiv ist, braucht Organisationstalent und Akzeptanz im Kreis der Familie. Überdies sollte eine gewisse Vertrautheit mit den Belangen der Firma Voraussetzung sein, deshalb kommen die Ehepartner der Unternehmer oder auch ehemals aktive Gesellschafter für diese Betätigung in Frage – oder Mitglieder aus dem Beirat, die gleichzeitig Miteigentümer sind.

Die Sache mit dem Familienmanager hat eine ganz praktische Seite. Damit die Verbindung zwischen allen Familienmitgliedern und dem Unternehmen lebendig bleibt, braucht es einen »Kümmerer«. Denn andernfalls würden auf einer Familienkonferenz viele gute Ideen gesammelt (»Ja, toll, das machen wir!«), anschließend aber kehrt jeder in seinen Alltag zurück – und die Ideen verlaufen im Sand. Deshalb müssen beim Familienmanager die Fäden zusammenlaufen. Er treibt die Agenda voran und sorgt dafür, dass alle Punkte auf der To-do-Liste abgearbeitet werden. Er sucht sich Verbündete: Nicht alle Aufgaben müssen von einer Person erledigt werden, im Gegenteil. Je mehr Angehörige in diese Angelegenheit hineingezogen werden, desto besser. Geizen Sie deshalb nicht mit Aktivitäten – sie stabilisieren die Familie.

Den Ideen sind dabei keine Grenzen gesetzt: Erlaubt ist, was nützt und zur Familie passt. Die Firma Wrede unterhält für die Mitglieder der Eigentümerfamilien ein eigenes Angebot im Internet. Die Familien-Website schafft Kontakt auch zwischen den Familientagen – eine gute Einrichtung für die in Europa und Amerika lebenden Verwandten. Einem ähnlichen Zweck dient der Family-Newsletter für die jetzigen und zukünftigen Inhaber des Tee-Unternehmens *Ringtons*.

Die Erfahrung zeigt: Ein erfolgreicher Familienmanager macht aus Zuschauern Mitspieler. Er bindet die Gesellschafter in die Aktivitäten ein und schafft damit eine von der Geschäftsführung unabhängige Plattform für die Aktivitäten der Familie.

Die Familie ist das wichtigste Kapital des Inhaber-Unternehmens

Betriebswirtschaftlich sind sie alle gleich: Jede Firma strebt nach Gewinn und Marktanteil, jeder Betrieb programmiert sich heute auf Wachstum. Die modernen Instrumente der Führung stehen allen überall zur Verfügung, keine Geschäftsführung ist eine Insel, die keinen Zugang hätte zum großen Pool des Wissens, wie man ein Unternehmen gut und erfolgreich führt.

Allerdings gibt es feine, aber bedeutende Unterschiede. Nicht jeder Firma steht eine Familie als Quelle von Kraft und Stabilität zur Verfügung. Viele Unternehmen gehören zu einem großen Konzern, in dem der Wind heute so weht, morgen aber schon aus einer ganz anderen Richtung kommen kann. Der typische Geschäftsführer solcher Betriebe amtiert heute nur noch über einen Zeitraum von vier bis sieben Jahren – dann ist schon sein Nachfolger im Sattel, der neue Akzente setzt, das Geschäft umbaut und eine neue Strategie ausruft. Gar nicht zu reden davon, dass Konzernunternehmen Teil eines großen Verschiebebahnhofs sind: Heute gehören sie noch zu dieser Mutter, morgen zu jener.

Familienunternehmen können in einer sich schnell ändernden Welt einen gewichtigen Vorteil ausspielen. Sie stehen für Stabilität, Kontinuität und Verlässlichkeit – wenn sie gut geführt werden. Sie können Mitarbeitern eine dauerhafte berufliche Heimat bieten, soweit dies heute überhaupt noch möglich ist. Den Kunden gegenüber stehen sie für eine Personalisierung der Leistung, ein Inhaber bindet sich bewusst an das Angebot, die Produkte und die Strategie. Der Markt erkennt also: Hier steht noch ein Mensch an der Spitze für seine Leistung ein, der nicht nur mit seinem nächsten Gehalt, sondern mit seinem ganzen Geschäftsvermögen haftet – für gute Produkte, für Qualität und dafür, dass es das Angebot auch morgen noch gibt.

All diese Vorteile kann der Inhaber-Unternehmer ausspielen, wenn die Familie nicht nur als Restgröße in einer durchrationalisierten Führung betrachtet wird, sondern als das eigentliche Fundament, auf das besondere Leistungen gebaut werden können. Deshalb lohnt es sich, die Angehörigen in das Managementsystem einzubeziehen – und genau darum ist die Familie ein zentraler Baustein des INTES-Prinzips. Wer seine Grundgedanken und Empfehlungen konsequent anwendet, kann sicher sein, dass die Familie nicht der größte Wertvernichter, sondern einer der größten Wertschaffer im Inhaber-Unternehmen wird.

Anmerkungen zu diesem Kapitel

1 Vgl. dazu auch: René Brunner, »Harte Bandagen im Konsum-Palast«, in: *Cash*, Zürich, 27.1.2005, S. 25.

2 Zit. nach: Rudolf Wimmer, Fritz B. Simon, u. a., *Mehr-Generationen-Familienunternehmen. Erfolgsgeheimnisse von Oetker, Merck, Haniel u. a.*, Heidelberg 2005, S. 43.

3 Zit. nach Chris Thighe, »A lasting Lesson from the ›Family Bible‹ of Success Dynasties«, in: Financial Times, 18.1.2006, S. 14.

4 Zit. nach: Jörg Mittelsten-Scheid, *Gedanken zum Familienunternehmen*, Bonn-Bad Godesberg 2005, S. 2.

Fazit

Rendite ist nicht alles, diese Einstellung zählt zu den Erfolgsgeheimnissen stabiler Führung. Ein zufriedener Unternehmer mit guten wirtschaftlichen Ergebnissen schaut auf mehr als nur den Gewinn des letzten Quartals. Die wichtigsten Erkenntnisse meines Buches haben sich von dieser Einsicht leiten lassen – sie lassen sich so zusammenfassen:

Erstens: Wenn Sie als Inhaber dauerhaft erfolgreich sein wollen, brauchen Sie dafür mehr als eine kluge Unternehmensstrategie mit einer guten Umsetzung. Denn die Gründe für Erfolg oder Misserfolg liegen in vielen Fällen außerhalb der Betriebswirtschaft im engeren Sinne – nämlich in der Person des Unternehmers, in seiner Vermögenssituation und in der die Firma tragenden Familie. Die besten und erfolgreichsten Inhaber haben deshalb erkannt: Unternehmer-Strategie ist mehr als Unternehmensstrategie!

Wer als Unternehmer auf Dauer erfolgreich sein will, sollte deshalb neben seinem Betrieb auch seine Person, sein Vermögen und seine Familie professionell managen und dies alles zu einer übergeordneten Unternehmerstrategie verbinden.

Zweitens: Erfolgreiche Inhaber machen in ihrer Firma vieles anders als der Durchschnitt. Die Verhaltensweisen der Erfolgreichen unterscheiden sich dabei kaum voneinander. Denn die Rezepte von *Aldi, Ikea* und anderer Inhaber-Unternehmen dieses Typs sind überraschend einfach. Statt sich an den jeweils neuesten Managementmethoden zu orientieren, folgen sie mit Mut und Beharrlichkeit dem wichtigsten Produktionsfaktor, den es für Inhaber-Unternehmen gibt: dem gesunden Menschenverstand.

Sie setzen sich hohe Ziele, sie wollen die Besten in ihrem Geschäft sein. Ihr Maßstab ist der Nutzen, den sie für ihre Kunden stiften können. Im Interesse der Kunden verändern sie ganze Märkte, sie verzetteln sich nicht, sondern konzentrieren sich auf ihre Kräfte und die Erreichung ihrer Ziele. Sie sind einfach und konsequent. Und sie vertrauen auf die eigene Stärke.

Wo andere Allianzen suchen, arbeiten sie unbeirrt an der Verbesserung ihrer Fähigkeiten. Sie agieren in Wachstumsmärkten und haben den Mut, ihre Firma neu zu erfinden, wenn es an der Zeit ist.

Drittens: Die Unternehmer-Champions machen nicht nur vieles anders, sie sind auch anders. Große Unternehmer sind immer auch große Persönlichkeiten. Sie wissen um die Bedeutung des Vorbilds für den Firmenerfolg und handeln nach dem Grundsatz: Wenn dein Betrieb wachsen soll, verändere dich selbst. Sie sind Unternehmer aus Leidenschaft und leben doch ein Leben in der Balance, sie achten auf ihre Gesundheit und darauf, bei aller Anspannung und Dominanz der Berufstätigkeit ausreichend Zeit für ihre wichtigsten Beziehungen zu haben – ihre Ehepartner und die Kinder.

Viertens: Auch wenn es Sie überraschen mag – erfolgreiche Unternehmer sind auch Vermögensprofis. Ihre Vermögenssituation ist geordnet, sie verfügen über ausreichend freies, also nicht im Betrieb gebundenes Kapital, um ihre wichtigsten Ziele außerhalb des Unternehmens zu erreichen. Sie haben die wichtigsten Risiken der Privatsphäre abgesichert und sorgen dafür, dass ihr Vermögen ebenso professionell gemanagt wird wie ihre Firma.

Fünftens: Die Unternehmer sorgen zudem dafür, dass die Familie stets Kraftquell und nicht Störfaktor für den Betrieb ist. Sie achten darauf, dass ihre Firma nicht durch Streitigkeiten gelähmt werden kann – indem sie entweder für klare Verhältnisse sorgen oder dafür, dass mithilfe geeigneter Werkzeuge, wie der Familienverfassung, eine starke und einige Familie hinter dem Unternehmen steht.

Dieses Buch möchte ich mit einem Versprechen schließen: Wenn Sie beginnen, sich als Unternehmer an diesen Vorgaben auszurichten, wird sich Ihr Leben positiv verändern! Wann fangen Sie an?

Bitte freimachen falls Marke zur Hand

Absender

Name / Vorname

Firma / Institution

Abteilung

Straße

PLZ / Ort

Wenn Sie regelmäßig unseren Newsletter erhalten möchten, nennen Sie uns hier bitte Ihre E-mail-Adresse.

Antwort

Campus Verlag GmbH

Kurfürstenstraße 49

D - 60486 Frankfurt am Main

Liebe Leserinnen und Leser,

möchten Sie mehr über unser Programm wissen? Wir informieren Sie gerne. Zu welchen Programmbereichen dürfen wir Ihnen aktuelle Prospekte schicken?

- ○ Sachbuch / Politik / Wirtschaft
- ○ Beruf / Karriere / Besser Leben
- ○ Marketing / Verkauf
- ○ Führung / Personal
- ○ Management / Unternehmensführung
- ○ Hörbücher von Campus

Unser Tipp für Sie:
Werner Tiki Küstenmacher
simplify your life
EUR 19,90

Literatur

Allgemein

Gloger, Axel: Millionäre. *Vom Traum zur Wirklichkeit. Geschichten von denen, die es geschafft haben*, 2. Aufl., Ueberreuter, Frankfurt/Wien 1997

Hennerkes, Brun-Hagen: *Die Familie und ihr Unternehmen*, Campus, Frankfurt a.M./New York 2004

Hennerkes, Brun-Hagen/Kirchdörfer, Rainer: *Unternehmenshandbuch Familiengesellschaften*, 2. Aufl., Carl Heymanns, Köln/Berlin/Bonn/München 1998

Klein, Sabine: *Familienunternehmen. Theoretische und empirische Grundlagen*, Gabler, Wiesbaden 2000

May, Peter: *Lernen von den Champions. Fünf Bausteine für unternehmerischen Erfolg*, 2. Aufl., INTES Akademie für Familienunternehmen, Bonn-Bad Godesberg 2004

Unternehmensinstitut der ASU: *Unternehmerische Freiheit durch stabile Finanzen – Leitfaden für moderne Mittelstandsfinanzierung II*, Berlin 2005

Ward, John L.: *Keeping The Family Business Healthy*, Business Owner Resources, Marietta 1997

Die Unternehmensstrategie

Brandes, Dieter: *Einfach managen. Klarheit und Verzicht – der Weg zum Wesentlichen*, Redline, Frankfurt 2005

Daschmann, Hans-Achim: *Erfolge planen. Strategische Managementansätze und Instrumente für die Praxis*, C.H. Beck, München 1996

Malik, Fredmund: *Das A und O des Handwerks*, Frankfurter Allgemeine Buch, Frankfurt a.M. 2005

Porter, Michael E.: *Wettbewerbsstrategie*, 7. Auflage, Campus, Frankfurt a. M./New York, 1992

Simon, Hermann: *Die heimlichen Gewinner (Hidden Champions). Die Erfolgsstrategien unbekannter Weltmarktführer*, 2. Aufl., Campus, Frankfurt a.M./New York 1996

Weissman, Arnold: *Die großen Strategien für den Mittelstand. Die erfolgreichsten Unternehmer verraten ihre Rezepte*, Campus, Frankfurt/New York 2006

Das Vermögen des Unternehmers

Bolanz, Max/Friess, Tom: *Geld für den Ruhestand*, Ueberreuter, Wien 1999

Huber, Georges/Psaschil, Mario: *Strategien zur Anlage des Vermögens des Familienunternehmens*, in: Hennerkes, Brun-Hagen u.a. (Hrsg.): *Unternehmenshandbuch Familiengesellschaften*, 2. Auflage, Carl Heymanns, Köln u. a. 1998

Muth, Andreas: *Unternehmensvermögen im Risiko*, INTES Akademie für Familienunternehmen, Bonn-Bad Godesberg 2005

Die Person des Unternehmers

Bauhofer, Ulrich: *Aufbruch zur Stille. Maharishi Ayur-Veda – Eine leise Medizin für eine laute Zeit*, 9. Aufl., Lübbe, Bergisch Gladbach 1997

Bilgri, Pater Anselm B./Stadler, Konrad: *Finde das rechte Maß. Benediktinische Ordensregeln für Arbeit und Leben heute*, 2. Aufl., Piper, München 2004

Branden, Nathaniel: *Die sechs Säulen des Selbstwertgefühls. Erfolgreich und zufrieden durch ein starkes Selbst*, 4. Aufl., Piper, München 1995

Corssen, Jens: *Der Selbst-Entwickler. Das Corssen Seminar*, Beust, Wiesbaden 2004

Covey, Stephen R.: *Die sieben Wege zur Effektivität. Ein Werkzeug zur Meisterung des beruflichen und privaten Lebens*, 9. Aufl., Heyne, München 1992

Gross, Günter F.: *Mut und Entschlossenheit – Die Multiplikatoren des Erfolgs*, Moderne Industrie, Landsberg am Lech 2001

Gross, Günther F.: *Beruflich Profi, privat Amateur? Berufliche Spitzenleistungen und persönliche Lebensqualität*, 19. Aufl., Redline, Frankfurt 2005

Malik, Fredmund: *Führen, Leisten, Leben. Wirksames Management für eine neue Zeit*, 2. Aufl., DVA, Stuttgart/München 2000

Schmelcher, Jill: *Erfolg kommt nicht von ungefähr. In 7 Schritten zur Life Excellence*, Gabler, Wiesbaden 2003

Seiwert, Lothar J.: *Wenn Du es eilig hast, gehe langsam. Das neue Zeitmanagement in einer beschleunigten Welt*, 2. Aufl., Campus, Frankfurt a.M./New York 1998

Sprenger, Reinhard K.: *Die Entscheidung liegt bei Dir! Wege aus der alltäglichen Unzufriedenheit*, 6. Aufl., Campus, Frankfurt a.M./New York 2000

Tracy, Brian/Scheel, Frank M.: *High Performance Leadership. Der Schlüssel zu erfolgreicher Führung und Motivation*, 2. Aufl., Moderne Industrie, Landsberg/Lech 2000

Die Familie

Baus, Kirsten: *Die Familienstrategie. Konflikte in Unternehmerfamilien minimieren und lösen*, Gabler, Wiesbaden 2003

Eglau, Hans Otto: *Erbe, Macht und Liebe. Unternehmerfamilien zwischen Interessen und Emotionen*, DODOS, Düsseldorf 2001

James, Harold: *Familienunternehmen in Europa. Haniel, Wendel und Falk*, C.H. Beck, München 2005

Kenyon-Rouvinez, Denise/Ward, John L.: *Family Business Key Issues*, Palgrave Macmillan, New York 2005

Kommission Governance Kodex für Familienunternehmen: *Der Governance Kodex für Familienunternehmen*, Bonn-Bad Godesberg 2004, www.kodex-fuer-familienunternehmen.de

Wimmer, Rudolf/Domayer, Ernst/Oswald, Margit/Vater, Gudrun: *Familienunternehmen – Auslaufmodell oder Erfolgstyp?*, 2. Aufl., Gabler, Wiesbaden 1996

Wimmer, Rudolf/Simon, Fritz B./Groth, Torsten: *Mehr-Generationen Familienunternehmen. Erfolgsgeheimnisse von Oetker, Merck, Haniel u. a.*, Carl-Auer, Heidelberg 2005

Register

Aktienfonds 96
Aktionsradius 34
Alleinstellung 59
Alleinstellungsmerkmal 59, 62
Altersgrenze 83
Alterssicherung 84, 99
Altersversorgung 83f., 90
Angebotsformat 59f., 68
Angebotsvarianten 68
Anlagestrategie 101
Arbeits- und Lebensqualität 137
Askese 53
Ausscheiden eines Gesellschafters 23
Außenfinanzierung 22
Außenseiter 60f.

Beharrungskraft 46
Beteiligung von außen 40
Betriebsvermögen 80f.
Bilanz 75, 92, 146, 156f.
Businessplan 73

Cash-Flow-Optimierung 48
Cash-Flow-Rechnung 102
Coach 122f., 127f.

Differenzierung 59
Diversifikation 94
Diversifizieren 22f.
Diversifiziertes Vermögen 23
Diversifizierung 19, 23, 95
Dreibuchstabenwort 47
Durchsetzungskraft 53

Ehevertrag 85
Eigenfinanzierung 41, 71
Eigenfinanzierungseffekt 58
Eigenkapital 71, 73f.
Eigenkapitalkultur 71
Eigenkapitalquote 74f.
Einheit der Führung 83
Eintrittsbarrieren 69
Energieeinsatz 54
Energiequelle 24, 44
Energieübertragung 25
Entscheidungsblockaden 32
Erfolgstypen 110
Expansion 36, 54ff., 60
Externe Kapitalquellen 41

Factoring 75
Familienbetrieb 51, 147, 152, 159
Familienmanagement 146
Familienstrategie 29f., 141, 151
Familienunternehmer 34, 43, 47, 62
Familienvermögen 94, 163
Familiy Education 156ff., 160, 170
Family Office 93, 164
Fehlanlagen 104
Filialnetz 59
Finanzdienstleister 96
Finanzierung 41, 57f., 81, 158f.
Finanzierungsbedarf 56, 58, 73
Finanzierungsformen 75
Finanzierungsideen 33
Finanzierungskraft 54, 74
Finanzierungsquelle 71f., 76

Firmenkreditnehmer 71
First Mover Advantage 60
Flexibilität 53
Fokussieren 22 f., 37, 58
Fokussierte Strategie 32
Fokussierung 22, 33, 39, 137
Franchising 55 f.
Fremdeinfluss 39
Fremdfinanzierung 72, 74
Fremdkapital 41, 54, 73, 81
Führungsarbeit 31
Führungskräfte 42, 140
Führungstalent 41
Führungstätigkeit 43
Führungswechsel 134

Geldmittel 57
Geschäftsführer 31, 46, 82, 142, 146
Geschäftsmodell 63, 133, 160
Geschäftssystem 57 f., 81, 114
Geschäftszweck 16, 68
Gesundheit 132 ff., 136
Gewinnoptimierung 42
Gewinn- und Verlustrechnung 102, 156, 158
Glaubwürdigkeit 44
Großunternehmen 30, 47
Gründer 30, 49, 56, 78, 163
Gründer-Unternehmer 26, 62
Gründer-Unternehmen 86, 102, 149
Gütertrennung 85

Handelsunternehmen 57
Hauptgeschäft 67
Hotel 14, 61

Identität 43, 45, 165
Inhaberfamilie 39, 126, 149, 162, 168, 171
Inhaber-Bonus 24 f., 27, 32 f., 41 ff., 46
Innenfinanzierung 41, 54
Innovationsvorteile 64
Insolvenz 88

Integrierte Eignerstrategie 30
INTES-Prinzip 10, 30 f., 93, 135, 140, 176
Investitionsbedarf 100
Investor 147 f.

Junior 19, 114, 141, 160 f.

Kapital, knappes 55
Kapital, strategisches 45
Kapitalanlagestrategie 102
Kapitalgeber 73 f., 147 f.
Kapitalmarkt 28, 73, 148
Kernaktivität 22
Kernangebot 61
Kernkompetenz 66 f., 69, 109
Knappheit der Ressourcen 53
Kontinuität 44 ff., 95, 145, 176
Kontrolle 54
Konzentration 36, 50
Kostenabstand 60
Kostensenkungsprogramme 44
Kostenvorteile 64
Kredit 71 f., 91
Krise 26, 89
Kundenbindung 43
Kundennähe 49

Langfristigkeit 43, 94
Langlebigkeit 29
Lebensqualität 135
Lebensstil 100 ff., 134 ff., 169
Lebensversicherung 90, 96, 99
Lebenswerk 14, 24
Lebenszyklus 12, 62 f.
Leistungsvarianten 63
Leverage-Effekt 42
Lieferantenkredite 56
Lieferbeziehungen 43
Liquidität 75, 105, 156
Liquiditätsentzug 85
Lizenznehmer 56
Loyalität 49

Management-Buzzwords 47
Management-Mode 47, 49, 110
Managementtheorie 49
Managementtrainer 124
Markenbildung 59
Markterschließung 55
Marktforschung 49
Marktführerschaft 55, 60 f., 74
Marktgeltung 29
Marktposition 29, 37
Menschenverstand 47 f., 50, 177
Miteigentümer 40, 70, 74, 139, 147 ff., 156 ff., 161, 174
Mitgesellschafter 42
Mitinhaber 42, 138

Nachfolger 17, 87, 114, 116
Nachfolgeregelung 73, 171
Nachfragemacht 69
Neinsagen 36
Neuausrichtung 22
Nichtmaterieller Kern 42
Niederlagen 54
Niedrigpreisanbieter 60
Nische 60
Notfallplan 87
Notfallvorsorge 99
Nutzenkategorien, neue 59

Optimismus 129
Orientierung 46

Persönliche Bindung 43
Persönliche Strategie 29 f.
Persönlichkeit 43 f., 110 f., 124, 132, 178
Persönlichkeit des Unternehmers 25 ff., 107
Personalisierung 45, 176
Pioniere 60
Portfolio 23, 70
Positionierung 52
Potenzial, unternehmerisches 47
Preiskonkurrenz 67

Preisstrategie 59
Preisverfall 68
Privatvermögen 81 ff., 94 f.
Private Equity 74
Produktpalette 35
Produktvarianten 51, 57, 63
PR-Strategien 45

Quasi-Monopol 60

Realisierungskraft 131
Rekrutierung 44
Renditepotenziale 59
Rente 83, 86
Ressourcen, beschränkte 56
Risikoabsicherung 80
Risikoausgleich 96
Risikobereitschaft 111
Risikolebensversicherung 86
Risikoverteilung 97
Risikovorsorge 88

Scheidungsrisiko 83 f.
Selbststeuerung 39
Selbstvorsorge 88
Senior 19, 82 f.
Senior-Unternehmer 114
Serviceleistungen 37
Shareholder-Value 42, 48
Sonderservice 37
Stabilisator 29, 91, 142
Stabilität 42 ff., 94, 175 f.
Stellvertreterregelung 73
Steuerstrategie 103, 105
Strategie 56, 63, 120, 159
Strategieregeln 29 f.
Strategische Beschränkung 22
Strategische Starre 33, 66
Strukturierung 56
Substitutionskonkurrenz 69
Subunternehmer 55

Team 116 f.

Tradition 35, 68
Transformation 70

Übergabe 18 f.
Umschlagsgeschwindigkeit 58
Umsetzungskraft 45
Unabhängiges Vermögen 24
Unabhängigkeit 32, 34, 40, 76 f.
Unternehmenserfolg 24
Unternehmensfinanzierung 70, 73
Unternehmenskonzept 56, 81
Unternehmensstrategie 29 f., 78, 158, 177
Unternehmenstyp 36, 39, 48
Unternehmenswert 42, 124, 143
Unternehmeraufgabe 58, 148
Unternehmerdenkweise 53
Unternehmer-Energie 107
Unternehmerpersönlichkeit 25, 131
Unternehmer-Strategie 30, 177
Unternehmervermögen 21, 87, 94, 97
Unübersichtlichkeit 51

Venture Capital 22, 98 f.
Veränderungsenergie 128
Vergleichbarkeit 59
Verlust der Unabhängigkeit 32
Vermögen 77 ff., 90 f., 94 ff., 101, 103 ff., 137
Vermögen, immaterielles 132, 137
Vermögensanlage 94
Vermögensaufbau 81, 90, 100
Vermögensberater 96

Vermögensbetreuer 93
Vermögensbilanz 92 f., 102
Vermögensdiversifikation 22
Vermögensmanagement 90, 94, 103
Vermögensmehrung 90
Vermögenspyramide 97 ff.
Vermögensrisiko 97, 101
Vermögensstrategie 29 f., 84, 93, 97 f.
Vermögensziele 97
Vertriebskanäle 59
Vorsorge 91, 99

Wachstumsschwelle 54
Wachstumsverlauf 40
Wendepunkte 68
Werte 44, 145, 155, 165, 170
Wettbewerber 37
Wettbewerbsposition 69
Wettbewerbsvorsprung 50, 142
Wettbewerbsvorteil 24, 33, 41, 45, 50
Wettkampf 35
Wir-Gefühl 148 f., 166

Zahlungsziele 58
Zeitbudget 124 f.
Ziele-Diskussion 42
Zielfestlegung 39
Zielgruppen 59
Zielsetzung 38
Zugewinngemeinschaft 84 f.
Zuliefermarkt 69
Zusammenbruch 20

Arnold Weissman
DIE GROSSEN STRATEGIEN FÜR DEN MITTELSTAND
Die erfolgreichsten Unternehmer
verraten ihre Rezepte
2006 · 192 Seiten · Gebunden
ISBN-13: 978-3-593-37952-4

So geht Erfolg im Mittelstand!

Arnold Weissman benennt die Schlüsselelemente für eine gute Strategie: klare Positionierung, griffige Firmenvision und konsequente Umsetzung. Er widmet sich der Frage nach den Daten, die ein Geschäftsführer für die Realisierung benötigt. Weissman kennt die Wirklichkeit: Im Alter von 21 Jahren übernahm er den verschuldeten elterlichen Betrieb in Hof und schaffte dort den Turnaround. Das Buch vermittelt praxisrelevantes Wissen aus dem Mittelstand für Mittelständler.

Gerne schicken wir Ihnen unsere aktuellen Prospekte:
vertrieb@campus.de · www.campus.de

Cay von Fournier
DER PERFEKTE CHEF
Führung, Mitarbeiterauswahl,
Motivation für den Mittelstand
2006 · 206 Seiten · Gebunden
Mit 11 Abbildungen
ISBN-13: 978-3-593-37961-6

Gibt es den perfekten Chef?

Niemand kann ein perfekter Chef sein. Aber es gibt Prinzipien guter Personalführung – sie sind der Schlüssel zu dauerhaftem Unternehmenserfolg. Cay von Fournier deckt die Grundsätze auf, mit denen man als Chef besser werden kann. Umfassend stellt er dar, was für die Personalführung in einem mittelgroßen Unternehmen notwendig ist. Er erläutert die Grundlagen ebenso wie die Fähigkeiten, die man beherrschen muss, um ein guter Chef sein zu können: Motivations-, Kommunikations- sowie Team- und Konfliktmanagement.

Gerne schicken wir Ihnen unsere aktuellen Prospekte:
vertrieb@campus.de · www.campus.de